日本経営学基礎シリーズ5

経営教育論

小椋康宏 編

学文社

執筆者紹介

小椋　康宏　東　洋　大　学　第1章, 第2章
中村　久人　東　洋　大　学　第3章
柿崎　洋一　東　洋　大　学　第4章
村上　良三　青森中央学院大学　第5章
穐山　幹夫　東　洋　大　学　第6章
野本　　茂　聖泉短期大学　第7章
上野　哲郎　和　光　大　学　第8章
佐々木宏茂　東　洋　大　学　第9章
小山　明宏　学　習　院　大　学　第10章
小野崎恒夫　流通経済大学　第11章
仲本　英雄　前国士舘大学　第12章

（執筆順）

はしがき

　今日，新たなミレニアム（千年紀）を迎え，経営環境はきわめてダイナミックな変容を遂げている．この変容に対し，経営体の変革も日増しに強くなっている．このような状況は，経営体を構成する経営者，管理者，従業員にとって新しい経営指導原理の必要性をもたらしたといえる．ここに日本経営学基礎シリーズ第5巻『経営教育論』を上梓できたことに対し，編著者にとって心から喜ぶところである．

　本書は，実践経営学における経営指針としての経営教育を狙っている．とくに編著者が第1章，第2章で展開した実践経営学の方法による経営教育論が基本となっている．またここで展開した実践経営学の方法，その展開としての経営実践学の方法は故山城章先生によって提唱された学問方法に依拠している．経営教育の本質は実践経営学の方法による経営実践論にある．マネジメントはアートであり，その分析には科学的方法を採用する．経営体そのものが経営社会のなかで生きて活動する組織体である．経営体をリードするのは経営者であり，その経営者を支える経営体の構成員は管理者であり，従業員である．これらは三者一体となって経営体の維持・発展に貢献しているのである．ここでの経営者の役割はステークホルダーとの対境関係を営みながら，経営美を求めることになる．新しい経営社会のなかで経営体が社会的存在としての位置を強く意識することになる．このような経営体の維持・発展のために，経営教育では，経営・管理というマネジメントを最高度に高める能力開発をその内容とする．経営教育論は，実践経営学の方法によって明らかにされるのである．本書の構成と概要は次の通りである．

　第1章では，経営原理と経営教育に関する本質と課題について，実践経営学の方法によって明らかにしている．ここでは，マネジメント原理の修得を通して経営教育を展開する．とくに自己啓発（マネジメント・セルフ・デベロップ

メント）と経営意識決定能力および企業価値創造の経営能力の重要性を明らかにする．

第2章では，経営者教育と管理者教育を明らかにする．経営者教育としては，企業家精神をとりあげ，管理者教育としてはマネジメント・スキルを中心にとりあげ展開する．とくに，ここでは経営者教育と管理者教育の統一を通して経営教育の一体化を図るのである．

第3章では，多国籍企業の経営教育のなかで，ダイバーシティ（diversity）の管理の考え方を導入することによって，経営教育を展開する．ここでは競争優位を得るためのダイバーシティ管理が重要となる．そして組織環境の変化に対応した教育訓練アプローチを提唱するのである．

第4章では，ベンチャー企業の経営教育を企業家的な経営という視点から明らかにした．ベンチャー型経営教育では，企業家的な経営者の育成を課題として，とくにベンチャービジネスと既存企業の提携関係等の対外的な関係を活用した教育の重要性を提起した．

第5章では，人材開発のための経営教育を人的資源開発管理（HRM）として明らかにした．ここでは戦略的人材開発システムを展開している．人材開発の評価の重要性を指摘した．

第6章では，会計担当者の経営教育を会計教育のあり方と関連させながら明らかにした．ここでは会計や会計担当者の世界におけるデファクト・スタンダードとしての保守主義からの決別の必要性を指摘した．またアメリカにおける会計教育の改革を手がかりとして，会計担当者の経営教育を展望した．

第7章では，営業管理者の経営教育をマーケティングとも関連させながら明らかにした．ここでは営業管理職能の内容を明らかにし，経営のグローバル化時代の営業管理者の経営教育を明らかにした．また，ここでは事例研究を通して営業管理者教育の現状と課題を指摘した．

第8章では，管理者のための情報リテラシー教育の重要性を提起した．情報リテラシーの重要性が，管理者の企業行動力を変え，ビジネス・プロセス・リ

エンジニアリングにつながるのである．加えて，情報リテラシー教育の方法について事例を通じて，その内容を提示した．

第9章では，観光事業の経営教育について観光事業の中枢となる宿泊業を中心としてその経営教育を明らかにした．ここでの全体としての宿泊産業は単なるサービス産業の概念にとどまらず，ホスピタリティー産業であるとの認識をもって経営教育を展開した．ここでの経営教育は実例を手掛りにしながら，経営教育課題を提示した．とくに，宿泊業の管理者教育においては自己啓発の方法との関連で実践的課題を指摘した．

第10章では，ドイツ企業の経営教育をドイツでの教育制度としての職業教育との関連で，その実態を明らかにした．またドイツの職業教育に加え，新しいドイツのビジネス・スクールの動向にもふれた．

第11章では，アメリカにおけるビジネス・スクールでの経営教育，とくにMIB（国際経営学修士）を中心に，著者の経験を通して経営学教育を明らかにした．MIBがMBA（経営学修士）と並んで日本においても参考にされる必要性を展望し，それらのプログラムを通じて人材開発が行われる必要性を提起した．

第12章ではビジネスゲームの経営教育の重要性と必要性を明らかにし，その具体的教育システムを展開した．とくにビジネスゲームによる経営実践は，経営戦略の構想法としての構想力を高めることを狙っている．加えてビジネスゲーム参加者の経営能力の開発にある．

本書では，主として「経営の原理」あるいは「経営教育の原理」が示されている．また，章によっては，事例研究および経営教育実践をベースにした研究が示されている．

それぞれの著者の意図を「経営の原理」と「経営教育の原理」の観点で内容を理解・検討していただきたい．

なお，本書がこのような形で上枠できたのは，いまは亡き山城章先生の教えによるところが大である．あらためて感謝申し上げたい．また「経営教育」に

関する研究については，とくに日本経営教育学会における学会活動のなかでの研究・討論を通じて学んだことが本書の執筆において大きな力となった．日本経営教育学会会員諸兄に対しても心からお礼申しあげる次第である．

　学文社社長田中千津子氏には，今回の出版に関しても並々ならぬご尽力をいただいた．ここに厚く感謝申しあげる次第である．

　最後に，本書に関し，読者諸賢からの忌憚のないご意見とご教示をお願いする次第である．

2000年3月3日

編著者　小椋康宏

目　次

第1章　経営原理と経営教育 ……………………………………………… 1

1. 経営原理の本質と課題 ……………………………………………… 2

   1−1．経営原理の本質……2／1−2．実践経営学の方法……2／1−3．マネジメント原理……3／1−4．比較経営論……7／1−5．21世紀の経営者……7

2. 経営教育の本質と課題 ……………………………………………… 8

   2−1．経営教育の本質……8／2−2．自己啓発（マネジメント・セルフ・デベロップメント）……9／2−3．経営意思決定能力……10／2−4．企業価値創造の経営能力……11

3. 経営教育の新課題 …………………………………………………12

   3−1．経営のグローバル化における経営教育……12／3−2．スペシャリストのための経営教育……13／3−3．21世紀における個別的経営教育と経営文化……14／3−4．経営技法としての経営実践……14／3−5．アジア圏の国々における経営教育……15

4. 経営教育の方向と展望 ……………………………………………15

第2章　経営者教育と管理者教育 ………………………………………21

1. 経営者教育の基本原理 ……………………………………………22

   1−1．企業家精神と経営理念……22／1−2．ベンチャー企業家精神と情報公開……24

2. 管理者教育の基本原理 ……………………………………………25

   2−1．マネジメント原理修得教育からマネジメントの自己啓発教育へ……25／2−2．管理者教育の原理……26

3. 21世紀企業における経営者教育の機能と役割 …………………27

   3−1．企業文化……28／3−2．ステークホルダーとの対境関係…29

4　21世紀企業における管理者教育の機能と役割 ……………………29
　　　　4－1．リーダーシップ論……30／4－2．目標管理……30／4－3．管理者教育における管理者像……32
　　5　経営者教育と管理者教育との統一 …………………………………33
　　　　5－1．経営者教育と管理者教育の一体化……33／5－2．経営体の維持機能としての経営者教育……34
　　6　経営者教育と管理者教育の方向と展望 ……………………………35

第3章　多国籍企業に競争優位をもたらす経営教育 …………………41

　　1　ダイバーシティ管理のためのグローバルな論理枠組み …………42
　　　　1－1．労働市場の要因……42／1－2．製品市場の要因……45
　　2　競争優位を得るためのダイバーシティ管理 ………………………46
　　3　教育システム・デザイン・モデル（ISDモデル） …………………49
　　4　組織環境の変化に対応した新しい教育訓練アプローチ …………54
　　　　4－1．全体論的アプローチ……54／4－2．ニーズに合わせた教育……55／4－3．組織文化の改変に向けて……57

第4章　ベンチャー企業の経営教育 ……………………………………63

　　1　ベンチャー型経営教育の意義 ………………………………………64
　　2　ベンチャー企業の特質と形態 ………………………………………65
　　3　企業家機能と経営者機能――企業家的な経営機能―― …………67
　　　　3－1．企業家機能……67／3－2．（伝統的）経営機能……69／3－3．企業家的な経営者……70
　　4　ベンチャービジネスの成長と経営教育 ……………………………71
　　5　ベンチャーマネジメントの経営教育 ………………………………74
　　6　企業家的な経営者の育成 ……………………………………………79

第5章　人材開発のための経営教育——戦略的人材開発システムの展開——……85

1. 経営教育に「期待される人材像」……………………………………86
    1－1．経営が求める人材像……86
2. 経営における人材開発の意義　………………………………………86
    2－1．「人材開発への期待」……86／2－2．生涯教育としての経営教育……88
3. 今日における人材開発システムのとらえ方　………………………89
    3－1．人的資源管理としての人材開発……89／3－2．人材開発の課題と対応……89
4. 人材開発システムの展開　……………………………………………92
    4－1．人材開発システム構築の基本手順……92／4－2．人材開発システムの要点……93／4－3．人材開発システムの具体的展開……94
5. 人材開発の評価・フォロー・定着化　………………………………99
    5－1．人材開発における評価の意義……99／5－2．人材開発評価の目的……100／5－3．人材開発のフォロー……102

第6章　会計担当者の経営教育　………………………………………109

1. はじめに　………………………………………………………………110
2. 保守主義の俘囚としての会計人　……………………………………110
3. 会計における保守主義の存在理由　…………………………………113
4. 会計における保守主義からの離脱の可能性　………………………114
5. 企業における会計担当者の経営教育　………………………………117
6. これからの会計担当者の経営教育——アメリカにおける会計教育の改革を手がかりにして　………………………………………………122
7. おわりに　………………………………………………………………126

第7章　営業管理者の経営教育 …………………………………………………133

  1　営業管理者の経営教育の課題 ……………………………………………134

  2　営業管理者の経営教育原理とその実質的意味 …………………………135

    2−1．企業内教育原理と営業管理職能……135／2−2．営業管理職能の内実……137／2−3．経営グローバル化時代の営業管理者の経営教育……140

  3　営業管理者の経営教育の体系，内容および方法 ………………………141

    3−1．営業管理者教育体系……141／3−2．営業管理者教育要項……141／3−3．営業管理者教育方法……144

  4　事例研究——営業管理者の経営教育の現状と課題を日立造船(株)にみる ……………………………………………………………………………145

    4−1．グローバル競争下の日立造船（株）……145／4−2．日立造船（株）の沿革……145／4−3．当社の営業管理者……146／4−4．営業管理者教育の現状と課題……150

第8章　管理者のための情報リテラシー教育 ………………………………155

  1　はじめに ……………………………………………………………………156

  2　情報リテラシーの重要性 …………………………………………………157

  3　情報技術計画における教育の重要性 ……………………………………158

  4　情報リテラシーの浸透 ……………………………………………………159

    4−1．B社の例……161

  5　情報リテラシー教育の方法 ………………………………………………163

    5−1．D銀行の例……164

  6　おわりに ……………………………………………………………………166

第9章　観光事業の経営教育 …………………………………………………169

  1　観光事業の中枢となる宿泊業の特性と目的 ……………………………170

    1−1．観光の定義と宿泊事業……170／1−2．宿泊産業におけるホス

ピタリティー概念の重要性……171
　2　宿泊事業における基本的従業員教育とその基準 ……………………171
　3　教育システムと教育計画 ……………………………………………175
　4　仕事の意義と動機づけ ………………………………………………179
　5　管理者教育と自己啓発 ………………………………………………181

第10章　ドイツ企業の経営教育 …………………………………………187
　1　ドイツ企業経営の特徴 ………………………………………………188
　2　ドイツでの管理者育成──大学教育の充実 ………………………190
　　　2－1．ドイツの教育システムと職業教育……190／2－2．企業における訓練……192／2－3．職業学校……193／2－4．その他の職業教育……193／2－5．大学での経営学教育……194
　3　ドイツ企業での社内教育 ……………………………………………197
　4　ドイツ企業の経営者──真のエリート集団 ………………………200

第11章　国際経営学修士教育の実際 ……………………………………207
　1　IB（International Business：国際経営）教育の必要性 …………209
　2　世界市場の変容への教育の対応 ……………………………………210
　3　MIBを支えるCIBER …………………………………………………211
　4　基礎となる語学と地域研究 …………………………………………214
　5　経営学コア（中核）科目の履修 ……………………………………216
　6　現地語による授業についての私見 …………………………………223
　7　若干の結語 ……………………………………………………………227

第12章　ビジネスゲームの経営教育 ……………………………………231
　1　ビジネスゲームは経営実験 …………………………………………232
　2　経営戦略の構想法 ……………………………………………………233

2－1．成長戦略（積極的・攻撃的・革新的・量的拡大などの性質を含む）
　　　——積極経営……234／2－2．利益戦略（堅実的・守備的・保守的・質
　　　的充実などの性質を含む）——堅実経営……234
　3　経営戦略のタイムリーな意思決定 …………………………………235
　　　3－1．成長戦略のタイムリーな発動……235／3－2．利益戦略のタイ
　　　ムリーな発動……236
　4　パピルス航空機モデル …………………………………………………236

索引 ……………………………………………………………………………253

第1章　経営原理と経営教育

実践経営学

経営美　マネジメント

リーダーシップ　比較経営

自己啓発　企業価値創造

経営原理

1 経営原理の本質と課題

1−1．経営原理の本質

　20世紀に成立したアメリカマネジメント学は，経営学の学問的方法として実践経営学を標榜した経営学を中心として展開してきたといえる．またアメリカマネジメント学はいわゆるアメリカ経営学として，その基本原理が第二次世界大戦以後における日本企業の経営実践に指針を与えてきたのである．今日，日本企業の変革が叫ばれている．そのなかで，経営実践における日本企業の事業の再構築（リストラクチャリング）が必要であることについてはもちろんであるが，経営実践の指導原理としての経営原理の本質を明らかにすることが重要である．ここではまず経営教育の本質を明らかにするうえで，経営原理の本質から検討を加えることにする．

1−2．実践経営学の方法

　経営原理の本質は，まず実践経営学の方法によって明らかにされる．実践経営学の方法はアメリカマネジメントの研究方法によるが，とくにクーンツ（Koontz, H.）を代表とするプロセス・スクールの研究方法を基本としてきた．バイリッヒとクーンツ（Weihrich, H. and H. Koontz,）によれば，「マネジメントとは集団のなかで協働する個々人が設定された目標を効率的に達成する場合における環境を設計し，維持するプロセスである[1]」ことになる．

　山城章は，実践経営学の方法としてＫＡＥの原理による研究方法を使う[2]．ここでのＫは知識であり，Ａは能力であり，Ｅは経験であり，この三者の統一された研究方法が実践経営学である．ＫＡＥの原理はＫとＥを基盤とし，さらにＡを啓発するという研究方法を含むのである．つまりＫＡＥのＡという実践能力を主軸とした経営研究を狙うところから，これを実践経営学と呼ぶことになる[3]．

　山城章の実践経営学は，経営実践学の方法によって結実する．つまり，経営

実践学の方法は，経営者・管理者をプロフェッショナルとして養成する方法を採用する．このようにして経営実践学においては，経営の行為主体およびその行為主体の行為的実践が研究の対象となる．加えて，経営実践の主体者としての経営者・管理者の能力開発が重要課題であり，ここに経営教育が実践される．

経営実践学は「経営道」であり[4]，経営美を追求することになる．経営実践学および実践経営学は経営原理を経営実践の拠り所とし，経営者・管理者の能力開発から経営実践につなげることである．したがって，経営実践そのもののなかに経営教育があり，経営教育の経営実践が実践経営学そのものであるといえる．そのなかで，われわれは指導原理としての経営原理を経営行動指針とするのである．とくに，現代における日本企業の経営実践のなかでそれぞれの経営原理の検証が行われるのである．

1−3．マネジメント原理

マネジメント原理は，実践経営学の基本を支える理論構造をもっている．バイリッヒとクーンツは，マネジメントを5つの部分機能，① 計画化，② 組織化，③ スタッフ化，④ 統率化，⑤ 統制化に分ける[5]．これらの部分機能はマネジメント・サイクルとして管理技法のなかに取り込まれる．したがって，経営者・管理者の養成といった経営教育はこの部分機能の経営実践にある．

次に，マネジメントに関する最近の定義をみてみよう．シャーマーホーン(Schermerhorn, J. R.)によれば，次のようなマネジメント・プロセスを通じてマネジメントを達成するのである．すなわちシャーマーホーンによれば「マネジメントは業績目標を達成するために諸資源の使用を計画化し，組織化し，指導化し，統制化するプロセスである」という[6]．ここでは，シャーマーホーンによって，4つの部分機能に分けて概括してみよう[7]．図表1−1はシャーマーホーンによるマネジメント・プロセスを図示したものである．

(1) 計画化

計画化は，業績目標を設定し，それらを達成するためにどのような活動がとられるべきかを決定するプロセスである．計画化を通じて，管理者は望ましい

図表1-1　マネジメント機能──計画化，組織化，指導化および統制化

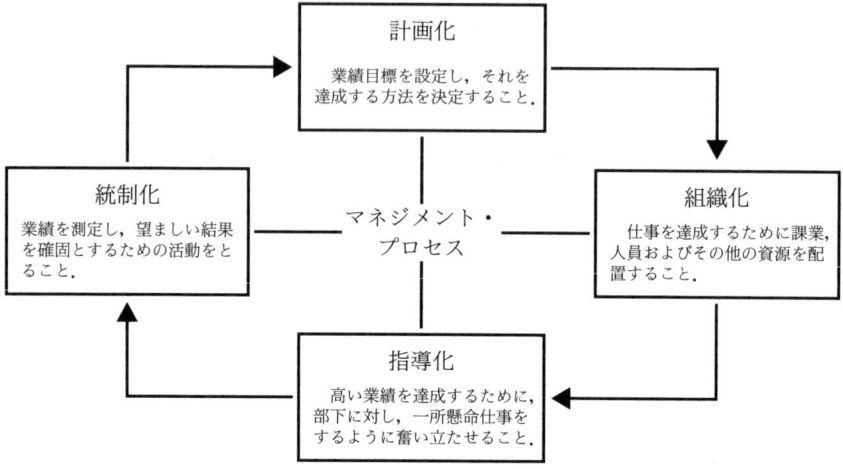

出所）Schermerhorn, Jr., J. R., *Management*, 5th ed., John Wiley & Sons, 1966, p. 11.

作業結果を一体化し，それらを達成するための手段を一体化する．

　計画化プロセスは，次のように5段階を踏む．

① 目標の明確化：望ましい結果を特定化すること．管理者が行きたい場所を知ること．

② 管理者が目標に向かって立つ場所を決定すること．

③ 未来の条件に関して前提を開発すること．

④ 活動の代替案を分析し，目標を達成する「計画」を策定すること．

⑤ 計画を実行し，結果を評価すること．

(2) 組織化

　組織化は計画を実行するために，課業を割り当て，資源配分および個々人とグループの調整活動を整理するプロセスである．

　組織構造は組織図によって明らかになるが，フォーマルな組織構造とインフォーマルな組織構造によって説明できる．経営教育にとって経営者・管理者が組織図から学ぶ点は，次のようなものである．

① 仕事の分担：職位や肩書きが仕事の職務を示す．
② 監督の関係：ラインは誰が誰に対し報告するかを示す．
③ コミュニケーションの経路：ラインはコミュニケーションのフォーマル上の経路を示す．
④ 主要な副ユニット：共通の管理者に対し報告する職位が示される．
⑤ マネジメントの階層：垂直的層のマネジメントが示される．

(3) 指導化

指導化は一所懸命働くように人びとの熱意を惹き起こさせ，計画を実行し，目標を達成するように人びとの努力を向けさせるプロセスである．指導化を通じて，管理者は責務をうちたて，目標達成を支える努力を助長させ，組織の利益に最前の努力をするよう人びとに影響を与える．

指導化は，先見力をもつリーダーシップにある．リーダーシップは，部下に重要な仕事を達成させるために一所懸命働くようにさせるプロセスである．先見性のあるリーダーシップに関する5つの原則は，次のように示すことができる．

① プロセスへの挑戦：パイオニアであること．イノベーションを刺激し，アイデアをもった部下を支持すること．
② 熱烈であること：共通のビジョンを分かち合うために個々人の熱心さを通じて部下を奮い立たせること．
③ 部下に対し活動できるようにすること：チーム・プレーヤーに撤し，部下の努力と才能を支持すること．
④ 例証の設定：部下がどのようにして活動することができるか，もしくは活動すべきかに関し，矛盾しない役割を提供すること．
⑤ 業績を誉めること：現場に感情を持ち出して，「心情」と同様な「情感」を再度持ち出すこと．

(4) 統制化

統制化は仕事の業績を測定し，結果を目標と比較し，必要に応じて修正行動

をとるプロセスである．統制化を通じて，管理者は仕事のコースにおける人びとと活発な接触を維持し，業績報告書を収集・説明し，建設的な行動を計画し変化させるためにこの情報を利用する．

統制化は，次のような4つの統制プロセスによって説明することができる．
① 目標や標準を確立すること
② 実際の業績を測定する
③ 業績結果を目標および標準と比較する
④ 必要な活動をとる

第1に，この統制プロセスは目標や標準を確立することによって始まる．実際問題として，この統制プロセスは計画化から始まることを意味している．この段階では，業績目標は定義されなければならないし，それがどのように十分達成されるかを決定するための測定標準および「基準」を伴わなければならない．この標準に関し，シャーマーホーンは2つのタイプの標準が認識されなければならないという．まず産出量標準は，量，質，原価および時間の用語によって生ずる業績を測定する．これに反して投入量標準は，業績結果に結びつく働きの努力を測定する．

第2に，実際の業績の測定に関して，ここでの仕事は，産出量標準のもとで達成された業績結果および投入量標準のもとで適用される業績投入量を正確に測定する．

第3に，業績結果を目標および標準と比較することは，ある情況のもとで統制がいかにうまく働いているかあるいはいかにうまくいっていないかの批判的検証である．ここでの活動の必要性は，望ましい業績から実際の業績を差し引いたものである．

このようにして，第4に，望ましい業績と実際の業績との間の測定された差異が大きくなればなるほど活動の必要性が大きくなる．

経営者・管理者にとっては，この統制プロセスの最終段階において「改善のための必要な活動をとること」が重要であり，タイミングよく迅速に行う能力

を身につけることが大切である．ここに経営教育の重点があるといえる．

1-4．比較経営論

アメリカ経営論，日本経営論および各国経営論における経営実践論はすべて経営教育につながるものであるといえる．現代における経営教育は地球規模にわたって経営活動する経営実践論の比較研究を必要とする．シャーマーホーンによれば，「比較経営（comparative management）とはマネジメントが体系的にある国と他の国とどのように異なっているか，あるいはまたどのように企業文化が異なっているかに関する研究である」という．したがって今日，地球規模にわたってマネジメントがどのように経営実践されているかを学ぶことが重要である．このことが経営教育に課せられた課題のひとつであるといってよい．

経営原理としてのマネジメントはアメリカにおける経営実践を基本的原理としてきた．その理由として，われわれはマネジメントがアメリカで生成し・発展してきたことを強く考えてきた．しかもマネジメントは普遍的なものであり，どこにでも適用できるものとして考えてきた．このこと自体は，マネジメントがあらゆる組織体に適用できる原理・理論として考えられている点からみて異論はない．しかしながら各国々における経営実践の展開によって実践経営学が成立することになれば，そこでの問題を吟味しておくことが，新しい経営原理の創造につながるものであるといえる．

マネジメントの経営実践における比較研究は，経営教育にとってもっとも重要であり，経営のグローバル化および経営の多国籍化によって，経営実践論が多面的に拡がりをもつことになる．今日における経営情報システムのグローバル化は経営そのもののやり方を変え，新しい経営のやり方を示すことになった．これらの経営実践もまた経営教育実践として経営教育の課題となる．

1-5．21世紀の経営者

21世紀における経営者は，経営社会を構成するステークホルダーと対境関係をもつことになる．その場合，経営体の成長・展開は，ステークホルダーの展開と密接不可分の関係にある．とくに，経営者の行動指針は，21世紀企業

像を基礎にした経営原理であり，21世紀の経営社会で活きて活動する責任主体である．経営教育はまさにこの経営社会で活躍する経営者の養成を意図しているのである．

21世紀における経営者を概念的に整理してみると，2つの経営者像を考えてみることができる．ひとつはグローバル経営者であり，もうひとつは専門経営者である．これらは，21世紀における経営者としては一体として取り上げなければならない．

グローバル経営者の機能と役割について，われわれは次のものを中心に取り上げてきた[9]．① 明確な経営理念をもつこと，② 既存の経営文化への配慮と新しい経営文化の創造，③ リーダーシップを備えること，④ 経営センスをもつこと，⑤ 経営資源の維持に対する能力を備えること，である．これらの5点に関する問題については次項以下で明らかにするが，地球規模にわたって展開する経営体が環境主体との調和を心がけながら，新しい経営社会で活動することが重要であると同時に，経営体が新しい経営社会を作っていくところに21世紀企業像としての経営体のあり方が存在するのである．

他方，21世紀の経営者とはいえ20世紀で生成した経営者すなわち専門経営者と本質的に変わるところはない．21世紀企業をリードする経営者が専門経営者であるということは，経営体が主体として経営活動することを意味しているのであり，この経営者をどのように養成して社会貢献するのかが，経営学研究者および経営実践家の課題でもある．

2　経営教育の本質と課題

2−1．経営教育の本質

経営教育の本質と課題について，山城章が主張したように，Aという能力の開発が経営教育の本質である．経営教育は経営能力育成と自己啓発において完結される．経営教育そのものが実践経営学であるところから，ここでの経営教

育論は，経営実践主体の目的達成活動の行動能力を高め，啓発し，教育することを内容とする学問である．

山城章は，経営教育を次のように説明する．

「経営実践の主体者である経営者の能力開発は，単なる知識の教育や，また実際家のスキルなどの訓練にとどまるものではなく，知識Kおよび経験Eを原理とし，またそれを基礎としつつ全人的に啓発されるものである．そこでは目的達成に向かい，科学的知識「K」はもとより，さらに実際の経験「E」も考慮し，また社会的かつ文化的であり，知的だけでなく情緒・心情的な意思決定判断を含む全人的な能力育成を内容とするのである．つまり全人的なものをいわゆる「知・情・意」で表せば，経営学研究は単なる主知主義的，科学的であるだけでなく，情・意を含めた全人学習ともいうべき能力開発を必要とするのである．」[10]

経営教育における能力開発は自己啓発によることになるが，その自己啓発の方法は経営実践によることが重要である．経営実践は実際の経営活動によるところが大であるが，常に経営者・管理者は自己啓発の方法によって，経営・管理の専門的技術を高め，優れた経営・管理を創り上げることである．

経営能力育成は自己啓発による．この原点には，マネジメントがサイエンスではなく科学的方法を援用しながら能力開発することにある．経営主体である経営者・管理者の実践的行為能力の開発にある．そこでは，「アート」としてのマネジメントを想定している．[11] したがって，実践経営学は経営者・管理者の経営・管理能力の育成を学問のなかに包含しているのである．

2-2．自己啓発（マネジメント・セルフ・デベロップメント）

経営教育の本質は，自己啓発（management self development）にある．この命題を実践することは簡単なことではない．プロフェッショナルとしての経営者の養成には，この自己啓発による方法が適切である．自己啓発は，経営というものに対する理念が経営者・管理者にあって，それに基づく企業家精神が必要である．

経営者・管理者は「経営のやり方」を経営美まで高めることを必要とする．つまりマネジメントにおける実践活動を「アート」としてその経営技術を高めるのである．こういった考え方はアメリカのマネジメントの考えに多くみられ，いわゆる経営者の能力開発の経営実践にとって有用な考え方となる．

　自己啓発の方法においてもっとも評価できる点は，「経営創造」という点にある．ここでいう経営創造は経営の価値創造をいっている．経営の価値創造によって経営体が経営社会に貢献するのである．経営社会は，この経営の価値創造によって展開するといえる．

　21世紀の企業像を考える過程で，企業体制上，現在もっとも重要な問題はベンチャー企業の創造であり，ベンチャー企業経営者の養成でもある[12]．ベンチャー企業の創造は21世紀経営社会を変革させることになると考えられるが，ベンチャー企業の創造にはこの自己啓発によるベンチャー企業経営者の生成が要求されるものであるといってよい．

2－3．経営意思決定能力

　経営者の意思決定能力を高めることは，経営教育にとって重要な要素である．意思決定能力をつけるためには，経営の実践における意思決定のプラン(plan)-ドゥ(do)-シー(see)である．この循環過程は，意思決定そのものを経営活動の第1プロセスとして常に経営者の経営教育のなかに組み込んでおくことである．

　経営の意思決定は，次のように定義することができる．

　「意思決定とは，ある問題を取り扱うための代替的活動のコース間の選択である．ある問題は次から次へと生ずる実際の情況と望ましい情況との間の差異である．すなわち作業情況において存在するものと存在しなければならないものとの差異が生ずるときはいつでもある問題が生ずる．」[13]

　経営者・管理者にとってこの経営意思決定能力をつけることが経営教育として重要である．この場合，経営者・管理者の問題解決能力をつけることである．ここでいう問題解決は，次のように説明できる．「問題解決とは，実際の問題

と望ましい問題の状態との間の不一致を一体化し，その不一致を解決する活動をとるプロセスである」[14]のである．問題解決としては，この意思決定は一連の代替案から優先的活動のコースを選択するプロセスであるということができる．

経営者・管理者にとって必要な問題解決のプロセスは，次のような5つの段階を通して説明することができる．

① 問題の発見と明確化
② 代替的解決案の作成と評価
③ 優先的解決案の選択と実施のための「倫理」基準とのダブル・チェック
④ 優先的解決案の実施
⑤ 結果の評価

2－4．企業価値創造の経営能力

経営教育のなかで，今日，企業価値創造の経営能力の育成を経営者・管理者教育の経営実践に組み込むことである．経営というものの本質をたえず経営教育の基本において経営者・管理者が経営指針とすることである．企業価値創造の経営能力は21世紀企業像を理念としてとらえる場合には，今日の経営体制では避けて通ることはできない重要な課題であるといえる．

企業価値創造の経営能力がなぜ必要かといえば，経営体のステークホルダーのひとつである株主集団の行動する資本市場での行動理論が経営体の意思決定活動に大きな影響を与えているため，その行動理論に対応する能力が経営者に要求されているのである．とくに企業価値創造の評価は資本市場によって決定される．具体的には株価による経営体への評価がシグナルとなる．

企業価値創造の経営能力の養成には，経営者に対し，「資本コスト」の考え方を取り入れさせることである[15]．ここでの資本コストは今日，経営意思決定においてもっとも重要な概念を含んでおり，今日，経営のやり方を変える内容を含んでいるといってよい．資本コストは財務・ファイナンス論のなかで四十数年にわたって理論展開されたものであり，実践経営学の立場からみると事前的視点から資本コストを計測することが重要である．それは資本コストの根底に

ある概念がすぐれて経営機能に関連する問題としてとりあげられていることによる．

最近の市場理論[16]によれば，資本コスト計算の内，自己資本コストは株式市場で決定される．市場で決定された自己資本コストは経営体に対し，圧力をかける．経営者はこの圧力に対し対境関係を通じて，受けとめる必要がでてきたことである．経営者が主体的に資本コストを計算したものと突き合わせることによって，経営意思決定構造に資本コスト概念を導入するのである．これらの一連の理論構造を経営者教育のなかで経営実践することが重要である．

3 経営教育の新課題

今日，経営教育の新課題として多くのものがある．このうち，経営者がとくに強く課題にするものと，管理者が強く課題とするものとがある．本書で取り上げたものを中心にその経営教育課題について基本的問題を明らかにしよう．ここで取り上げる経営教育課題はいずれも経営者教育および管理者教育のなかで一体的に取り上げることが重要である．経営教育は実践経営学と密接不可分の関係にあり，それぞれの経営教育の新課題を経営実践論として扱うことが必要となる．

3－1．経営のグローバル化における経営教育

経営のグローバル化における経営教育の基本問題はどこにあるのか．まず第1に必要なことは，経営スタイルをどのように設定するのかといった問題である．経営スタイルはアメリカ型経営スタイルであるのか日本型経営スタイルであるのかといった問題である．実践経営学の方法によれば，ここでの経営スタイルは現地国で経営実践され，創られる経営実践論である．つまり，現地国にあった経営スタイルの創造が重要となる．経営のグローバル化を日本企業にあてはめてみると，日本型経営スタイルの地球規模にわたっての移転が重要となるが，実践経営学の視点からみるとそれぞれの国および企業のもとで経営実践

され，創られる経営スタイルが基本となる[17]．

　経営スタイルは，今日の経営環境に適応できるものであり，その経営スタイルを基本として経営者・管理者の自己啓発による経営教育が展開されるのである．経営者・管理者の海外での経営実践は，日本国内における経営実践と異なる問題が多いがまた共通の問題もある．共通の問題については経営原理（management principles）として，それ以降の経営実践の行動指針となる．

　経営のグローバル化は，その経営実践論として多国籍企業のマネジメントが参考になる．多国籍企業のマネジメントは，グローバル・マネジメント原理として経営のグローバル化の環境のもとで活動する経営者・管理者のもとで指針となる．

3－2．スペシャリストのための経営教育

　スペシャリストのための経営教育の基本はどこにあるのか．スペシャリストは，経営体内における専門的職能たとえば，財務，人事・労務，生産・研究開発，マーケティング，会計，情報といった職能の専門家である．これらのスペシャリストを養成することも経営教育である[18]．それらのスペシャリストの養成については，経営体のなかでの経営実践を通じての養成もあるが，スペシャリストとしての素養および能力をある一定水準備えているものを経営教育の基礎においてよい．

　スペシャリストの経営教育でもっとも重要なものは，それぞれのスペシャリストの自由裁量の度合いを多くし，スペシャリストとしての自負および自己啓発を高める情況を経営体自体のなかにつくることである．経営教育は経営者教育・管理者教育が基本にある．しかしながらそれぞれのスペシャリストの専門性を活かした職能が経営体を支えるところからみて，スペシャリストへの経営教育はマネジメントとの関連で行われることに対し注意しておく必要がある．

　ところで，スペシャリストのための経営教育として，たとえば財務管理者の経営教育を考えてみよう．財務管理者の職務は何か．財務管理者の仕事は企業の最大の便益に対して資金の調達と運用に関する意思決定をすることである．

ここでは，次のような問題を含んだ特定活動が財務管理者の職務となる[19]．

① 財務予測と財務計画

② 主要な投資と資金調達

③ 他の部門たとえば生産部門および販売部門との調整および統制

④ 金融市場との取引

今日における財務領域は，① 金融市場，② 投資，③ 経営財務の3つの領域から成り立っている．この領域に関する財務職能の専門家としての財務管理者の経営実践による経営教育が開発されるのである．

3－3．21世紀における個別的経営教育と経営文化

21世紀における個別的経営教育の基礎はどこにあるのか．また21世紀に適応できる経営文化は，どのようにあるのか．これらの問題に関し，経営教育は，管理者教育・経営者教育のなかでこの企業文化・経営文化を取り入れる．個別的経営教育は，業種，規模，従業員等によってその方法は異なる．

個別的経営教育においてもっとも大事なものは，それぞれの企業文化・経営文化にもとづく経営教育である．21世紀の企業像はグループ・全体を大切にすることはもちろんであるが，個というものをあわせ大事にする．これは従来各国々で行ってきた経営方式の良い点を尊重する態度である．日本の経営教育，ドイツの経営教育，アメリカの経営教育のもつ伝統を再検討する必要がある．個別的経営教育を取り上げるうえで，たとえば「日本的経営論」，「アメリカ的経営論」，「ドイツ的経営論」の経営実践を積み上げることが経営教育につながる[20]．

個別的経営教育においてそれぞれの経営教育を統一する原理はマネジメント原理であり，そこに実践経営学の本質を理解するのである．経営者・管理者の経営教育の基本理念のなかに企業文化・経営文化の中身を含めると同時に，21世紀に適応できる経営教育を経営実践するのである．

3－4．経営技法としての経営実践

経営技法としての経営実践は，どのようなものなのか．経営教育における自

己啓発の方法は，経営実践において適用される．

　ビジネスゲームは経営実験といわれ，経営者・管理者の能力開発として使われてきたものである．ビジネスゲームの効用は，経営者・管理者が経営のシミュレーションを通じて，経営そのものを再度客観的に考えてみることにある．実際に経営実践している経営者・管理者にとっては，実際の経営に対する反省をする機会となろう．また学生といったいまだ経営というものを十分，経営実践していないものにとっては，経営というものを知る手掛かりを与える経営教育として役立つであろう．

3－5．アジア圏の国々における経営教育

　経営教育は，アメリカおよび日本における経営教育にとどまらず，今日では地球規模にわたってヨーロッパ，アジア，オセアニア，アフリカにまで広がっている[21]．このうち，アジア圏における企業の経営教育は，日本における経営教育などの影響が強い．経営教育の実践において経営そのものの違いが各国および個別企業で異なるため，日本における経営教育の考え方がそのまま適用できるとは限らないが，基本的には，日本企業の経営実践で創られていく経営原理が行動指針として利用される．

　アメリカのビジネススクールをはじめヨーロッパのビジネススクールやドイツでみられるようにそれぞれの国々における職業教育制度等は経営教育の一部をなすものであり，実践経営学の立場から企業における経営実践教育と関連づけて考える必要がある．

4　経営教育の方向と展望

　以上にわたり，経営原理と経営教育に関し，実践経営学に依拠しながら検討を加えてきた．経営教育は経営原理を基本にし，経営者・管理者を養成することにある．経営者・管理者はプロフェッショナルであり，経営社会を構成する経営体をリードする責任を負っている．21世紀の経営社会においてもプロフ

ェッショナルとしての経営者・管理者はその役割を果たしていくことになる．とくに経営者は種々のステークホルダーとの対境関係を通じてステークホルダーの主張と自己の主張との調整を経営体の立場から行うことになる．[22)]

　経営学を実践経営学としてとらえるわけであるから，そこでは21世紀の経営環境に適応した経営者の養成こそが経営教育に課せられているといえる．経営教育の方向は，このような経営者の養成を行うことが，基本となろう．それでは，プロフェッショナルとしての経営者を養成する経営教育課題はどのようなものとなろうか．

　第1の経営教育の課題は，経営のグローバル化に適応できる経営者の養成である．ここでは経営者の能力が戦略提携のなかで活かされ，多国籍企業の人材開発にもつながることになる．

　第2の経営教育の課題はスペシャリストのための経営教育である．これはマネジメントをとくに主要な職務とする経営者に対しそれぞれのスペシャリストとしての専門家たとえば財務管理者，人事・労務管理者，販売管理者，生産管理者といった専門的職能を達成するスペシャリストの養成である．

　第3の経営教育の課題は，21世紀の経営環境に対する個別的経営教育の問題である．経営者教育・管理者教育のなかに企業文化・経営文化を活かすことである．

　第4の経営教育課題は，経営技法としての経営実践であるが，活きた経営としてのケース・スタディ，ビジネス・ゲームから，起業創造能力といった経営教育につなげていくことが重要である．

　第5の経営教育課題は，アジアの国々における経営教育実践の必要性とそれらの比較研究が必要であるということである．ここでは，とくに日本的経営論の経営実践が重要である．われわれは地球規模にわたる経営を考えるわけであるが，地域的に近いアジアにおける実践経営がどのように展開するか，むしろ積極的にアジア経営に取り組んでいくことが今後の経営教育の実践論として重視したい．

第6の経営教育課題は，将来の経営者養成については，他企業・他研究機関との経営交流が重要となる。以前から行われてきた中小企業における異業種交流は，経営者自体の能力開発の支援となっており，経営というノウハウの情報交換にあるといってよい。[23]

すでに述べてきたように経営教育は実践経営学そのものであり，経営教育研究の展開が実践経営学の展開でもある。われわれの経営教育研究は，経営者の研究を通じて変化する経営社会に役立つ人材育成にその中心的理念がある。

(小椋康宏)

注

1) Weihrich, H. and H. Koontz, *Management-A Grobal Perspective*, 10th ed., McGraw-Hill, 1993, p. 4.
2) 山城章『経営原論』丸善 1970年 67ページ
3) 実践経営学に関する筆者の見解については，次を参照せよ。
    小椋康宏「経営学の課題と方法」小椋康宏編著『経営学原理』 学文社 1996年 1-19ページ
4) 山城章による「経営道」については，次をみよ。
    山城章「経営教育の課題—経営学は経営教育である—」
    山城章編著『経営教育ハンドブック』 同文舘 1990年 3-16ページ
5) Weihrich, H. and H. Koontz, *op. cit.,* pp. 4-5.
6) Schermerhorn, J. R., *Management*, 5th ed., John Wiley & Sons, 1996, p. 4.
7) *Ibid*., pp. 10-11, pp. 135-214, pp. 215-316, pp. 317-466, pp. 467-515.
8) *Ibid*., pp. 96-98.
9) 小椋康宏「グローバル・マネジメントに関する一考察—経営体制の発展とグローバル経営者—」『創価経営論集』第15巻第3号 創価大学経営学会 1991年 53-63ページ
    小椋康宏「グローバル経営者の要件と役割」小椋康宏編著『経営学原理』 学文社 1996年 41-60ページ
10) 山城章 前掲書 1990年 11ページ
11) Weihrich, H. and H. Koontz, *op. cit.,* p. 12.
12) ベンチャー企業経営者の経営行動基準と企業創造に関する筆者の見解については，次をみよ。
    小椋康宏「ベンチャー企業経営者の経営行動基準に関する一考察」日本経営

教育学会編『21世紀の経営教育』経営教育研究第3号　2000年
13) Schermerhorn, J. R., *op. cit.,* p. 184
14) *Ibid.,* p. 184
15) 経営者に対する「資本コスト原理」の導入に関する筆者の見解については，次をみよ．

小椋康宏「現代経営者論の財務論的接近―実践経営学の方法に依拠して」森本三男編著『実践経営の課題と経営教育』日本経営教育学会創立20周年記念論文集第1巻　1999年　学文社
16) 資本市場理論については，次をみよ．

Besley, C. and E. F. Brigham, *Principles of Finance,* The Dryden Press, 1999, pp. 275-314.
17) 経営のグローバル化における経営スタイルとしては，理念として共通のものを狙っている．
18) スペシャリストの養成と経営者・管理者といったゼネラリストとの養成とは基本的には異なっていると考えるが，経営体全体として一体感をもって統一される必要がある．
19) Besley, C. and E. F. Brigham, *op. cit.,* pp. 3-16.
20) 各国別経営論は，経営実践論として実践経営学の基本と考える．
21) 日本型経営論を基本とする実践経営学とアジアで展開する実践経営学との比較研究が今日もっとも関心のある経営教育課題であるといえる．
22) ステークホルダーとの経営環境をどのように認識し，対境活動するかが重要であり，その経営教育という経営実践活動のなかで経営者・管理者を養成しなければならない．
23) 経営者養成においてもっとも大切なものはこういった経営者間の情報交換によるものである．したがって異業種交流はきわめて有効な経営者教育となっている．

参考文献

小椋康宏編著『経営学原理』学文社　1996年

小椋康宏，柿崎洋一『企業論』学文社　1998年

森本三男編著『実践経営の課題と経営教育』日本経営教育学会創立20周年記念論文集　第1巻　学文社　1999年

森本三男編著『多次元的経営環境と経営教育』日本経営教育学会創立20周年記念論文集　第2巻　学文社　1999年

山城章『実践経営学』同文館　1961年

山城章『経営学』（増補版）白桃書房　1982年

第 1 章　経営原理と経営教育　**19**

山城章編著『経営教育ハンドブック』同文舘　1990 年
Byrt, W ed., *Management Education-An International Survey*, Routledge, 1989.
Certo, S. C., *Modern Management-Diversity, Quality, Ethics, and the Grobal Environment*, 7th ed., Prentice-Hall 1997.
Ewing, D. W., *Inside the Harvard Business School : Strategies and Lessons of America's Leading School of Business*, Random House, 1990. （茂木賢三郎訳『ハーバード　ビジネス・スクールの経営教育』TBS ブリタニカ　1993 年）
Frazer, M. C. and M. Chatterrji (eds.), *Management Education in Countries in Transition*, Macmillan Press Ltd., 1999.
Lessen, R. L., *Global Management Principles*, Prentice-Hall, 1989.
Robbins, S. P., *Management*, 2nd ed., Prentice-Hall, 1988.
Schermerhorn, J. R., *Management*, 5th ed., John Wiley & Sons, 1996.
Weihrich, H. and H. Koontz, *Management—A Grobal Perspective*, 10th ed., McGraw-Hill.

本研究に関する現状と動向

　経営教育は実践経営学における基本課題である．山城章は「経営学は経営教育である．」（山城章編著『経営教育ハンドブック』同文舘　1990 年，3-16 ページ）と述べた．経営教育はマネジメント・エデュケーション（management education）であるというよりはむしろマネジメント・デベロップメント（management development）であると呼ぶことが適切であろう．このような考え方に依拠すれば，経営教育の体系はプロフェッショナルとしての経営者を養成する学問体系を意味することになる．したがって経営教育の中核には，経営者・管理者を養成することが学問の内に含まれているということである．

　ところで，われわれは長年にわたり経営教育を実践経営学の視点から検討を加えてきた．とくに日本の経営学関連の学会のなかで，日本経営教育学会（Nippon Academy of Management Education）は，この経営教育論を学問研究として積み上げてきたのである．経営教育は実践経営学の中心的研究課題をもっており，経営者・管理者の養成を主眼においた学問でもある．21世紀企業像・経営像のあり方を考え，それを前提においた実践経営を展開していくことが，今日の経営社会の現代的発展につながるものであると考えておきたい．

　他方，アメリカはもちろんであるがヨーロッパにおいてもこの30数年来経営教育への関心の高まりがある．それらの研究・教育の成果は，経営のグローバル化のなかでの経営実践に適用されている．またアジア等の世界でも経営教育の経営実践が各国別に行なわれ新しい潮流となっている．これらの研究・教育成果は，今後の実践経営学の展開に大きな影響を与えることになろう．

　今日の実践経営学はクーンツ（H. Koontz），ドラッカー（P. F. Drucker）や山城章がすでに主張してきたように，それぞれの学者はその方法論のなかで経営学を実践的学問としてとらえてきた．すでにわれわれも指摘したように，経営実践家はマネジメントを地球規模にわたった経営社会で使っている．今日それぞれの国籍およびそれぞれの個別企業で経営実践する経営原理が一般原理（general principles）としての意味をもっていることが重要である．

第2章　経営者教育と管理者教育

企業家精神

イノベーション

不確実性　自己啓発

情報公開　マネジメント・スキル

コーポレート・カルチャー

リーダーシップ

目標管理

1 経営者教育の基本原理

経営者教育の基本原理は，何に求められるか．この問題に関する論点は，経営者教育をどのように捉えるかにかかっている．経営者教育は，経営原理をもっての経営実践にある．ここでの経営者教育の基本は，自己啓発（self-development）である．経営者の能力を高めるつまり経営者の経営能力の育成こそが経営者教育に与えられたものである[1]．

1−1．企業家精神と経営理念

経営者教育の第1の基本は，企業家精神（entrepreneurship）をどのように修得するかの問題とその企業家精神を経営理念の明確化にどのようにつなげるかの問題である．ここでは，企業家精神からこの問題にはいってみよう．

企業家精神は，ドラッカー（Drucker, P. F.）をはじめ最近におけるボーモル（Baumol, W. J.）にみられるように企業家にとってもっとも大事なものであると考えられてきた[2]．企業家精神は，企業を起こすことすなわち「起業」にとって必要であり，「企業」の変革と展開にとって必要なものである．少なくとも企業家といわれる経営者は，この企業家精神を身につけることが必要である．また新事業を起こすベンチャー企業経営者にとっても同様に重要である．アメリカにおける1980年代以降における新事業・ベンチャーの創造においては，この企業家精神に負うところが大である．また最近における情報通信・インターネット等に関するベンチャーの創造においても，これらの企業家精神が重要な役割を演じている．

経営者が修得する企業家精神とは何か．これについて考えてみよう．ドーリンガー（Dollinger, M. J.）は，企業家精神の定義に関し，次のような特徴をあげる[3]．

① 創造力とイノベーション
② 資源の収集と経済的組織の建設

③ リスクと不確実性のもとでの利得あるいは増大のための機会

また，ドーリンガーが企業家精神の定義に関する研究者による定義を整理しているのでそれをみておこう．

ところで，企業家精神はリスクと不確実性の条件のもとで存在するということである．ここでいうリスクと不確実性は同じ概念ではない[4]．経営者は不確実性の世界で企業行動・経営行動をとるのである．ここでは，企業家精神が経営者教育のなかでもっとも大事にされなければならないものである．経営者は新

表2－1 企業家精神の定義

	定 義
Knight（1921）	不確実性とリスクを負担することによる利潤
Schumpeter（1934）	企業組織―新製品，新サービス，原材料の源泉，新生産方法，新市場，組織の新形態といったものの新結合を達成すること
Hoselitz（1952）	イノベーションの導入と資本の調達といった生産資源の調整を負担する不確実性
Cole（1959）	利潤志向企業を創設し，開発する意図をもった活動
McClelland（1961）	適度の危険負担
Casson（1985）	乏しい資源の調整についての意思決定と判断
Gartner（1985）	新組織の創設
Stevenson, Roberts & Grousbeck（1989）	現在，統制している資源と関連しないで投資機会を追求すること．

出所：Knight, F. *Risk, Uncertainty and Profit*. Boston : Houghton Miffin, 1921. Schumpeter, J. *The Theory of Economic Development*. Cambridge, MA : Harvard University Press, 1934. Hoselitz, B. "Entrepreneurship and Economic Growth." *American Journal of Economic Sociology*, 1952. Cole, A. *Business Enteprise in its Social Setting*. Cambridge, MA : Harvard University, 1959, McClelland, D. *The Achieving Society*, New York : John Wiley, 1961. Casson, M. *The Entrepreneur*. Totowa, NJ :Barnes and Noble, 1982. Gartner, W. "A Conceptual Framework for Describing the Phenomenon of New Venture Creation." *Academy of Management Review* 10 (1985) : 696-706. Stevenson, H., M. Roberts, and H. Grousbeck. *New Business Venture and the Entrepreneur*, Homewood, IL : Irwin, 1989.

出所）Dollinger, M. J., *Entrepreneurship-Strategies and Resources*, 5th ed., Prentice-Hall, 1999, p. 4.

事業を創造し，発展させる経営能力が期待される．これらの能力育成が経営者教育として経営実践されるのである．

1－2．ベンチャー企業家精神と情報公開

ベンチャー企業家精神が経営者の能力開発に重要となることについては異論はない．しかし，経営者教育の経営実践にこの企業家精神をどのように組み込むことができるかについてはきわめて困難である．企業家精神の創造に関し，ここではベンチャー企業経営者の経営行動から考えてみよう．

ベンチャー企業経営者の経営行動基準は，21世紀企業像をベースに提起される経営基準であるといってよい．ベンチャー企業にとっての企業家精神とは，新しい事業に向かって企業行動を推進する精神である．ベンチャー企業経営者は，この企業家精神をもって企業活動する．その経営力を経営教育として，ベンチャー企業経営者の経営実践に適用するのである．[5]

ベンチャー企業の創造において，経営者の役割はもっとも大事なものであり，ここに経営教育の意義が存在している．ベンチャー企業家精神は企業を創ることそのもののなかに生成するのであり，経営者の企業創造能力および企業意欲といったものに展開している．ここでの中身はすでに経営者として活動しているものにとっての経営力をつけるものであり，新しい経営を創造する力となっている．

ベンチャー企業経営者が21世紀の経営社会を維持し，経営体の責任者として活躍することになれば，そのことが経営教育を一層高い質のあるものにするであろう．

ベンチャー企業経営者の企業家精神は，ベンチャー企業そのものの事業の中身を中心に情報公開することによって，刺激的なものとなろう．われわれは情報公開により，ベンチャー企業経営者が情報公開されたものを共有することになる．

情報公開は現代経営社会において，ステークホルダーとの関係の問題をもたらす．この点に関しては，第3項で展開するが，ベンチャー企業における事業

内容，将来ビジョンの公開は，ベンチャー企業の展開に有用であると同時に，ステークホルダー側の活動に対しても有用なものとなろう．経営者教育において，経営の責任主体である経営者としての行動原理とステークホルダー側の行動原理が21世紀経営社会を創りあげ，経営実践のレベルをあげることが重要である．われわれはこれらの問題解決を積極的にとりあげ経営実践する経営者教育を考えるのである．

2　管理者教育の基本原理

　管理者教育の基本原理はマネジメントすなわち管理機能の仕事を身につけることである．管理の仕事は，管理過程における計画化，組織化，指導化および統制化といった管理の部分機能の仕事をいう．またそれらの管理機能の基本にあるリーダーシップが管理者教育にとってもっとも重要である．マネジメントの部分機能を明確に管理技法として管理者が身につけると同時にそれらの部分機能の管理過程の中心にあるリーダーシップを通じて管理者の経営実践能力を高めることになる[6]．

2－1．マネジメント原理修得教育からマネジメントの自己啓発教育へ

　マネジメント教育はアメリカ経営学の中心であり，管理者教育にとってもっとも必要なものである．管理者教育では，マネジメント原理修得教育から経営実践教育が主体に移るところから，基本的には経営実践を中心とする経営教育は自己啓発教育ということになる．

　マネジメントの技法は，企業の組織体にとどまらず，あらゆる組織体に適用できるものである．したがって，マネジメントにおける管理者教育は，あらゆる組織体に適用できる一般原理をもっている[7]．しかしながらマネジメントは経営環境によって，その具体的経営実践のレベルでは，違いがでてくるといえる．その違いは，管理者の能力によってもっとも適切な意思決定が行われる．その場合，管理者の能力を高めるためには，自己啓発の方法が実践的であることに

なる．

　管理者教育においては，管理一般としてマネジメントを考えることが基本であるが，ロワーおよびミドルの管理層においては，スペシャリストとしての経営教育も同時に必要となる．したがって，仕事の専門的知識についての経営教育が継続して行われなければならない．もちろんこれらの場合にあっても，経営教育の成功のためには，管理者の自己啓発によるところが大であるから，その点を経営実践のなかで活かすことが重要である．

2－2．管理者教育の原理

　管理者教育の原理はマネジメント・スキル（management skills）を修得することにある．マネジメント・スキルの修得は管理者教育のなかで行われる．カッツ（Katz, R. L.）はマネジメントの業績をあげるためには3つのタイプの技術が重要であることを示している．[8] その3つのものは，技術的スキル（technical skills），人的スキル（human skills），概念的スキル（conceptual skills）である．

① 技術的スキル

　技術的スキルは，作業に関係した技法や手続き実施するうえで，特定化した知識や専門技術の利用を含んでいる．これらのスキルの事例はエンジニアリング，コンピュータ・プログラミングおよび会計である．これらのスキルは，ほとんどプロセスとか物理的対象である「もの」と仕事することと関係している．

② 人的スキル

　人的スキルは，指揮されるチームのなかで協働をうちたてるスキルである．それは，態度とコミュニケーションによって協働すること，個人とグループの利害，要するに人びとと協働することを含んでいる．

③ 概念的スキル

　概念的スキルは，全体としての組織をみる能力を含んでいる．概念的スキルをもつ管理者は，組織の種々の職能がどのように互いに補足しあっているか，組織がどのように環境と関連しているか，また組織のある部分における変化が

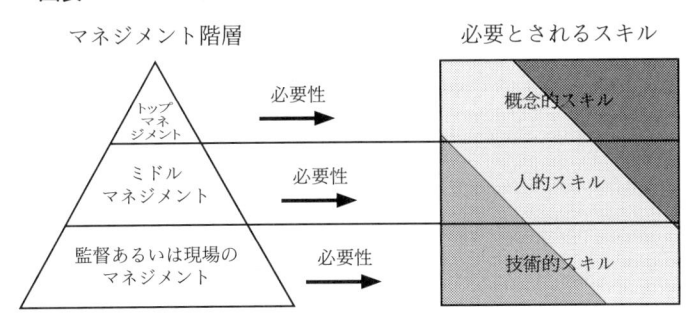

図表2－1　マネジメント階層と必要とされるスキルとの関係

マネジメント階層　　　　　　　必要とされるスキル

（トップマネジメント／ミドルマネジメント／監督あるいは現場のマネジメント　→必要性→　概念的スキル／人的スキル／技術的スキル）

出所）Certo, S. C., *Modern Management*, 7th ed., Prentice-Hall, 1997, p. 11.

組織の残りの部分にどのように影響するかを理解することができる．

　管理者がロワー層からミドル層，トップ層に移るにつれた第3の概念的スキルが技術的スキルよりさらに重要となる．しかし人的スキルは3つのスキルにおいて等しく重要なものとして残る．ここに管理者教育の内面的意味が現れると同時に，マネジメントに関わる人的問題の重要性をみることができる．管理者教育の経営教育プログラムのなかにこれらの問題を常に組み込む必要がある．マネジメントのレベルとスキルのレベルとの関連については図表2－1をみてみよう．ここでの重要な点は，人的スキルの問題である．人的スキルの重要性は，日本型経営教育論の重要性をも意味している．

3　21世紀企業における経営者教育の機能と役割

　21世紀企業における経営者教育の機能と役割について実践経営学の視点から検討してみよう．経営者教育の基本原理は第1項でみてきたように，「企業家精神」をその中心において考えてきた．そして経営者が企業家精神を持ち続けることが重要であると同時に，企業の段階が経営の段階に至る過程のなかで，経営者が身につける経営の機能と役割を経営者教育のなかで実践する必要がある．ここでは，経営の機能のなかで ① 企業文化論と ② ステークホルダー論

を中心に展開してみる．

3-1. 企業文化

　企業文化（コーポレート・カルチャー，corporate culture）は，経営者教育のなかで，経営者の経営哲学，経営倫理および経営理念において強い影響をもっているといえる．企業文化は経営者の個性が強くでてくるといえる．しかも経営体をリードする経営者とリードされる管理者，スペシャリストとの一体関係において企業文化が創られるともいえる．セルト（Certo, S. C.）によれば，コーポレート・カルチャーを次のようにいう．

　「コーポレート・カルチャーは組織のメンバーが組織の機能と存在に関しもっている一連の分担した価値と信念である[9]．」

　マネジメントに対する企業文化の重要性については，次のように考える．つまり企業文化は組織内における人びとの行為に影響し，十分な技法があれば組織の成功に対し十分プラスの効果をもたらすことができる．そのような理由から，企業文化は経営教育のなかで取り上げなければならない．

　セルトもいうように，経営者がこのコーポレート・カルチャー問題を操作しなければならない方法について次のような経営実践に有用なものをシャイン（Schein, E. H.）を援用して指摘している．その内容について要約的にふれておこう[10]．

　① リーダーは何を測定し，統制するために関心を払うのか．
　② 決定的な事故や組織の危機に対するリーダーの反応
　③ 役割のモデル化，指導および監督することを熟考する．
　④ 報酬や地位の割り当てに関する基準
　⑤ 従業員の採用，選考，昇進および退職のための基準

　このようにして，組織内に生ずる企業文化のタイプに影響を与えるために，管理者は最初にどういう企業文化が組織にとって適当であるかを決定し，それから計算し，その企業文化の確立，成長および維持を図る段階を図らなければならない．つまり，計画されたマネジメントの影響を考えずに，企業文化を展

開することは不適当な企業文化を生ずることになる．管理者教育は，このような点を考え，企業文化（コーポレート・カルチャー）を取り込むのである．

3－2．ステークホルダーとの対境関係

経営者教育にとってもうひとつ重要な仕事はステークホルダーとの対境関係である．経営者は経営体内部を指令する機能をもつが，経営機能はその内部管理を含めて，経営体外部との関係の経営活動にその役割を果たすのである．ステークホルダーと経営体の関係はすでに経営の社会的責任論において議論されてきたものも多いが，ここでは21世紀経営社会で要求される経営課題のなかに，経営体の行動原理を含めたステークホルダー理論が存在すると考えてよい．

ステークホルダーの利害と競うというマネジメントが経営学の文献のなかで重要な問題として出現してきたことである．[11]関連した問題は，ステークホルダーのマネジメントと企業が社会的責任をもっており，しかもステークホルダーのマネジメントと社会的責任両者についての業績の意味に関しての認知との間の関係の問題である．かつて山城章は「対境理論」としてステークホルダー論をとらえたが，今日，大事な問題はステークホルダー自体の社会的変革が大きいこととそれに対応した経営体の行動原理が変革する必要があるということである．経営者はこの経営体をリードする責任主体として行動しており，その経営者の養成が経営教育として社会的に要請されているという問題である．

4　21世紀企業における管理者教育の機能と役割

21世紀企業における管理者教育の基本原理は，マネジメント機能を明確に経営実践することである．この点については，従来の管理者と変化するところはない．しかしながら，現代の管理を再検討してみると，もっとも重点をおく必要があるところは，リーダーシップ論である．マネジメントをうまく機能させるためには，リーダーシップ論をおいてほかにはない．ここでは管理者教育におけるリーダーシップについて考えてみよう．また今日におけるマネジメン

トは部下をどのように扱うかの問題も重要である．したがって，部下の能力を引き出す方法として使われてきた目標管理を管理者教育の一環として取り上げ，検討を加えたい．

4－1．リーダーシップ論

リーダーシップは，マネジメントの中核にある概念である．経営者教育においてはもちろんのこと管理者教育においてもこのリーダーシップ能力を高める必要がある．セルトによれば，リーダーシップを次のように定義する[12]．

「リーダーシップとはある目標の達成に向かって部下の行為を指導する過程である．この意味においては，指導は個人に確かな方法で活動させるようにするか，ある特定のコースに従わせることを意味している．理念的にはこのコースは確立した組織の方針，手続きおよび職務記述書といったような要因と矛盾しないものである．リーダーシップの中心的テーマは人々を通して物事を成し遂げることである．」

リーダーシップの能力開発が必要であるが，そのための方策として管理者の経営実践の密度を高めることである．また管理者はこの経営実践のためにリーダーとマネジャーとの違いについて考えておく必要がある．セルトは「指導することは管理することと同じではない[13]」という．「多くの経営者は両者の差異をつかむことに失敗している．組織の義務を実行する方法について誤解のもとで働いている[14]．」

それでは，リーダーとマネジャーとをどのように理解したらよいか．セルトは図表2－2のように，すべての管理者はリーダーではないが，長期にわたってもっとも効果的な管理者はリーダーであることを指摘した．つまり，マネジメントとリーダーシップとを一体的に取り上げ，経営教育のなかで経営者はその中身を修得することになる．

4－2．目標管理

目標管理（management by objectives, MBO）は，管理者教育の「管理のやり方」において重要な役割を果たしている．目標管理はドラッカー（Drucker,

第2章 経営者教育と管理者教育　31

図表2−2　長期にわたって効果的管理者はリーダーでもある

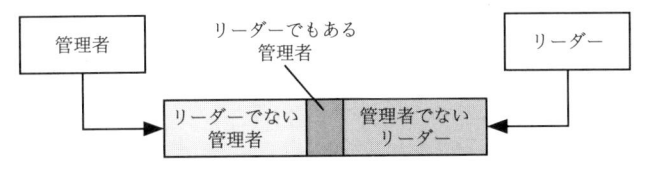

出所）Certo, S. C., *Modern Management-Diversity, Quality, Ethics, and the Grobal Environment*, 7th ed. Prentice-Hall, 1997, p. 126. p. 351.

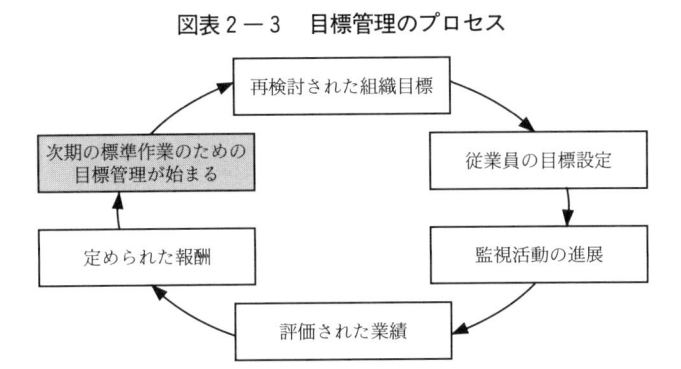

図表2−3　目標管理のプロセス

出所）出所）Certo, S. C., *Modern Management-Diversity, Quality, Ethics, and the Grobal Environment*, 7th ed., Prentice-Hall, 1997, p. 126.

P.）の著作によって一般化されたが，それを定義すれば次のようになる．目標管理は組織を管理する第一義的手段として組織目的に利用するマネジメント・アプローチである．目標管理のプロセスは，図表2−3のようになる．

目標管理戦略は3つの部分をもっている．[15]

① 組織内にいるすべての個々人は自分達が通常の活動期間中に到達しようとする特定の一連目標を割り当てる．これらの目標は相互に設定され，個々人と管理者によって同意される．

② 業績の再検討は個々人が個々人の目標をいかに密接に達成できるかを定期的に実施することによる．

③ 報酬は，個々人がどのように密接に個々人の目標に到達するに至ってい

るかの基礎に基づいて個々人に与えられる．

目標管理のプロセスは，5つの段階からなる[16)]．

① 組織目標の再検討．管理者は組織の全体目標の明確な理解を得る．

② 従業員の目標の設定．管理者と従業員は通常の活動期間内までに到達できる従業員目標の同意に見合うもの．

③ モニターの進展．通常の活動期間内の間隔において，管理者と従業員は目標が到達できるかどうかの審査のチェックをする．

④ 業績の評価．通常の活動期間内において，従業員の業績は従業員が目標に到達したかの範囲によって判断される．

⑤ 報酬を与える．従業員に与えられる報酬は，目標が到達する範囲によって判断される．

4－3．管理者教育における管理者像

管理者教育における管理者像は，どのようにあるべきか．管理者はマネジメントの機能を担当するものであり，経営体における機関としてマネジメントの基本を構成している．したがって，管理者教育において管理者像はまずもっとも基礎におく現場の監督者像を考える必要がある．監督者は優れて現場で何が行われ，何が問題となっているかを管理目標に照らして行動することである．

管理者教育にとって，図表2－1でみられるように，マネジメントスキルを管理者が習得することが重要である．また図表2－2でみられるように，リーダーでもある管理者として管理行動を行うためにリーダーシップ能力をつけることが重要である．これらのマネジメントスキル能力とリーダーシップ能力を統合することによって総体としてのマネジメント能力を高めることである．

管理者像は，管理者が経営実践の基本とする理念のひとつである．21世紀企業像をベースに管理者像を明確にし，経営実践につなげるのである．管理者教育においてはマネジメントの内容を明確に理解する能力を身につける必要がある．実践経営学においてはここで展開される管理者教育がそれぞれの企業のなかで創られ，また各国の管理者教育が創られるのである．それらの管理者教

育はそれぞれの経営実践において有用となるのである．

21世紀企業においては，ますます経営のグローバル化が進展する．経営者の行動原理の一般化は必ずしも進展するとは限らないが，管理者の一般化は急速に進展することになろう．それは企業内における内部管理は一般化できる可能性をもっているからである．しかしながら，それぞれの部門・部署においてはそれぞれのスペシャリストとしての専門性が要求されるところから，管理者教育の一層の専門性が必要となろう．したがって，われわれはそれぞれの専門性をもった管理者像を提起することになる．[17]

5 経営者教育と管理者教育との統一

5－1．経営者教育と管理者教育の一体化

経営教育において，経営者教育と管理者教育との統一は，経営体の経営美を追求するうえでもっとも重要なものである．すでに述べてきたように，経営教育では，経営者教育と管理者教育が基本となる．とくにわれわれの見解では，経営者が経営体をリードする責任主体であるところから，もっとも重要な役割を演じている．また管理者教育は，経営体の管理という経営体内部を計画，組織，統制する実践活動を指揮する機能を担当する育成を含んでおり，多くの経営構成メンバーにとって基本的に必要なものとなっている．

経営組織としては，経営と管理の機能を同時的に遂行する機関は「社長」であり，経営体にとってもっとも重要な機関であり，経営担当者となっている．[18]とくに，日本企業の経営組織としては，社長の役割は経営体の中心となっている．

経営者教育と管理者教育とが統一的に一体化することは，管理者の育成から経営者の育成へつながる経営教育を考えることである．もちろん経営者教育と管理者教育はまったく異なる．すでに述べてきたように，経営者教育はとくにステークホルダーとの関連を重視し，管理者教育は管理技法そのものの習得お

よび経営実践が重視される．これは，経営者教育が対外部志向および未来志向であるのに対して，管理者教育は対内部志向である．経営者・管理者がこれら異なる仕事を行うのであるが，経営者・管理者は経営体の構成メンバーであるところから経営教育としても一体的に統一する必要がある．

5－2．経営体の維持機能としての経営者教育

経営体の維持機能を遂行する責任主体は経営者である．管理者は経営者とライン関係にあり，経営者を支え，主として企業内部の管理活動を通じて経営体に貢献している．これらの経営原理を経営者教育のなかで活かさなければならない．

経営者教育にあっては，経営者に対し企業内部の問題解決能力を高めることは重要である．また今日の経営実践においては経営者に対しステークホルダーとの関連で生ずる経営問題に対する問題解決能力を高めることが必要である．

このようにして21世紀の経営社会においては，経営体をリードする経営者がステークホルダーとどのような関係をもっていくか，経営体の立場を明確にしたうえで経営活動することが基本である．21世紀企業を中心とする経営は「企業価値創造経営」を志向するが，それはステークホルダーとの関連の経営意思決定を大事にしたうえでの企業価値である．現代企業における経営者・管理者の経営実践およびベンチャー企業経営者の革新的，創造的企業家としての経営実践がグローバル化した経営社会で活動することが重要であり，それらに関する経営者教育が求められているのである．

アメリカ経営学会においても最近，議論されてきたステークホルダー論，社会責任論は，とくに財務的業績との関連でも関心領域となっており，それらの事例研究およびイベント・スタディの成果は，経営教育の経営実践のなかで参考にする必要がある．[19] われわれの考える経営教育モデルでは，「企業価値創造経営」を目標とする枠組みのなかで，ステークホルダー論を組み込んだ体系を考えている．社会的存在としての経営体の維持については，経営者の基本的職務である．経営者教育は21世紀経営社会で通用する経営原理をその内に含ん

でいるのである．

6 経営者教育と管理者教育の方向と展望

　以上にわたり，経営教育と管理者教育に関し，実践経営学的視点より考察してきた．経営者教育と管理者教育はマネジメント教育としては共通項をもっており，マネジメント機能を担当するという意味において経営教育の基本となってきた．

　アメリカにおける経営教育と日本における経営教育は，従来その経営教育システムについて異なっていたといえる．とくに経営者・管理者を育成する方法はまったく異なる．たとえばアメリカ企業においては，プロフェッショナルとしての経営者は企業内部で養成されるというよりは，むしろ外部にその人材を求めてきたといえる．他方，日本企業においては，経営者は内部から養成するものであり，したがって企業内において評価の高い人材が経営者に抜擢されるのである．

　経営者のもつ機能と管理者のもつ機能とは基本的に別物であると考えられてきた．経営機能は第1に，組成機能であり，第2に，最高意思決定機能をあげることができる．組成機能は，会社の設立および解散であり，この機能は株主総会に付与されているが，経営体がゴーイング・コンサーンを前提とすれば，取締役会に付与されている最高意思決定機能を中心に考えてよいことになる．ここでの最高意思決定機能はステークホルダーとの対境関係に伴う意思決定機能であり，経営体を取り巻く経営環境と経営体内部に指令する指令機能を有している．これらの機能を中心とする課題は，コーポレート・ガバナンス論の課題となっている．[20]

　マネジメントは，この経営機能と管理機能を含んでおり，また経営機能は管理機能を包摂する．実践経営学の理念としては，経営体内にある専門的職能にこの管理機能，経営機能を一体化した経営のクオリティを高めることである．

われわれの見解では経営者と管理者は別物であるとはいえ,経営体を維持・発展させる中核的役割を演じていることにより,これを一体的にとらえることが必要である.

経営者教育と管理者教育は実践経営学の立場では,経営の実践の場において開発される.経営実践の場は,実際の経営実践によることがもっとも適当であるが,実際的にはそういった経営実践に加えて,事例研究,ビジネス・ゲームといった経営教育プログラムで行われるものと,経営者・管理者の経営情報交換において行われる経営実践とがある.いずれにしても,経営教育の本質は自己啓発にあるところから,できるだけ経営実践の場を大事にすることが重要である.

最後に,経営者教育・管理者教育の基本理念のなかに,経営体制発展の原理としての21世紀企業像・経営像を考え,経営哲学,経営倫理および経営理念の基本構造を自己啓発する経営教育が必要であることを指摘しておきたい[21].

(小椋康宏)

注
1) 自己啓発による経営教育論については次をみよ.
 山城章「経営教育の課題―経営学は経営教育である」山城章『経営教育ハンドブック』同文舘 1990年 3-16ページ
2) 企業家精神に関する見解に関し,ドラッカーとボーモルの見解については次をみよ.
 Drucker, P. F., The Discipline of Innovation, *Harvard Business Review*, May-June, 1985, pp. 67-72.
 Baumol, W. J., Famal entrepreneurship theory in economics ; *Existence and Bounds, Journal of Business Venturing* 8 (3), 1993, pp. 197-210.
3) Dollinger, M. J., *Entrepreneurship-Strategies and Resources*, 5th ed., Prentice-Hall, 1999, p. 4.
4) 筆者の見解では,不確実性とリスクの概念については明確に区分している.企業家精神との関連での経営課題として不確実性の概念を使い,ファイナンス論のなかでの理論としてリスクの概念を使うのがよい.リスクと不確実性については次をみよ.

小椋康宏『経営財務（増補版）』同友館　1984年　101-105ページ
5）ベンチャー企業経営者の経営行動基準に関する筆者の見解については，次をみよ．
　小椋康宏「ベンチャー企業経営者の経営行動基準に関する一考察」日本経営教育学会編『21世紀の経営教育』経営教育研究第3号　2000年
6）管理者の養成つまり管理者教育の原理は，マネジメントの基本原理とリーダーシップ理論の修得にある．管理者教育は，ビジネス・スクールにおいてその基本を修得するが，それに加えて企業内での経営実践において管理者教育の能力開発が重要である．
7）マネジメントはあらゆる組織体に適用できる理論をもっている．したがって，マネジメントは一般原理としての理解が通説となっている．次のものをみよ．
　Weihrich, H. and H. Koontz, *Management-A Grobal Perspective*, 10th ed., MaGraw-Hill, 1993, pp. 12-14.
　Robbins, S. P., *Management*, 2nd ed., Prentice-Hall, 1988, pp. 15-16.
8）Certo, S. C., *Modern Management-Diversity, Quality, Ethics, and the Global Environment*, 7th ed., Prentice-Hall, 1997, pp. 10-11.
9）*Ibid.*, p. 422.
10）*Ibid.*, pp. 422-423.
11）アメリカ経営学会の学会誌（The Academy of Management Journal）においてステークホルダー，社会的責任および業績に関する特別研究フォーラムの特集号がある．第45巻5号，1999年10月号をみよ．
12）Certo, S. C., *op. cit.*, p. 350.
13）*Ibid.*, p. 350.
14）*Ibid.*, p. 350.
15）*Ibid.*, pp. 125-126.
16）*Ibid.*, p. 126.
17）ここでは管理者像についてのわれわれの問題提起は，企業のみならずあらゆる組織体における管理者を想定している．
18）日本企業においては取締役社長を考え，アメリカ企業においてはCEO（Cheif Executive Officers）を考えている．
19）次のものを参照せよ．
　Harrison, J. S. and R. E. Freeman, *Stakeholders, Social Responsibility, and Performance : Empirical Evidence and Theoretical Perspectives, The Academy of Managemment Journal,* Volume 42 Nummber 5, 1999. pp. 479-485.
20）コーポレート・ガバナンスに関する筆者の見解については次をみよ．
　小椋康宏「コーポレート・ガバナンスの財務論的接近」『経営研究所論集』第20号　東洋大学経営研究所　1997年

ブックホルツのコーポレート・ガバナンス論も参考になる．次をみよ．
Monks, R. A. G. and N. Minow, *Corporate Governance,* Brackwell, 1995.
21) 経営者教育の新しい課題である経営哲学，経営倫理の問題については実践経営学のなかで新しい経営原理を提示する必要があり，今後の研究課題としておきたい．

参考文献
小椋康宏編著『経営学原理』学文社　1996年
小椋康宏編著『経営環境論』学文社　1998年
佐久間信夫編著『現代経営学』学文社　1998年
佐々木恒男編著『現代経営学の基本問題』文眞堂　1999年
日本経営教育学会編『大競争時代の日本の経営』学文社　1998年
日本経営教育学会編『日本企業の多様化する経営課題』学文社　1999年
日本経営教育学会編『21世紀の経営教育』学文社　2000年
森本三男『経営学入門』(三訂版) 同文舘　1995年
山城章『経営学』(増補版) 白桃書房　1982年
山城章編著『経営教育ハンドブック』同文舘　1990年
Certo, S. C., *Modern Management-Diversity, Quality, Ethics, and the Grobal Environment*, 5th ed., 1997.
Dollinger, M. J., *Entrepreneurship-Strategies and Resources*, 2nd ed., Prentice-Hall, 1999.
Schermarhor, J. A., *Management*, 5th ed., John Wiley & Sons, 1996.
Weihrich, H. and H. Koontz, *Management-A Grobal Perspective*, 10th ed., MaGraw-Hill, 1993.

本研究に関する現状と動向

　本章における経営者教育と管理者教育は経営教育論のなかでは，従来，別物として議論されてきたといってよい．とくに管理者教育はアメリカ経営学が日本に導入されて以来，経営研究のなかでは，その理論的研究にとどまらず実践的研究のなかでおおくの議論がなされたのである．日本的経営論で展開された管理者教育論はアメリカマネジメント論の日本版であったといってもよい．また経営者教育についてはむしろ研究者サイドでは批判的で，その学問的研究の展開は少なかったように思われる．したがって，経営者教育は経営者の実践的行為のなかで考えられてきたといってよい．

　このような問題に関し，今日もっとも重要なものは，管理者教育についてはもちろんであるが，経営者教育はもっと必要であり重要となっていることである．とくに今日の経営体がステークホルダーを含めた経営社会においてとらえる必要があり，そこでの経営体を指揮する経営者の重要性が高まっているということである．これらの点に関し，次に展開してみよう．

　従来行ってきた管理者教育はいわゆるマネジメント・リーダーシップ論としての研究成果であった．今日の管理者教育もこの延長線上にあると考えてよいが，基本的な研究方向は伝統的管理型リーダーシップ論から自立型リーダーシップ論への展開が必要であろう．

　今日の企業の変革のなかで，また21世紀企業像のあり方を問うとき，経営教育論としては経営者教育・管理者教育を一体的に取り上げる必要があると考えられる．21世紀企業の発展・展開は，生業・家業→企業→経営への発展過程にとらわれず，起業→企業→経営および起業→経営への一足跳びの発展過程も重要であると考える．これは，今日の企業群が経営体とステークホルダーを含めた経営社会での役割を重視しているからである．

第3章　多国籍企業に競争優位をもたらす経営教育

多国籍企業　ダイバーシティ
インターナショナル　マルティナショナル
グローバル　トランスナショナル
教育ニーズ分析　教育計画　教育評価
教育システム・デザイン・モデル

多国籍企業の経営の特徴を一言でいえば，それはダイバーシティ（diversity）の管理であるといえよう．それは，民族的，人種的，文化的，さらには性的等の違いから派生するダイバーシティをいかに効果的に管理するかの問題である．

実に，多国籍企業の経営が国内企業のそれと異なる点のひとつは，このダイバーシティの程度が想像を絶するほどの幅と奥行きの広がりを有することである．

ダイバーシティを効果的に管理するということは，組織成員の有するさまざまな文化に対して感受性の高い経営を行うことだと言い換えることもできる．つまり，異文化への対応能力の高い経営ということでもある．

1 ダイバーシティ管理のためのグローバルな論理枠組み

1－1．労働市場の要因

まず，国内労働力のダイバーシティは，住民の文化的異質性の増大，若年労働者不足と高齢化，雇用機会均等法のような法的規制の出現，といった要因から生じている．日本でも国内労働市場がいろいろな意味で変質転換過程にあるが，そのひとつが労働力のダイバーシティ現象である．日本企業の職場も正規常用の従業員だけでなく，派遣労働者，契約社員，季節労働者，パートタイマー，アルバイト，外国人（子会社からの出向者，熟練労働者等），さらには通信通勤・在宅・サテライト労働等のさまざまな種類から成る混成職場になりつつあることである．[1] 正規常用者とそれら周辺労働力との効率的調整や管理の問題は新たな人的資源管理（HRM）の課題である．

若年労働者不足と高齢化も日本にとって深刻な問題である．前者は出生率の低下が原因となり，このままでは国内企業の事業継続さえ懸念される状況である．バブル経済期にはその対応策として学生アルバイトや外国人労働者の活用も増大した．これと表裏にある労働人口の高齢化については，労働市場の年齢

構成が，戦後から高度成長期にかけてのピラミッド型，さらには樽型から最近では箱形へと変形しつつある．最大の問題は，平均寿命80歳の時代に定年後もいかにして生計を立てられるかにある．

雇用機会均等法については，日本では1986年に男女雇用機会均等法が施行された．政府の奨励もあって予想以上に企業社会に浸透していることは事実である．しかし，募集・採用については努力（義務）規定であるため効力に問題があるとの指摘から，98年度には均等法の内容全体が強制規定に改訂された．これにより，労働市場への女性の一層の進出が見込まれる．

他方，進出先国での労働力のダイバーシティも国内市場のそれと同様に既述の3つの要因により発生すると考えられるが，その規模と範囲において巨大かつ複雑である．

多国籍企業の進出先諸国の労働市場は単一文化であるよりも多文化的である場合の方が多いであろう．たとえば，欧米などの先進国だけでなく，マレーシアの労働市場でも，マレー人，中国人，インド人に加えて，下層労働層にフィリピン人やバングラディッシュ人が参入しており，一層の多文化が進行中である．また，シンガポールや香港では労働力不足のため外国人熟練労働者や専門技術者を積極的に招聘している．

欧米の多国籍企業の場合，現場レベルの管理者や中間管理職には現地従業員を配置し，トップや上級管理職に本国人もしくは第三国人をつけるのが一般的傾向だが，日本の多国籍企業では中間管理職にも多数の本国人が派遣されている例が見られる．海外派遣社員の数と彼らの職位が何によって決まるかは，子会社の現地での操業年数が大きくかかわるが，子会社の戦略的重要性，親会社との距離，所在地が先進国か発展途上国かによっても影響を受けよう．

ちなみに，日本はアメリカとの友好通商航海条約のなかに「上級管理職選択の自由」条項をもっており，アメリカ子会社の従業員から「上級管理職位に日本人を優先的に配置してアメリカ人従業員を差別している」と訴訟を起こされた場合，日本企業はこの条項を盾にして対抗するケースが数多くみられる．[2]し

図表3-1　多国籍企業内の労働力ダイバーシティ

母国労働力の ダイバーシティ	現地受入国での労働力ダイバーシティ	
	低	高
低	I	II
高	III	IV

かし，現地営業所や支店ならともかく，現地法人たる子会社においてこのような対抗措置をとるのは時代錯誤であり，人の現地化の何たるかの理解不足ではなかろうか．アメリカでの，1991年公民権法，年齢差別禁止法，アメリカ障害者法，男女雇用機会均等法といったダイバーシティの増加要因にも関連するこれら法規への対応こそが肝要であろう．

図表3-1は多国籍企業が労働力のダイバーシティから蒙る圧力の大きさについての分類表である．第I象限にある企業では国内でも海外でもダイバーシティを管理する必要性は低い．受入国側の文化クラスターが母国側と同じであるか，または少数のクラスターに限られていて，母国のHRM政策を変更するとしても必要最小限に留められる場合である．たとえば，日本企業の場合，アメリカやドイツの子会社に対するよりも東南アジアの子会社の方が日本的経営を導入しやすいといったことである．

第II象限では，本国親会社の文化は同質的だが，文化間あるいは文化内の違いが大きな子会社を数カ国に有していて，各受入国政府が現地の労働法規の遵守を厳しく要求しているような場合である．受入国政府が，たとえば親会社からの派遣社員の滞在期間を制限して現地人の雇用を促進させたり，子会社の株式所有権を現地側に譲渡するよう計画書を提出させるといったケースもある．

第III象限と第IV象限では，国内労働市場でのダイバーシティに対処する必要性が非常に高いという点で共通している．そこでの特徴は文化内のダイバーシ

ティが高く，雇用機会均等法が積極的に実施され，人口動態の変化が著しく，完全雇用政策が強力に推進されているような場合である．

　第Ⅲ象限では，その多国籍企業が国内労働市場に対処する過程で得た豊富な経験があれば，進出先国子会社で遭遇するダイバーシティは相対的に低いものになる．国内の高いダイバーシティに十分対応できるHRM政策は海外子会社での試練にも広範な適応力を有している．例として，欧州企業の本社でのHRM政策をEU内の子会社へ適用する場合などがあげられる．

　第Ⅳ象限では，世界の労働力を効果的に管理するための国際HRMプロセスに重点が置かれている．第Ⅲ象限と違う点は，国内での高いダイバーシティへの豊富な対応経験をもつとしてもこの局面では容易には対応しきれないのであり，HRMの設計過程に各国の多様な従業員を認識し，包含しうる能力を組み込むことが必要である．

1－2．製品市場の要因

　図表3－2は，多国籍企業の受入国市場での製品適応圧力と労働市場圧力とのマトリックスであり，これにより労働力のダイバーシティを促進し維持することが多国籍企業にとっていかに重要であるか一層理解しやすくなる．

　セルⅠに位置する企業は，受入国での双方の適応圧力が弱いため，現地バイヤーを満足させる程度の少しの調整で十分であり，人事配置や教育慣行を変更するなどの必要はない．例としては，オーストラリア，カナダ，アメリカで子

図表3－2　多国籍企業内のダイバーシティ管理に影響を与える市場の力

ダイバーシティを効果的に管理する労働市場圧力	ダイバーシティを効果的に管理する製品市場圧力	
	弱	強
弱	Ⅰ	Ⅱ
強	Ⅲ	Ⅳ

会社の経営を行う英国系出版社をあげることができる．

　セルⅢに位置する多国籍企業では製品の受入国市場への適応圧力は弱いが，母国の規範に根ざしたHRM政策を容易には受け入れない労働市場で事業を行っている．この型の例として，フィリピン，中国，メキシコに生産工場をもつ米国系繊維会社やインド，アメリカ，ロシアに生産工場をもつドイツ系化学製品メーカーなどがある．

　残りの2つのセルでは受入国製品市場での適応圧力は強いので，現地のビジネスについての能力の向上に多大の努力を払う必要がある．しかし，セルⅡに位置する多国籍企業においては，本国の労働市場と受入国市場の間に大きな文化的相違は存在しないので，受入国に合わせてHRM政策を変更する必要性は少ない．たとえば，シンガポールに生産工場をもつ香港の家庭電気器具メーカーはこれに該当する．これら双方の人種や産業の発展段階には共通性があり，HRM政策も非常に類似しているからである．

　しかし，セルⅣでは，受入国の労働市場は一般的にその多国籍企業の企業文化や母国文化と一致し難い労働力を供給するので，これに対処する必要がある．まさに，ダイバーシティ管理の課題が一番大きな場面であり，それを効果的に行うことができれば見返りが一番大きくなる領域でもある．例としては，各国にグローバルな生産工場を展開している自動車組立メーカーをあげることができる．

2　競争優位を得るためのダイバーシティ管理

　ゴシャール（Ghoshal, S.）とノーリア（Nohria, N.）によれば，多国籍企業の競争環境として，インターナショナル，グローバル，マルティナショナル，トランスナショナルの4つの環境をあげている[3]．

　インターナショナルの環境では，母国市場で開発された標準化製品が自立的海外子会社で生産されるので，現地への適応や組織間の統合は必要とされない．

第3章　多国籍企業に競争優位をもたらす経営教育

図表3－3　労働力のダイバーシティ管理のための適正な戦略アプローチ

		市場ニーズ			
		弱		強	
ダイバーシティの程度		インターナショナル 適応力(低)―統合力(低)	グローバル 適応力(低)―統合力(高)	マルチナショナル 適応力(高)―統合力(低)	トランスナショナル 適応力(高)―統合力(高)
弱	母国(低)―進出先国(低)	状況適応型			
弱	母国(高)―進出先国(低)		集権適応型		
強	母国(低)―進出先国(高)			分権適応型	
強	母国(高)―進出先国(高)				統合適応型

出所）Florkowski, G. W., *Managing Diversity within Multinational Firms for Competitive Advantage.* 注4）参照. p.349.

　グローバルの環境では製品差別化の要請は低いが，組織効率を高めるために組織間で広い範囲に渡って協力することが必要となる．他方，マルチナショナルとトランスナショナルの各環境では進出先国での適応圧力は強力である．しかし，前者では，各国での独立した事業活動が許されるのに対し，後者では組織間の強力な統合と各国での高い適応力が同時に要求される環境である．

　図表3－3はこれら4つの競争環境ごとに，既述した製品市場および労働市場との適合関係で，多国籍企業がどのような戦略を採ればダイバーシティ管理においてROI（投資収益率）を極大化することができるかを示している．[4] 結論的には，4種類の競争戦略が提示されている．① 状況適応型（ad hoc variation），② 集権適応型（structural uniformity），③ 分権適応型（differentiated fit），④ 統合適応型（integrated variety）である．

　まず，状況適応型は，地理的に分散した労働力を管理するためのガイドライ

ンとしての公式的・標準的な原則がない場合の戦略である．この戦略は，インターナショナルの競争環境において，母国と受入国双方の労働市場のダイバーシティが低い場合に適用される．そこでは組織を横断する社会文化的・政治的類似性のために，大部分，国内の労働者に適用しているHRM政策が海外市場に移転可能となる．

第2の集権適応型は，多国籍企業がダイバーシティ関連の問題を扱う方法に関して非常に集権的なやり方を用いる場合である．この戦略は，グローバルの競争環境において，労働力のダイバーシティを管理する圧力が母国ほど受入国で強くない場合に有利となる．グローバルの競争環境では，世界中の生産工場のもっとも効果的なネットワークの構築をめざすために組織間の相互依存性が状況適応型戦略よりも強くなる．HRM政策も現地での無関心や敵対心を発生させるようなものは，各国子会社間の相乗効果を作り出す企業の能力を著しく傷つけることになるであろう．

第3の分権適応型は，多国籍企業がダイバーシティを効果的に管理するための権限を全面的に分権化している戦略である．受入国子会社の管理者は現地の労働市場特有の要求が満たせるように親会社のHRM政策を現地に合わせる自由を保有しているだけでなく，現地で競争上必要な変化にうまく対処することを親会社から期待されている．この分権適応型戦略はマルティナショナルな競争環境で，母国での労働力のダイバーシティが受入国のそれより低い場合に採用されるべきものである．この場合，世界的統合の圧力は弱く，現地国への適応圧力は強い．

最後の統合適応型は，分権適応型による進出先各国特有のHRM政策への適応に加えて，世界規模の強力な統合の必要性をも十分に受け入れられる戦略である．多国籍企業においては，ある機能領域を高度に集権化したり，組織のサブシステムのある部分を高度に公式化したり，ある種の規範や価値観が組織成員により広く受け入れられるといったことの内でひとつ以上の要素が業界において競争優位を獲得するのに必要となろう．この種のダイバーシティ戦略は

トランスナショナルの競争環境で高い現地適応力と強力な統合力の二重の課題に直面すると同時に，労働力のダイバーシティ管理では強力な母国市場の圧力にも増して受入各国での圧力も高い場合にもっとも適した戦略といえる．

最後に，労働力のダイバーシティがもつ潜在的便益を極大にするような包括的で相乗効果を有する人事管理を行っている多国籍企業の例を示したのが図表3－4である．

これらの多国籍企業が実施している各機能領域での諸活動に共通してみられるのはダイバーシティを取り込む際に生じる文化的バイアスを防ぐためのいろいろな工夫がなされていることである．たとえば，オリベッティとエリクソンではグローバルな管理者教育センターの設置場所を本社の価値観によって決定が支配されないよう本国以外の国に設定し，会社のあるすべての地域から選考された人びとによってセンターは運営されている．また，ペプシ・コーラでは，進出国管理者の報酬は標準化され，文化的に中立なビジネス目標に基づく業績給与システムになっている．

3 教育システム・デザイン・モデル（ISD モデル）

労働力の変化やダイバーシティとの関連で生じる複雑な問題の処理に教育訓練が有力な手段になる理由として，次の5つがあげられる．

① 労働力についての人口動態が変化している．日本では老齢人口の増加，アメリカではこれに加えて白人男性の稼働人口に占める割合の減少（less white and less male）が著しい．組織はこれらを補完するためダイバーシティの労働力を組み込んで教育する必要がある．

② 職場での教育機会の提供に関する法規が存在する．それらの法規によりすべての従業員は，平等に教育，指導，訓練を受ける権利を有する．

③ 生産性や利益の向上には労働力の十分な活用が必要不可欠である．教育訓練は，個人の能力開発の障壁をとり除く重要な方策とみられる．労働力のダ

図表 3 − 4　ダイバーシティを組み込んだ国際人事政策

機能領域	活　　動	企業名（本国）
人事計画	● 営業や各国の連結報告書によって，進出先国子会社でのダイバーシティの質的改善の進捗度を評価する監視システムの設置；6カ月ごとの状況の見直し（経営委員会による）	グランド・メトロポリタン（英）
人員配置	● 採用計画の一環として留学生に彼らの母国以外でのインターンシップを提供する ● 外国勤務を各人のキャリア計画に組み込む ● キャリア計画を地理上の場所によるのではなくビジネスの機能によって決める	ICI（英）およびヒューレット・パッカード（米） BP（英） ロイヤル・ダッチ・シェル（オランダ）
業績評価	● 世界中の全ての上級管理者の業績評価基準にダイバーシティの改善を組み込む（経営委員会による）	グランド・メトロポリタン（英）とコルゲート・パルモリーブ（米）
人材開発	● 本社の多国籍計画チームが現地管理者のために世界規模の教育方法やプログラムを開発する ● 地域教育諮問委員会が教育活動の指揮をとる ● 全ての地域から選抜されたスタッフと参加者で構成される管理者開発センター；センターは「文化的に中立」な国に設置 ● いろいろな文化をもつ参加者による国際ビジネスのための多文化セミナーの開催 ● 国内管理者と海外子会社の管理者とがプロジェクト・チームを編成	アメリカン・エクスプレス（米） モトロラ（米）およびアモコ（米） オリベッティ（伊）およびエリクソン（スウェーデン） アマデウス・グローバルトラベル，マーズ・インク（米），BP（英） 3M（米）およびコルゲート・パルモリーブ（米）
報酬	● 進出先国管理者には標準化されていて，文化的に中立なビジネス目標に基づく業績給与システム	ペプシ・コーラ（米）

出所）Florkowski, G. W., *Managing Diversity within Multinational Firms for Competitive Advantage.* 注4）参照．p. 354．

イバーシティは，それらが適切な教育を受ければ負債でなく資産になりうる．

　④　倫理観や公正さを教育によって認識させることが，組織の生存能力にとって重要である．そのためにも，すべての従業員に，組織の効率的運営に必要な知識と技能を平等に提供する機会が与えられる必要がある．

　⑤　労働者各人が，自己の知識や技能では将来の仕事に対してだけでなく現在の仕事にも不十分であることを認識している．

　ここでは，システマティックな教育訓練法として確立されている伝統的な「教育システム・デザイン・モデル」（The Instructional System Design Model, 以下 ISD モデルという）の内容の検討から始めたい．

　ISD モデルはシステマティックな人材開発法であり，①　教育ニーズ分析，②　教育計画・方法・運営，③　教育評価・移転，の3部門から構成され，それらが相互に関連し合っているモデルである．

　まず，ISD モデルを構成する最初の「教育ニーズ分析」は，教育実施計画においてシステマティックな人材開発を行うための第1段階である．教育ニーズ分析はさらに，組織分析，作業分析および個人分析の相互に関連し合う3つの要素で構成されている．

　「組織分析」では，組織全体のなかでどの部分を教育すれば知識や技能や態度の向上によって組織目標をこれまで以上に達成できるか検討する．教育が必要な箇所が明らかになりしだい，「作業分析」が次の3項目を決定するために実施される．①　その仕事で行われる課業，②　それらの課業を実施するのに必要な知識，技能および能力，③　各課業の実施に必要な業務遂行基準と行動能力．

　次に，「個人分析」では各人が期待水準で業務を遂行しているかどうかを分析する．もし遂行できていなければ，次の段階は教育訓練によって彼らの知識，技能，態度の向上を実現して，その遂行ギャップを埋めることが可能かどうかを判断する．このように教育ニーズ分析は，何を，どこで，いつ，誰を教育する必要があるかの情報を提供することである．

次に「教育計画」は，提供すべき各教育実施計画のための計画書を作成する過程である．伝統的に，教育訓練計画書には被訓練者に期待する成果についての記述があり，具体的な教育訓練目標を設定することから始まる．この目標が記述されると，教育計画プロセスの重点は，教育項目の順序の決定と学習効果を高めるための学習原理の組込み（たとえば，実施，フィードバック）に移行する．

教育訓練計画書の作成局面の第2段階は，被訓練者のモティベーションを高め，最適な学習ができるような学習環境を創ることである．第3段階は，適切な教育訓練方法を選択もしくは開発することである．もっとも一般的な方法はOJTと座学形式（講義，議論，発表）であるが，選択した教育訓練方法が教育目的と教育状況にマッチしていることが重要である．

次の「教育評価」では決定者の判断を助けるため情報収集方法の開発も行われる．教育評価についての情報は，その実行計画が設定された目標をうまく達成できたか，さらにその質を改善するためにどのような精緻化が必要かを判断するのに重要である．

さらに教育評価での重点事項は，教育訓練の移転，つまり被訓練者が習得した知識，技能，態度を実際の仕事の場で効果的に応用できる程度に置かれている．移転プロセスからの成果として期待されるものは訓練で修得した技能の実際の仕事に対する一般化と，それら知識や技能の維持または長期の保有ということである．

以上のようなISDモデルも，労働力のダイバーシティの増加や職場の変化につれて，上述の3つの構成部門からなる枠組みの内容を革新させる必要性に直面している．その変革を推進するに際して重視すべき新しい視点として，以下の3点を提唱したい．

① 個別論よりも全体論

従来のISDモデルではニーズ分析の焦点は被訓練者の行う職務（ジョブ）やそれを構成する要素（タスク）に置かれていた．しかし今日，組織が教育訓

練に求めているのは従業員が職務を遂行するのに必要な知識，技能だけでなく，チームワークや人間相互間の技能（interpersonal skill）の向上である．こうした能力向上の必要性は組織におけるダイバーシティの増加が伏線になっている．自己の職務とチームワークの両面に対応できる教育訓練ニーズに対応するには個別論ではなく包括的で全体論的視点に立つ教育法（holistic approach）が必要となる．また，この観点からすれば，各々の教育訓練実施計画は個々別々に孤立したものではなく相互関連的でなければならない．

② マス教育よりもニーズに合わせた教育

典型的な教育訓練システムでは「マス教育」によって教育の効率を重視してきた．こうした教育方法の根底にある前提は組織内の人びとやグループが共有する類似性が相違性よりも重要もしくは顕著であるというものである．

したがって，各々の被訓練者に対して同一の教育訓練を行うことにより類似の学習成果を得ることを期待する．確かに，一度に多人数のグループを教育したり，多くのグループに同一の教育方法を用いるのは経済的であろう．さらに，そうした方法は労働力がその構成において比較的同質的であり，教育訓練の基本目標が個々人を同一の目標，知識，技能，態度に同化させようとする場合には適しているといえよう．

しかし，労働力のダイバーシティの増加に伴って，マス教育による「コスト志向」に疑問の目が向けられるようになってきた．個人は他人に代え難い存在であり，それぞれ異なった目標，経験，ニーズ，技能，成功の基準などをもっている．仕事においては一定の業務遂行基準を達成する必要はあるが，労働者が変化していくなかで，それらの成果目標を達成する唯一最善の方法があるかどうか疑問である．それよりも人びとのダイバーシティの増加により，従来以上の多様な教育訓練方法の開発が要請されている．教育訓練を個人のニーズに合わせて行うこのやり方（customization approach）は先の全体論的視点に立つ教育法とも整合性を有している．

③ 現状強化よりも組織文化の改変

教育訓練は組織における変革の推進者としての役割を果している．伝統的に教育訓練はそれまでの支配的文化のなかでの価値観，規範，信念を強化することに焦点が置かれていた．したがって，これまでの教育訓練は組織内の現状の維持に重点を置いたシステムであったといえる．

労働力の変化に伴って，その組織内の支配的文化に疑問の目が向けられ，人的資源のダイバーシティを最善の形で統合し十分に活用する方法に関心が向けられている．教育訓練が組織の規範や価値観を教え込むのに重要な役割を果すとすれば，組織は望ましい文化の改変を推進できる教育訓練に向けて方針転換を図ることが緊要である．

4 組織環境の変化に対応した新しい教育訓練アプローチ

4-1. 全体論的アプローチ

① 教育訓練ニーズ分析

全体論的アプローチに基づくニーズ分析では，個人の行う職務やその構成単位であるタスクを遂行するのに必要な知識や技能の訓練を行うだけでなく，チームワークや個人相互間の能力向上にも重点が置かれる．作業分析でも異なった仕事をしている個人間のコミュニケーションやその調整能力が重視される．

また，個人分析でもたんに個人別に目標との業績格差を検討することよりも従業員間の業績格差に焦点が置かれる．たとえば，レビンとベーカーは，「チーム・タスク分析」という言葉を使っており，チームレベルの相互作用の不完全さを分析する手法を開発している[5]．そこで確認される格差はチームワークのレベルと質に関する職場の現実と期待との格差である．

② 教育訓練計画

教育訓練計画に対する全体論的アプローチは従業員をたんに労働者としてではなく全人的にみている．たとえば，シフト制の労働が従業員とその家族に与える影響について配偶者やその家族も含めて教育する場合もある．さらには，

仕事と家庭生活の両立を支援するための教育も提供されている．また，労働力のダイバーシティの増加により，教育訓練計画には仕事関連の技能を身につける際の前提となる基礎学力（読み，書き，計算）の修得を含める必要性が増大している．全体論的アプローチのひとつの特徴はそうした基礎学力教育と仕事関連の技能とを結びつけることである．

③ 教育評価

教育評価に対する全体論的アプローチでは，評価の焦点は変化をシステム的観点よりとらえることにある．このシステム的観点からの把握では，組織内のいろいろなサブシステムの相互関連性，および訓練成果を仕事に適用する際それらのサブシステムがどのぐらい支援または阻害要因になるか，が強調される．たとえば，被訓練者がせっかく訓練によって技能を修得しても，上司が職場でその技術を使うことを許さなかったり，使う機会を与えなかったりする場合がある．つまり，教育訓練は十分に行っても，管理のサブシステムが組織内で新しい人的資源を最善の形で活用できるよう準備されていないのである．

4−2．ニーズに合わせた教育

個人別ニーズに合わせた教育を行う必要性は教育訓練の分野では比較的古くから指摘されてきた．学校などの教育分野ではクラスを能力別編成で教えることが実施されているが，訓練においても，似たような発想から適性技能別訓練（apptitude-treatment interactions：ATI）が行われている．こうした教育訓練法では，能力の低い人たちの訓練ではより具体的問題に焦点を当てる一方，能力の高い人たちにはより抽象的・概念的問題に取り組ませることが示唆されている．

① 教育訓練ニーズ分析

労働力のダイバーシティの増加に伴って，個人やグループのニーズに合わせた教育訓練のニーズは高まっている．たとえば，アメリカの職場では，かつて新人は基礎的な読み書き能力をもって入社してくるものと考えられていた．しかし，アメリカの3大社会問題のひとつでもある教育の質的低下によって，こ

の前提は危機的状況にあるといわれている．

　企業はより複雑で精巧な機械を使用し，チーム志向のシステムを導入しつつあるが，これには今まで以上に幅広い十分な基礎学力を必要とするのは当然である．

　② 教育訓練計画

　組織内での異質性やダイバーシティの増加に伴って，個人のニーズに合わせた教育計画が重要になるがここでは2つのアプローチを挙げておこう．

　ひとつは技術的アプローチである．コンピュータの目覚ましい進展により，コンピュータ支援による教育（computer-assisted instruction：CAI）が開発され，ごく最近ではインテリジェント・チュータリング・システム（intelligent tutoring systems：ITS）が注目されている．後者は，とくに学習者のニーズや能力に適したコンピュータ支援の訓練計画である．インストラクターの主たる役割は被訓練者の進歩に関してデータを分析し，問題領域を確定し，さらに訓練の必要な個々の被訓練者を援助することである．

　2つ目は中高年者学習の進め方に関してである．彼らは個々にさまざまな仕事の経験と豊富な人生経験をもっている．その場合，座学で一方的に教育訓練するよりも被訓練者である彼らの経験が生かせるような計画を作成することが望ましい．経験豊富な彼らは，一般的に理論的志向よりも問題解決的志向の教育法を好むものである．また，彼らは，教育訓練の方法，スタイル，時間に関して自分で選択し管理することを好む傾向がある．また，その実践やフィードバックについても同様である．その方が，短期的な教育効率は落ちるかも知れないが動機づけの点では大いに効果が上がるものと考えられる．さらに，学習者同士で教え合うといった方法の効用も考えられる．

　③ 教育評価

　伝統的な教育評価の方法として，実験法があげられる．これは教育訓練を受けたグループと受けなかったグループとを訓練後に比較してその効果を評価する方法である．教育を受けたグループに対して，全体としてその後の業績改善

から生み出す利益が教育訓練コストを上回るかどうかで評価を行うものである．

しかし，このような評価に対する規範的アプローチでは，個々人すべてが必要な技量を修得したかどうかは明確でない．こうした伝統的な評価法では，すべての人はある特定の訓練プログラムによって同じ程度に学習し，技能を修得し，それを職場に移転するに違いないという考え方が前提になっている．したがって，このアプローチは学習についての個人差や個人が学習経験を仕事に生かす方法に違いがあることを無視している．

個々人のニーズに合わせたアプローチに対応する教育評価では，「何を学ぶべきか」そして「期待する成果を達成する最善の方法は何か」に重点が置かれている．このアプローチは訓練目標の達成度，つまり，その教育訓練によって個々人が希望する能力水準に到達できたかどうかを問題とするのである．

4－3．組織文化の改変に向けて

教育訓練の重要性が組織の規範や価値を教え込むことにあるとすれば，組織文化を変革する手段として組織がそれに注目することは当然ともいえよう．ここでも以下3つの部門に分けて検討してみよう．

① 教育訓練ニーズ分析

ダイバーシティの質的高揚に先立って，トップマネジメントにとって重要な第一歩は組織の場においてダイバーシティの意味は何かを明確にすることである．

伝統的にダイバーシティは民族，人種，文化の観点から定義されてきた．ローデンとローズナーはダイバーシティ関連変数を2つの局面に分類している[6]．第1局面は人種と民族であり，これには年齢，性別，肉体的能力・資質，性的志向なども含まれる．第2局面は教育，地理的場所，収入，婚姻状態，軍隊経験，両親の状態，宗教的信念，仕事の経験といったものである．デルカとマクドウェルは民族と性別に関するダイバーシティを文化的，状況的（たとえば，年齢，婚姻状態，教育），行動的（たとえば，異なった仕事スタイル，問題解決アプローチ）の3種類に分けている[7]．また，ダイバーシティは，衝突，権力，

支配の問題としても特徴づけることができる．この観点からは，少数であることは抑圧されるひとつの条件である．

教育との関連では，ダイバーシティを狭義にとらえる組織は，より広義に解釈している組織とはまったく違う教育訓練を実施する傾向がある．たとえば，前者では「文化」の違いに焦点を当てた短期訓練を行うのに対して，後者では職場で直面するさまざまな状況を通じて一般化できる個人間やコミュニケーションの技能を修得させることに大きな関心が向けられる．

ダイバーシティを明確に定義した後，トップが行うべき第2の段階は率先してダイバーシティに対応するための目標を確認し，それを明確にすることである．この目標は文化変容（acculturation）にも影響を与えることになる．文化変容とは2つ以上の異なった文化が接触するときに生じ，その結果生じる衝突がそれを通じて解決される過程である．

組織は労働力のダイバーシティとの関連で，文化変容のプロセスにおいて次の3つのアプローチのいずれかを選択することになる．① 同化（assimilation），② 適応（accommodation），③ 多文化主義（pluralism/multiculturation）である．

まず，同化による目標では，組織内で文化的に非支配的なグループのメンバーが多数グループの規範，価値観，行動に適応することが期待されるため支配的文化がそのまま残る場合に発生する．同化では少数派グループは，自分たちの何がしかの文化的アイデンティティを放棄し，支配的文化の側面を身につけることによりその組織に適合する．これがもっとも一般的な文化変容の型であり，ほとんどの教育訓練や同化訓練の基礎を形成している．同化目標の設定では，組織効率が重視され，唯一最善の態度，差異に対する許容幅の厳格さが要求され，非支配的文化に属するメンバーの既存文化への同化を援助することに焦点がある．

適応とは，多数文化に少数派メンバーが入ることを許容するため，多数文化のメンバー自身も何らかの変革を行い，その際に発生する差異を調節すること

をいう．もちろん少数派メンバーも新しい環境に適応する必要があるが，適応では多数派メンバーの変化に焦点がある．しかし，この場合も変革の焦点は，文化の衝突によって生じるかも知れない破壊的影響を最小限に留めることに置かれている．

多文化主義では，それぞれの文化に属するメンバーが文化の重要な側面をもっていて，各人は他の文化を魅力的な特質をもつものとみているが，それらの2つ以上の文化を統合する場合，必要とされるのが多文化主義の目標である．多文化主義は他の文化の良さを評価し，違いを認めるだけでなく，すべてのメンバーが自らの変革のため努力を払う双務的プロセスである．

もちろん，実際の複雑な組織の目標設定では上記3つのいくつかの組み合わせも出現する．教育訓練ニーズ分析での重点事項は，文化変革を推進する際のビジョンは何か，そのビジョンは職場においていかに実行されるべきか，を明確にすることである．

② 教育訓練計画

ダイバーシティの教育訓練計画に関しては，その目標はたんに知識や技能を修得させるだけでなく，ダイバーシティを受け入れる態度を，究極的には組織文化を，変革することにある．

多文化主義に向けて，組織メンバーを誘導するためには，グループ間の文化的障壁を打ち破ることが必要である．多くの研究者は，人びとの考え方の違いと，異なった行動をとる背後にある理由に注目することがグループ間の緊張を和らげると主張している．教育訓練においても，個人またはグループの行動，態度，価値観の違いをよく従業員に教えることによって，彼らはその違いを受け入れる心の窓口を広げ，偏見を和らげ，その後の衝突を減少させることになろう．

第2の方法として，人間はグループ内のヒトをグループ外のヒトより身内として認識するものである．したがって，組織では，民族，性別，その他のダイバーシティ変数よりも，職場での身内としての従業員の意識を高揚させる教育

訓練が有用である．理念や目標を共有し，職場での仲間意識を醸成する．これに関連して，人びとの異質性や差異に重点を置くより，類似性の認識を強調すべきだという研究もある．[8] 組織内の他の人びとと自分が非常に類似していると認識した人はより前向きに社会的相互作用を経験できるのに対して，相違性を認識する人はネガティブな成果しか引き出せない，という．したがって，教育訓練でも人びとの間の文化的距離を認め，類似性の認識を増大させることがプラスの成果を上げることにつながるといえよう．

③ 教育訓練評価

既述のように，ダイバーシティ教育訓練の当面の目標はそれに対する被訓練者の関心や理解や技能を高めることであるが，より先の目標はその組織の風土あるいは文化を改善することであろう．したがって，後者を重視した場合，ダイバーシティ訓練評価の重点は，訓練後にどれだけ文化認識において変化したかということである．つまり，教育訓練によって，どの位組織およびそのメンバーがダイバーシティに価値観をもつように認識変化を来したか，がその訓練の成否を判断する重要な評価情報となりうる．いくつかの文化の局面を検討することが可能であるが，すべての文化の局面に共通していえることは，職場の人間関係の質とスタイルが基本的に重要であるということである（たとえば，支援的で，温かく，オープンで，ストレスのない関係が形成されているかどうか）．

以上のダイバーシティに価値を置く文化への変革は短期間での実現を期待することは難しい．したがって，組織は，ダイバーシティ教育およびその評価についても長期的観点から対応すべきである．

(中村久人)

注
1) 津田眞澂編著『人事労務管理』ミネルヴァ書房　1993年　66ページ
2) 花見忠編『アメリカ日系企業と雇用平等』日本労働研究機構　1995年　23-53

ページ

3) Ghoshal, S. and N. Nohria, Horses for Courses : Organizational Forms for Multinational Corporations, *Sloan Management Review*, Winter, 1993, pp. 23-35.
4) Florkowski, G. W., *Managing Diversity within Multinational Firms for Competitive Advantage*. In Kossek E. E. & A. L. Sharon (ed.), *Managing Diversity,* Blackwell, 1996, pp. 335-364.
5) Levine, E. L. and C. V. Baker, Team Task Analysis : A Procedual Guide and Test of Methodology, Presented at the sixth annual conference of the Society of Industrial and Organizational Psychology, April, 1991.
6) Loden, M. and J. B. Rosener, *Workforce America ! Managing Employee Diversity as a Vital Resource*, Homewood, IL : Business One Irwin, 1990.
7) DeLuca, J. M. and R. N. McDowell, *Managing Diversity : A Strategic "Grass-Roots" Approach*, In S. E. Jackson (ed.), *Diversity in the Workplace : Human Resource Initiatives* (37-64), Guilford Press, 1992.
8) Triandis, H. G., L. L. Kurowski, and M. J. Gelfand, *Workplace Diversity*. In H. C. Triandis, M. D. Dunnette, and L. M. Hough (eds) ,*The Handbook of Industrial and Organizational Phychology*, Vol. 4 (769-827), Consulting Phychologists Press, 1993.

本研究に関する現状と動向

「多国籍企業における経営教育」：グローバル企業もしくは多国籍企業における経営教育の研究分野は，一般的には「国際経営教育」あるいは「国際人的資源教育」などと呼称されている．

教育対象者は親会社の海外業務担当者，海外派遣者，および現地人・第三国人の管理者・一般従業員である．研究領域としては，それら教育対象者に対する経営教育方法論，カリキュラムと教授細目，国際経営教育上の問題，語学教育・異文化教育，海外留学・研修，ケース・スタディなどがある．したがって，国際経営教育の分野は学問領域としては，国際経営学，国際人的資源管理論（国際人事管理），異文化経営論，語学，教育学，行動科学，心理学などの交錯する学際的研究分野であるといえる．

日本の多国籍企業での国際経営教育は，これまで親会社側の海外業務担当者と海外派遣者（expatriate）を中心に行われており，現地人管理者や技術者に対する現地での教育は十分とはいえず，その育成・強化は今後の重点課題といわれている．このように，「国際経営教育」研究の範囲は，大別すれば日本人社員の国際教育と現地人社員の国際教育に二分できよう．

本章においては，教育対象者を親会社社員と現地人社員に区別せず，両者を通じた多国籍企業での経営教育という立場をとっている．また，多国籍企業の一大特徴を「ダイバーシティ」概念にもとめ，労働市場および製品市場の両面からそれをとらえることによって，ダイバーシティの効果的管理や異文化（あるいは多文化）に対する機敏な対応能力が多国籍企業の競争優位をもたらすことを力説している．

したがって，中心課題である国際経営教育についても，ダイバーシティの概念を中核に据えて，ダイバーシティや異文化（あるいは多文化）への対応能力を高める教育システム・デザインとそのための新しいアプローチを提言する．

第4章　ベンチャー企業の経営教育

ベンチャービジネス

ベンチャーマネジメント　企業家

経営教育　　経営者

1　ベンチャー型経営教育の意義

　人間生活に必要な財貨・サービスを提供するという生産活動をめぐる環境は，常に変化しているのであり，変化が例外でなく通常の状態として理解される時代となっている．したがって，環境変化に対して傍観者でなく，意図的に先取りして変革に取り組むという意味での企業家活動（entrepreneurship）は，営利的な生産活動としての企業活動の不可欠な用件であるとともに新境地開拓という意味での「ベンチャー（venture）」という活動の源泉となっていると理解できる．

　ベンチャー活動については，さまざまな理解がなされているが，ここでは企業家活動に焦点をあててみることにしたい．つまり，ベンチャー活動の主体にかかわる基本的な特質を企業家活動に求めるのが一般的であるからである．もとより，企業家活動については，一義的な理解がなされているとはいいがたいのである．ここでは，企業家活動を機能的な視点から，とくに経営機能との関連において，ベンチャー企業における経営教育の方向性と特質について検討することにしたい．

　さて，企業家活動における「企業家とは変化を探し，変化に対応し，変化を機会として利用する者である[1]」と理解されるのである．そして，企業家は革新（innovation）を行うために，変化を探し，変化に対応し，変化を機会として利用するといえるのである．いうまでもなく，革新についても，一義的な理解がなされているとはいいがたい．しかし，ここでは，革新について「資源に対し，富を創造する新たな能力を付与するものである[2]」と規定する．

　さらに，革新と企業家活動は，環境変化が通常の状態として理解される時代では，新しく創出された小さい企業だけでなく，既存の企業とくに大企業においても必要とされるのである．そして，既存の企業における経営（management）でも，現在の事業を合理的で組織的に運営するという内部管理的な経

営機能だけではなく，企業家的な機能を遂行することが求められるのである．

　他方，新しく創出された小さい企業では，企業家的なアイデア，製品やサービスを新しい事業にまで発展させるための内部管理的な経営能力が必要とされるのである．このように新しく創出された小さい企業であれ，既存の企業であれ，内部管理的な経営能力と企業家的な経営能力を育成すること，つまり，ベンチャー型経営教育が課題となるのである．この意味でのベンチャー型経営教育の意義は，環境変化を通常の状態として理解して経営主体の行為実践を考えるところに求められる．

2　ベンチャー企業の特質と形態

　ベンチャーという活動は，独立心の旺盛な個人によって新たに創出された革新的な企業だけではなく，既存の企業（とくに大企業）においても重要な課題である．同時に，独立心の旺盛な個人によって新たに創出された革新的な企業と既存の企業（とくに大企業）におけるベンチャーを関連づけて理解することも看過されてはならない．少なくとも，独立心の旺盛な個人によって新たに創出された革新的な企業の特質は，既存の企業（とくに大企業）におけるベンチャーとの比較において検討することが一般的だからである．このことは，いわゆる社内の企業家活動（intrapreneurship）の存在によっても示されるのである．なお，ここではベンチャー企業を独立心の旺盛な個人によって新たに創出された革新的な企業だけでなく，既存の企業（とくに大企業）におけるベンチャーをも含めて規定する．

　さて，独立心の旺盛な個人によって新たに創出された革新的な企業は，ベンチャービジネスとよばれ，[3]「その経営者は一般に大きなリスクがあるとみなされる分野に，その洞察力と専門能力によって挑戦し，そのリスクを克服して魅力ある新事業の開発を進め，そのことによって創造性のある人材を引きつけ，活性化しているのである」[4]．このようなベンチャービジネスの経営者は，企業

家活動を体現化した存在として理解されるのである．しかし，同時にベンチャービジネスでは，新事業が軌道に乗り，成長の隘路を克服してゆくにしたがって，企業家的な魅力ある新事業の開発とともにその合理的な執行と実現をはかるための機動的な運営という意味での経営機能が必要とされるのである．つまり，企業家活動を体現化した創業者が，まさに企業全体の機動的な運営という経営機能を担当する段階に至るのである．言い換えれば，ベンチャービジネスの創業者には，企業の機動的な運営という経営機能を担当するための経営能力の啓発が求められることになるのである．ここに，ベンチャービジネスの経営教育が必要とされる理由がある．

次に，既存の企業においても，環境変化が通常の状態として理解される時代では，現在の事業を合理的，組織的に運営するだけでなく，独創性と新境地開拓という企業家的な機能を遂行することが求められるのである．「既存の企業は，単独の企業家とは異なった問題，限界，制約に直面する．学ぶべきことも異なる．単純化していうならば，既存の企業は，経営を行うことは知っているが，企業家としてイノベーションを行うことは，これから学ばなければならない．これに対して，ベンチャービジネスも，企業家としてイノベーションを行うことを学ばなければならないが，むしろそれよりも，経営を行うことを学ばなければならない」のである．

既存の企業でも，ベンチャーマネジメント（venture management）とよばれる企業家的な魅力ある新事業の開発が必要とされるのである．そのためには，企業家的な魅力ある新事業の開発を担当する企業家的な人材育成が不可欠であるだけでなく，既存企業の経営者も企業家活動の体現化，つまり，企業者機能を担当するための能力啓発が求められることになるのである．このようなベンチャーマネジメントは，既存の企業における企業家活動とその担い手に焦点をあてている点に特質がある．

このように，既存の企業（ベンチャーマネジメント）であれ，ベンチャービジネスであれ，ベンチャー企業の経営教育では，企業家活動や革新，さらに経

第4章 ベンチャー企業の経営教育　67

営活動を機能的に理解し，企業家機能と経営機能を担当するための能力啓発が課題とされるのである．ただし，ベンチャー企業の経営教育は既存の企業（ベンチャーマネジメント）とベンチャービジネスとでは異なる問題，限界，制約に直面し，また学ぶべきことも異なるのである．

3　企業家機能と経営者機能――企業家的な経営機能――

　ベンチャー企業の経営教育は，企業家機能と経営機能を担当するための能力啓発を目的とする．また，経営教育を経営者教育と規定すれば，企業家機能と経営機能を明らかにするとともに，企業家的な経営機能という構想が考えられるのである[8]．つまり，ベンチャー企業の経営教育がとりあげられるのは，環境変化が通常の状態として理解される時代では企業家的な経営機能とその担当能力の啓発が必要であるからである．ここでは，企業家機能と経営機能を明らかにするとともに，企業家的な経営機能の特質について検討することにしたい．

3－1．企業家機能

　経済社会における企業家の役割（role）は，経済的な要素の結合（combination of economic factors），市場を効率的にすること（providing market efficency），危険を引き受けること（accepting risk），投資家収益を最大化すること（maximising investors return），市場情報の処理（processing of market information）であるとされる[9]．このような企業家の役割は，新しい組織を設立し（funding new organizations），所有すること（owning organizations），さらに市場に対してさまざまな革新をもたらすこと（bringing innovations to market），そして市場機会を見いだすこと（identification of market opportunity），専門知識の応用（application of expertise），指導力の発揮（provision of leadership）という課題の遂行によって具体化され，実現されるのである[10]．要するに，企業家は，「新しい価値の創造を目指した一連の独自な活動」によって特質づけられるのである．したがって，企業家機能とは，価値創出に携わる

図表4－1 企業家的な過程：
機会，資源そして組織

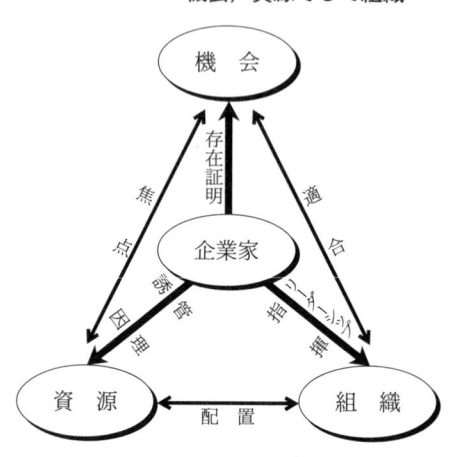

（図：機会・企業家・資源・組織の関係図。企業家を中心に，機会へ「存在証明」「適合」，資源へ「焦点」「誘導」「コーディネート」「推進」，組織へ「管理」，資源と組織の間に「配置」）

出所）Wickham, Philip A., *Strategic Entrepreneurship*, Pitman Publisching, 1998, pp. 27-31. に修正を加えた．

ことである．

　新しい価値の創造を目指した一連の活動を企業家機能とすれば，それは図表4－1のような4つの条件適合性に基づく基本的な枠組みによって理解されるとするのである．すなわち，企業家，市場機会，組織そして諸経営資源である．

　ここに，市場機会を見いだすことは企業家機能の特徴である．つまり，企業家とは，何か困難ではあるが価値ある事柄やより良い事柄の実行可能性を常に探究するのである．また，このような市場機会を発見し，利用することは，新規事業の開発ということである．新規事業の開発は同時に現状の変化（change）に焦点をあてた機能であり，現状維持とは異なる機能である．そして，新たな事業機会の開発は，適合した組織の形成と指導，そして適切な諸資源を集め，活用することを必要とするのである．このように企業家機能は，新規事業の開発に向けた新しい理念や方向づけに始まり，企業活動の基本的な組織や経営資源の改革に至る一連の働きと考えることができるのである．

　さらに，企業家の活動による成果は，図表4－2のように成功と失敗のいずれかによって評価され，その結果は学習（learning）を通じて活動の能力を高めてゆくことになるのである．企業家活動は，新たな事業機会や挑戦に対応するだけでなく，その結果である成果の反省にも対応しなければならない．さらに，このような成果の反省という経験に照らして将来の対応を修正しておくことが必要である．このように企業家は，学習によって変化へと企業を刺激することに責任があるのである．

図表4－2　企業家的な組織はその成功と失敗から絶えず学ぶ

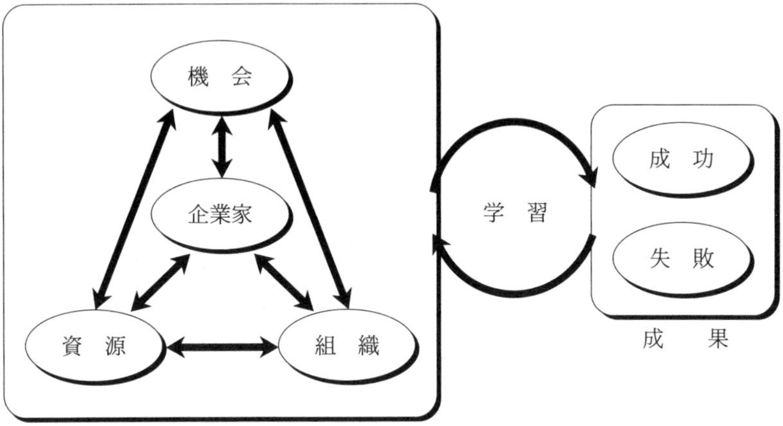
機　会
企業家
資　源
組　織
行　動
学　習
成　功
失　敗
成　果

出所）Wickham, Philip A., *Strategic Entrepreneurship,* Pitman Publisching, 1998, p. 32.

3－2．（伝統的）経営機能

企業家機能との対比で理解される経営機能は，伝統的な経営機能（traditional manangement）として位置づけられ，図表4－3のように組織の部分に視点を据え，現状維持という目的をもって経営資源の保持に努めようとするのである．これに対して，企業家的な経営者は，組織全体を視野にいれ，変化を創造するという目的をもって利益機会を利用しようとするのである．要するに，開拓者としての企業家的な経営者を理解するのである．そこでは，企業家的な経営者という構想が伝統的な経営者（企業の内部管理者）の変革という視点から提示されるのである．その背後にあるものは，まさに環境変化の著しい時代の経営者および企業家のあり方を問題にするという立場から具現化されたものといえるであろう．同時に，ここでは，環境変化の著しい時代というだけでなく，ベンチャーの発展段階に関連づけることにより経営教育の必要性をより的確に理解したいのである．

さて，伝統的な経営機能とは，企業家機能によって提案された新規事業と既存の組織や経営資源の改革を執行し，合理的に実現する機能として理解するこ

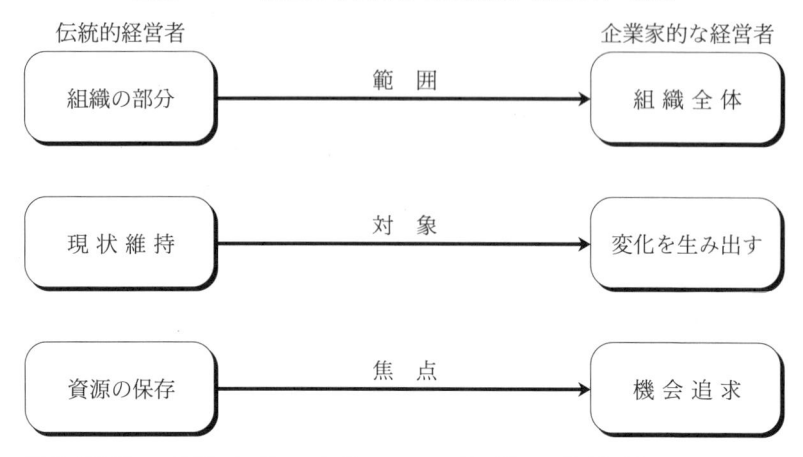

図表 4 − 3　伝統的な経営者と企業家的な経営者：比較

伝統的経営者　　　　　　　　　　　　　企業家的な経営者

組織の部分　―― 範　囲 ――→　組織全体

現状維持　―― 対　象 ――→　変化を生み出す

資源の保存　―― 焦　点 ――→　機会追求

出所) Wickham, Philip A., *Strategic Entrepreneurship,* Pitman Publisching, 1998, p. 23.

とができるのである．さらに，企業家機能では，企業の外部関係が重視され，伝統的な経営機能では企業の内部組織と経営資源の合理化に焦点があてられるのである．このように企業家機能と経営機能は相互に補完関係にある．したがって，企業活動にとって，企業環境への対応がより複雑で拡大する時代には，企業家機能と経営機能の相互補完関係がより重要となるのである．

3−3．企業家的な経営者

　企業家機能と経営機能は，同一の個人によって担当されることが考えられる．このような場合には，企業家的な経営者という経営者の新しい像がうまれることになる．しかしながら，ここでは，企業家的な経営者（entrepreneurial management）という概念を機能として理解したいのである．言い換えれば，単なる内部管理的な経営機能ではなく，対外的な機能を加えた革新的な経営機能を考えたいのである．もとより，企業家機能と経営機能は，異なる主体によって担当され，さらに組織化されることによってより効果的で効率的な行動を導くことができるともいえるのである．

　しかし，ここでは，企業家機能と経営機能の架橋に注目したいのである．そ

して，まさに今日の経営者は，企業家機能と経営機能の架橋的な機能として企業家的な経営者という機能を担当することになるのである．ベンチャー企業において，ベンチャービジネスでは経営機能が課題となり，ベンチャーマネジメントでは企業家機能が課題となるのである．しかし，いずれにおいても企業家的な経営者へ方向づけられた機能的理解が不可欠となるのである．もとより，このような企業家的な経営者の機能をどのように行うかは，同一の個人やグループによる場合もあり，組織的に遂行されることが考えられるのである．ただし，企業家機能は経営の企業心といったものであり，より精神的なそして心的な性格が強いともいえる．しかし，企業家の活動を単に心的な領域に止めることなく，より実践的に理解を深めることが経営学の視点では重要であると考えるのである．

さらに，企業規模の拡大という視点よりも企業活動の複雑化と環境変化の常態化という視点から，企業では内部管理の充実とともに企業家機能の遂行が不可欠となるのである．この意味では，企業の内部管理機能を基礎にした企業家活動が企業家的な経営機能の特徴である．この企業家的な経営機能は，企業規模よりも企業活動の複雑化と環境変化の常態化という視点から提示される変化や機会をもとめる新しい経営スタイル（new style of management）の構想と考えられるのである．

4　ベンチャービジネスの成長と経営教育

新企業としてのベンチャービジネスは，図表4－4のような新規事業開発，スタート・アップ活動，事業成長，事業停滞，革新ないし衰退の成長段階において理解されるのが一般的である．もとより，このような企業の創出と成長の段階は，任意に区分されるのであるが，ここでは，事業成長の段階で企業家的な機能に加えて，経営者的な機能が求められ，その能力啓発が求められる点に着目したいのである．つまり，企業家機能の担当能力に加えて経営機能の担当

図表4-4　ベンチャー型ライフ・サイクル

利益，生産性，売上高

失敗

| 新規事業開発 | スタート・アップ活動 | 事業の成長 | 事業の停滞 | 革新ないし衰退 |

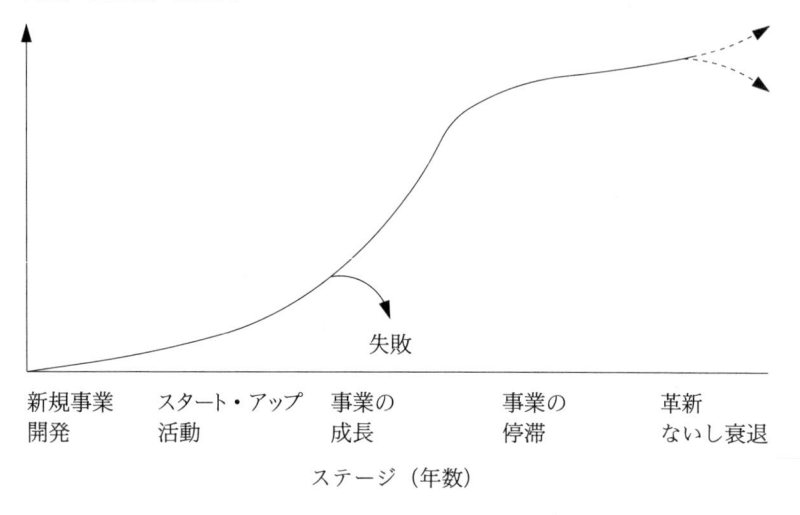

ステージ（年数）

出所）Kuratko, Donald F. and Hodgetts, Richard M., *Entrepreneurship*, The Dryden Press, 1998, p. 493.

能力が啓発されることになるのである．そこでの中心課題は，経営者の育成である．

　ベンチャー企業における企業家的な経営機能は，ベンチャービジネスの場合，企業の成長段階に応じて異なり，またその経営教育的な要求も異なると考えられるのである．ベンチャービジネスは，創業時は小規模で組織的にも最小限度の機能を備えるに止まっていると考えることができる．しかし，成長段階に入り，規模の拡大とともに次第に組織的な機能拡大が求められることになる．そして，同時に組織的な企業の運営が必要とされ，専門的な組織が形成されるとともに経営も専門的な能力が重視されることになるのである．ここに，専門的な経営陣が形成されることになるのである．

　このような成長段階に入って，ベンチャービジネスは，企業家自身が企業家機能と経営機能の均衡を実現する努力を不可欠とするのである．ここに経営者

教育としての経営教育の重要性が認識されることになるのである．もとより，企業外部からの人材登用による専門的な経営陣の形成も考えられる．その場合，企業外部の経営教育がベンチャービジネスの盛衰を左右することになるのである．さらに，ベンチャービジネスにおける安定段階では，革新が再び将来の盛衰を決定する試金石となるのである．そして，この段階においてこそ企業家的な経営機能とその能力育成が真に問われることになると考えるのである．そこでは，次のような企業家機能と経営機能の均衡状態が問われるとされるのである．[11]

企業家的な視点

- 機会はどこにあるか
- どのように機会を資本化するか
- どんな資源を必要とするか
- どのように資源の支配権を得るか
- どんな組織が最適か

経営的な視点

- どんな資源を支配するか
- 市場との組織的な関係を決定するものはなにか
- いかに実行能力への他からの影響を最小にするか
- どんな機会が適切か

しかし，ここでは企業家機能と経営機能の均衡という視点よりも，企業家機能を企業そのもののなかに具現化するという視点を考えたいのである．そして，この意味では，むしろ経営機能が単に企業の内部的な調整に焦点をあわせるのではなく，機会に焦点をあわせるという理解が本来であると考えるのである．要するに，機会に焦点を合わせて革新を試金石として活動するという思考が経営機能に加わることが問われるのである．

このようなベンチャービジネスにおける経営教育は，どのような特質と課題

をもつのであろうか．この場合に留意すべきことは，経営教育が伝統的な専門的な経営陣を想定しているわけではないのである．つまり，企業家的な経営陣の形成であって，企業家を専門的な経営者によって置き換えるという思考ではないのである．言い換えれば，企業家機能と経営機能は，企業にとって両輪であって，一方が他方に置き換えられるというものではないのである．この点にベンチャー型経営教育の特質があるのである．そして，このことはベンチャービジネスの成熟段階においてより明示的に取り上げられることになるのである．つまり，成熟段階については，一般に既存企業におけるベンチャーと同様に新たな企業家機能の重要性が再認識されると説かれるのである．したがって，ベンチャービジネスを経営教育という視点からみるならば，基本的に企業家的な経営者をその中心に置くことが論理的な思考ということができるのである．

　しかし，企業家的な経営者は，企業家機能と経営機能を兼ね備えた人材の育成に止まるものではない．むしろ，企業における規模の拡大や複雑化の進展を考慮すれば，企業家機能と経営機能の担当者については，組織的な理解が必要となるであろう．つまり，同一の個人が企業家機能と経営機能の両方を担当することも考えられるとともに，組織的な構造にしたがって分担することも考えられるのである．[12] この意味では，企業家的な経営者の能力育成は，組織体としての企業の要求に適応させることが求められるのである．そこには，企業が成長し変貌するにしたがって，企業家的な経営者の能力育成を修正し，適正化することが含まれることになるのである．

5　ベンチャーマネジメントの経営教育

　ベンチャーマネジメントでは，企業家機能を担当する人材の育成が求められる．しかしながら，これまでの経営教育では，内部的な管理者教育という性格が強く，既存事業の組織的な維持に焦点をあてているのである．さらに，既存企業における革新は，組織的また制度的な性格を強くしているのである．した

がって，ベンチャーマネジメントでは，企業家機能を組織的また制度的な改革によって充実させることが主題となってきた．しかし，経営教育という見地からみるならば，組織的また制度的な改革が不可欠である．つまり，企業内企業家という視点から，いかに組織的また制度的な整備がなされるかということである．そして，企業家的な経営には，次のことについて明確な方針と実践が必要であるとされるのである．[13]

第1に，組織が革新を受け入れるとともに，変化を機会と見なし，脅威と見なさない姿勢が必要である．

第2に，企業家および革新者としての立場から，革新の業績を体系的に測定することが必要である．

第3に，組織の面で，さらに給与，インセンティブ，報酬の面で，あるいは人事の面で，具体的な方法を確立しなければならない．

第4に，禁止事項に留意しなければならない．

なお，第4の禁止事項としては，内部管理部門と企業家部門とを一緒にすること，既存の企業を，その守備範囲の外に連れだすような革新の試み，そして中小の企業家的なベンチャーを取得することによって，自分の事業を企業家的にしようとすることなどである．したがって，企業家教育が社内企業家の育成とすれば，このように組織的また制度的な用件をも踏まえなければならないのである．

既存の成熟した企業における企業家の役割は，図表4－5のように洞察力のある指導者および対外活動の推進者としての働きによって，新しい事業を開発することである．このように，成熟企業における既存の事業を維持するために任用され，漸進的な変化と内部的な調整から特徴づけられる伝統的な経営者とは異なる役割を企業家は担うことになるのである．この意味でも，ベンチャーマネジメントでは，企業内教育の視点だけでなく，企業の外部との協調関係に基づく経営教育が重要である．

外部のベンチャー企業との協調関係は，単なる協調関係とは異なり，ベンチ

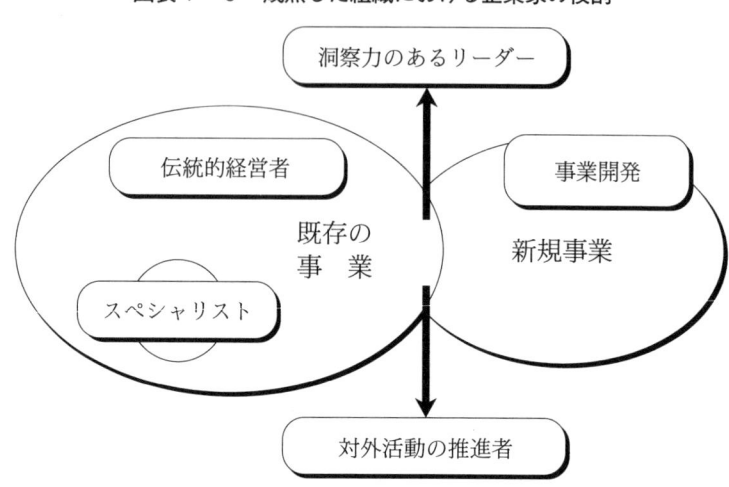

図表4－5　成熟した組織における企業家の役割

洞察力のあるリーダー

伝統的経営者　　事業開発
既存の事業　　　新規事業
スペシャリスト

対外活動の推進者

出所) Wickham, Philip A., *Strategic Entrepreneurship,* Pitman Publisching, 1998, p. 296.

ャーについての学習という目的からも意義深いものである．そして，ベンチャーについての学習を目的とした協調関係（提携関係や合弁事業など）がより活性化し，また広がりをもつことにより，ベンチャー型ネットワークに基づく経営教育が形成されると考えるのである．ベンチャーマネジメントの経営教育では，事業の概念やビジョンをいかに構想し，それを実現してゆくかが課題となる．そのためには，通常の企業内部における教育・研修の場合と異なり，実際に新規事業の活動に参加し，そこで行動することを通じて学習していくことが有効な方法となるのである[14]．

さらに，対外関係のより広範な展開は，外部のベンチャービジネスへの接近という点で経営教育の新たな展開を提示するものである．同時に，ベンチャーは，閉鎖的な経営教育よりも開放的な経営教育を構想することになるのである．したがって，ベンチャーマネジメントでは開放的な外部関係の形成と企業内部における自律性という2つの視点が経営教育の原点となるのである．このような対外関係のより広範な展開は，企業家機能の発揮という意味でも効果的な方策であると考えられるのである．

ただし，企業家的な経営者を育成するための場としてのベンチャービジネスとの協調関係については，次の点に留意しなければならないとされるのである．「第1は，提携の際にお互いが他社の経営資源の核が何かを読み違えないことである．第2は，提携主体の体質の違いを尊重することである．大企業の側からいえば，ベンチャー企業に「ただ乗り」するのではなく，新規事業のノウハウを学習するという姿勢を堅持すべきである．第3は，提携の成果を評価する際，直接的な売上高や利益額の他に「学習」の成果を評価する基準を明示的に設定しておく必要がある」[15]．要するに，企業間の協調関係を利用した経営教育の基本は，パートナーからの学習であり，共同活動による共同学習ということである．

さて，経営者教育による効果的な企業活動の形成について，個人，組織そして社会という3つのレベルからなる構想が提示されている[16]．とくに，企業家的な経営者への要求は，個人，組織そして社会という3つのレベルからの圧力によるものとして理解し，それらのそれぞれのレベルでの対応について図表4－6のような構想を提示するのである．

　1) 企業家的な社会的能力（Entrepreneurial Society Capacities）
　2) 企業家的な組織的能力（Entrepreneurial Organization Capacities）
　3) 企業家的な生活様式的能力（Entrepreneurial Lifestyle Capacities）

ここでの能力とは，対応容量と理解されるものである．したがって，企業家を育成する経営教育能力は，社会的な企業家培養土壌の整備と企業組織や個人の生活様式における企業家思考の啓発が重要となる．ここでの特質は，社会，企業そして個人というレベルにおける啓発が経営教育の基本的な枠組みを形成していることである．この構想は，企業家育成を企業内部に閉じ込めるのではなく，より開かれた経営教育のあり方を提示するものであり興味深いといえるであろう．

企業家的な社会的能力とは，企業家的な人生観を生み出すこと，企業家的な統治，グローバルな感性を開発する．企業家的な組織的能力とは，企業家的組

図表4－6　21世紀の企業家社会における経営能力

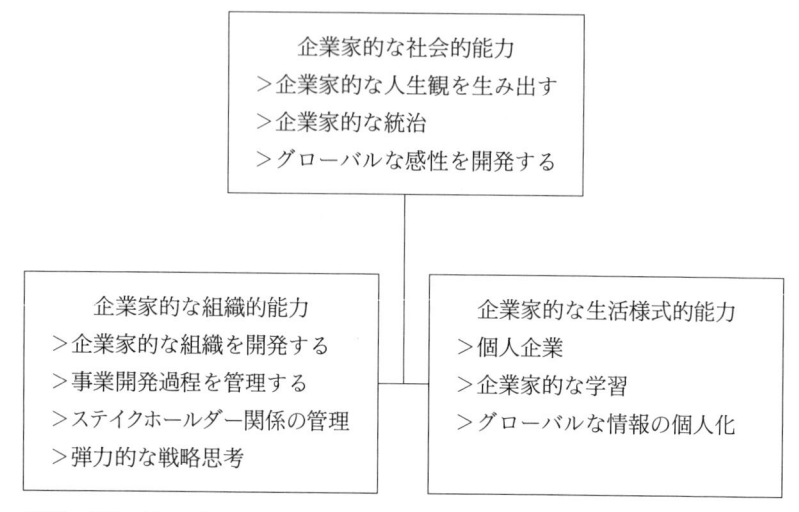

```
           企業家的な社会的能力
         ＞企業家的な人生観を生み出す
         ＞企業家的な統治
         ＞グローバルな感性を開発する

企業家的な組織的能力              企業家的な生活様式的能力
＞企業家的な組織を開発する        ＞個人企業
＞事業開発過程を管理する          ＞企業家的な学習
＞ステイクホルダー関係の管理      ＞グローバルな情報の個人化
＞弾力的な戦略思考
```

出所）Gibb, Allan, Can We Build "Effective" Entrepreneurship Through Management Development ?, *Journal of General Management*, Vol. 24, No. 4, Summer, 1999, p. 7.

織を開発すること，事業発展の過程を管理すること，利害関係者ネットワークへの関係対応力を開発すること，弾力的な戦略思考を開発することである．そして，企業家的な生活様式的能力とは，個人的な起業活動，起業家的な学習，グローバル情報の個人化である．

したがって，企業家を独立自由な人とその活動を考える人という理解だけでは不十分である．さらに進んで，企業家活動を企業という組織体に基づき，そして，企業を取り巻く利害関係者へのきびしい対応関係において理解することが不可欠となっているということができるであろう．このような企業家活動における認識の変化を組み込んだ経営教育が，現段階的なベンチャー企業における企業家的な経営教育の特質であると考えられるのである．

6 企業家的な経営者の育成

　企業家的な経営者は，ベンチャービジネスであれ，既存企業のベンチャーマネジメントであれ，ベンチャー企業の経営教育を方向づける基本的構想である．したがって，経営教育とベンチャーとの関係は，この新しい経営者像ないし企業家像の構想なしには展開の方向性を失うことになると考えられるのである．この意味でも，企業家的な経営者という視点を経営的に検討することになるのである．

　企業環境の変化が常態として理解される時代のなかでは，環境変化を企業活動への制限という視点からだけでなく，新たな事業機会の開発という視点から捉えることが必要である．同時に，企業はすでに組織的な側面だけではなく，環境変化への対応も複雑性をたかめているのである．したがって，企業家機能だけでなく，また経営機能だけでなく，むしろ企業家的な経営機能という新たな視点が経営者の主体的な展開に組み込まれることが必要なのである．したがって，ここでの企業家活動は，経営能力によって裏づけられた機能として理解されるのである．同時に，企業家的な経営者への道を，所与の運命的なものとして理解するのでなく，機能担当者の主体的な努力，知識獲得そして実践によって歩まれると考えるのである．とくに，ベンチャー企業の特質からして，企業家的な経営者の育成は，企業内部に限定して考えるべきではない．むしろ，既存の企業とベンチャービジネスとの相互交流，たとえば，提携関係の形成を含めた関係などによって，企業外部との多様な関係の形成が重要である．この点では，経営者教育における企業間関係の果たす役割は大きいと考えられるのである．

　さらに，対外関係のより広範な展開は，外部のベンチャーへの接近という点で経営教育の新たな展開を提示するものである．同時に，ベンチャーは，閉鎖的な経営教育よりも開放的な経営教育を構想することになるのである．したが

って，ベンチャーマネジメントでは開放的な外部関係の形成と企業そのものの主体的な努力という2つの視点が経営教育の原点となるのである．このような対外関係のより広範な展開は，企業家機能の発揮という意味でも効果的な方策であると考えられるのである．

ただし，学習を目的とする企業間関係では，パートナーからの学習であり，共同活動による共同学習が基本となる．したがって，大企業による安易なベンチャービジネスの買収という方策は，企業の主体的な努力を喪失するという危惧が残ることになるであろう．この意味でも，ベンチャー企業における経営教育では，主体的な思考が不可欠であると考えられるのである．

ベンチャー企業における経営教育は，企業家的な経営主体の能力育成という点では変わることはない．しかし，経営教育の基本的な枠組みは，個人の能力育成という点に止まらず，企業組織に対する経営教育的な視点からの展開，さらに社会における生活様式といった経営教育環境への関心も含めたより包括的な構想へと展開しているのである．このことは，ベンチャービジネス支援体制が問題になっている点を考慮すれば，すぐれて今日的な経営教育課題といえる．そして，創業者がいなくなっても企業家的でありつづけるという課題は，ベンチャービジネスであれ，ベンチャーマネジメントであれ共通の基本的な認識である．この意味で企業家的な経営教育は，企業家活動を企業そのもののなかに具現化することにほかならないのである．

(柿崎洋一)

注

1) Druker, P. F., *Innovation and Entrepreneurship,* Harper & Row, 1985, p. 25. (小林宏治監訳，上田惇生・佐々木実智男訳『イノベーションと企業家精神』ダイヤモンド社　1985年　43ページ) なお，企業家と変化について次のように指摘されている．「企業家は変化を健全かつ当然のこととみる．企業家自らが変化を引き起こすとはかぎらない．むしろ企業家が変化を起こすほうが稀である．(同上訳書　43ページ)」

2) *Ibid*., p. 27. (同上訳書　47ページ)
3) 清成忠男『経営学入門シリーズ　中小企業』日経文庫　日本経済新聞社　1985年　166-167ページを参照．そこではベンチャービジネスという言葉が和製英語であるとされている．
4) 中村秀一郎『21世紀型中小企業』岩波新書　1992年　116-117ページ
5) 小川英次「新事業形成のプロセスと企業家職能」組織学会編『組織科学』Vol. 22　No. 4　1989年　22ページ．さらに，「企業家は狭い意味の"経営者"と区別される．前者は事業を企画し，これを軌道に乗せることを主たる職能とするのにたいし，ここでの"経営者"は成長軌道に乗った事業を拡充する職能をもつ．事業が成熟するにつれて"経営者"の仕事として管理的な部分がより重要となる（同上書，17-18ページ）」．
6) Druker, P. F. *op. cit*., p. 131. (前掲訳書　245-246ページ)
7) ベンチャーマネジメントとは，既存企業によるベンチャー活動（社内ベンチャー）を意味している．ただし，そこでのベンチャー活動には，企業買収や合併などの対外的な方策も含まれている．詳しくは，Nathusius, K., *Venture Management : Ein Instrument zur innovativen Unternehmungsentwicklung,* Berlin, 1979. を参照．
8) 企業家的な経営については，Wickham, Philip A, *Strategic Entrepreneurship,* Pitman Publisching, 1998, pp. 2-3. によれば，次のように理解されている．
- 企業家活動は経営の一つのスタイルである．
- 企業家的な経営は市場機会の追求と変化の推進をねらいとする．
- 企業家的な経営は戦略的な経営である．すなわち，全体的な組織の経営である．
- 企業家主義は学ぶことができる経営へのアプローチである

9) *Ibid.,* pp. 10-12.
10) *Ibid.,* pp. 6-9.
11) Kuratko, D. F. and Hodgetts, Richard M., *Entrepreneurship,* The Dryden Press, 1998, p. 500.
12) Penrose, E. T., *The Theory of The Growth of The Firm,* Oxford, 1980, pp. 31-32. (末松玄六訳『会社成長の理論（第二版）』ダイヤモンド社　1981年　43ページ)
13) Druker, P. F. *op. cit*., p. 131. (前掲訳書　257-258ページ)
14) 社団法人経済同友会『昭和62年度　企業白書――個人主義による戦略的人事システム』110-112ページ
15) 同上書　113ページ
16) Gibb, A., *Can We Build* "Effective" Entrepreneurship Through Management Development?, *Jounal of General Management,* Vol. 24, No. 4, Summer, 1999, pp. 6-19.

参考文献

Druker, P. F., *Innovation and Entrepreneurship,* Harper & Row, 1985.（小林宏治監訳，上田惇生・佐々木実智男訳『イノベーションと企業家精神』ダイヤモンド社　1985年)

清成忠男『経営学入門シリーズ　中小企業』日経文庫　日本経済新聞社　1985年

中村秀一郎『21世紀型中小企業』岩波新書　1992年

小川英次「新事業形成のプロセスと企業家職能」組織学会編『組織科学』Vol. 22, No. 4　1989年

Nathusius, K., *Venture Management : Ein Instrument zur innovativen Unternehmungsentwicklung,* Berlin, 1979.

Wickham, Philip A., *Strategic Entrepreneurship,* Pitman Publisching, 1998.

Kuratko, Donald F. and Hodgetts, R. M., *Entrepreneurship,* The Dryden Press, 1998, p. 500.

Penrose, E. T., *The Theory of The Growth of The Firm,* Oxford, 1980.（末松玄六訳『会社成長の理論（第二版)』　ダイヤモンド社　1981年)

社団法人経済同友会『昭和62年度　企業白書――個人主義による戦略的人事システム』110-112ページ

Gibb, Allan, Can We Build "Effective" Entrepreneurship Through Management Development?, *Jounal of General Management*, Vol. 24, No. 4, Summer, 1999.

山城　章『経営学原理』白桃書房　1966年

小椋康宏・柿崎洋一『企業論』学文社　1998年

森本三男編著『実践経営の課題と経営教育』学文社　1999年

本研究に関する現状と動向

　ベンチャーという活動については，ベンチャービジネスと呼ばれる創造的な知識集約型の革新的で，新規に創出された中小企業が注目されている．しかし，今日の起業家という言葉に代表されるように，新規企業の創出に傾注しているように考えられる．その結果として，新企業が事業の成長とともに拡大し，複雑化するという問題への検討を不可欠としている．なぜなら，ベンチャービジネスの成長は，大企業と同様に合理的な組織化をともなうからである．この意味では，企業成長論とベンチャービジネス論との整合性が研究されなければならない．

　さて，経営教育は，経営者教育を課題とするものである．したがって，経営教育がめざす経営者像に関する研究は基本的な問題である．そして，経営者像は，時代や地域などによって異なるものであり，決して一義的なものではない．しかし，原理としての経営機能という視点から考えるならば，やはり現象面ではなく，内実として「あるべき姿」が考えられるのである．ここでは，企業家機能と経営機能という視点から，ベンチャー企業の問題と関連づけることにより企業家的な経営機能とその担当能力を検討した．今後は，企業家か経営者かという問題設定よりも，企業家的な経営者を新企業家ないし新経営者として問題にすることが大切である．なぜなら，ベンチャー活動は，ベンチャービジネスだけでなく，既存の大企業においても強く求められるからである．

　企業をめぐる環境変化が常態となっている時代には，経営主体も環境変化に対して傍観者的な立場ではなく，主体的な取組みが必要である．この意味からも企業内部の教育や研修による経営教育に止まらず，外部のベンチャービジネスなどとの関係を含めた開放的な経営教育が今後の課題となるであろう．とくに，ベンチャー型のネットワークに基づく経営教育の構想が新たな展開へのひとつの契機をなすものと考えられるであろう．ただし，他との複雑な関係が検討されるとしても，経営教育の基本が経営者による経営能力の自己啓発に求められることに変わりはない．

第5章　人材開発のための経営教育
──戦略的人材開発システムの展開──

人的資源開発管理（HRM）

生涯教育　「期待される人材像」

人材開発への期待　人材開発目標・ニーズ

人材開発システム構築の基本ステップ

人材開発システムの評価

1 経営教育に「期待される人材像」

1－1．経営が求める人材像

日経連は来るべき21世紀を担う人材育成をめざして「大学教育のあり方と企業の対応に関する研究報告書」のなかで，次のような人材育成に関する基本目標を示している．これがいわば日本企業からの共通した人材目標といえよう．

- 「新時代に求められる多様な人材像」[1)]
① 人間性豊かな構想力のある人材
② 独創性・創造性のある人材
③ 問題発見・解決能力を有する人材
④ グローバリゼーションに対応できる人材
⑤ リーダーシップを有する人材

具体的な人材開発システムを展開していくには，各企業は独自にそれぞれ固有の経営課題・経営戦略に対応してその企業独自の"人材像"をイメージ化することになるのであるが，その基本的な考え方・フレームワークについて示すと次のとおりである（図表5－1）．

2 経営における人材開発の意義

2－1．「人材開発への期待」

(1) 企業からの期待

まず，企業の経営面から企業活動の一職能を担うものとして人材開発活動の果たす役割がある．企業はヒト・モノ・カネから成り立つものであり，そのもっとも重要な要素である人間の能力開発を促進する．その結果，企業経営に貢献できるよう，業務遂行上必要な知識，技能，態度等を教育するのである．これまでの人材開発は，主としてこれに応えるものであり，今日においても高い

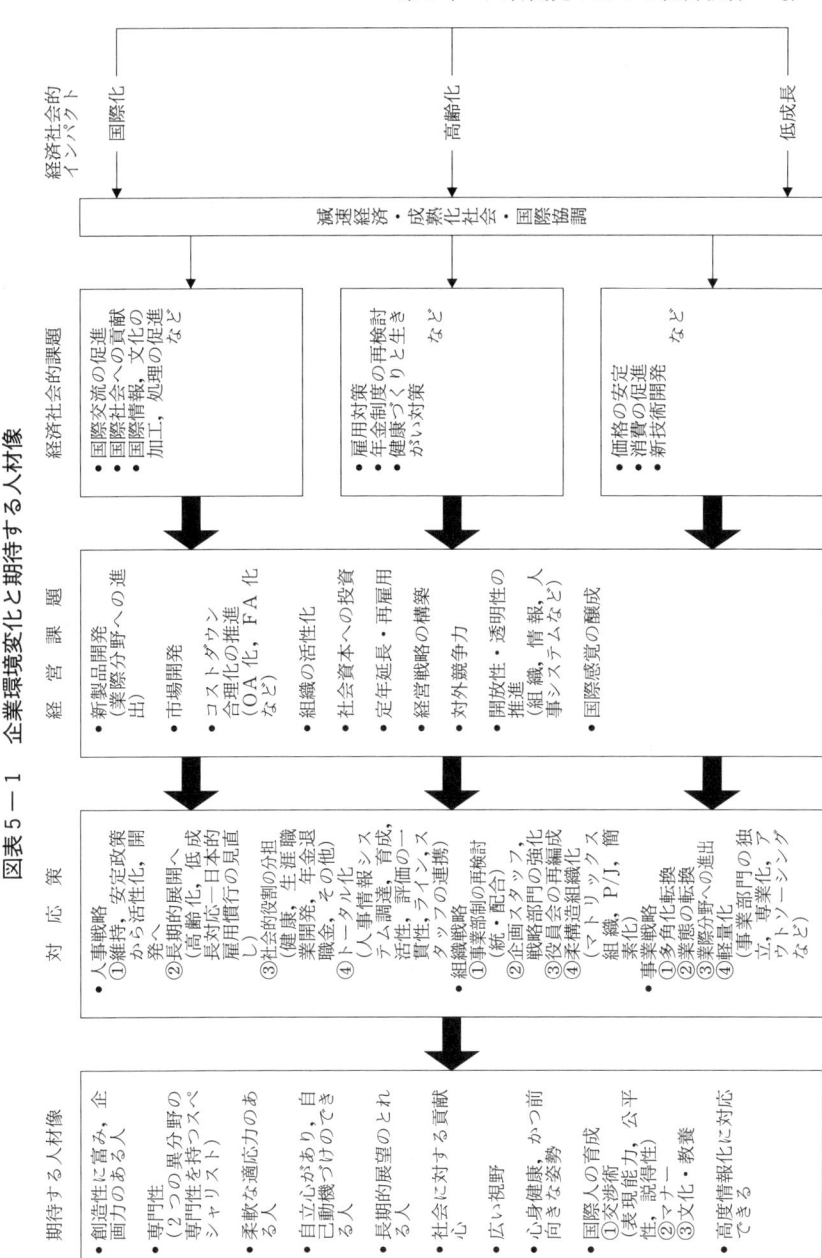

第5章 人材開発のための経営教育　87

図表5-1　企業環境変化と期待する人材像

経済社会的インパクト
- 国際化
- 高齢化
- 低成長

↓

減速経済・成熟化社会・国際協調

↓

経済社会的課題
- 国際交流の促進
- 国際社会への貢献
- 国際情報、処理、加工、文化の促進　など
- 雇用対策
- 年金制度の再検討
- 健康づくりと生きがい対策　など
- 価格の安定
- 消費の促進
- 新技術開発　など

↓

経営課題
- 新製品開発（実際分野への進出）
- 市場開発
- コストダウン
- 合理化の推進（OA化、FA化など）
- 組織の活性化
- 社会資本への投資
- 定年延長・再雇用
- 経営戦略の構築
- 対外競争力
- 開放性・透明性の推進（組織、情報、人事システムなど）
- 国際感覚の醸成

↓

対応策
- 人事戦略
  ① 維持・安定政策から活性化、開発へ
  ② 長期的展開へ（高齢化、低成長対応一日本的雇用慣行の見直し）
  ③ 社内的役割の分担（健康、業開発、生涯職、金、その他）
  ④ トータルなトータル人事情報システム調、評価の一貫性、ラインスタッフの連携）
- 組織戦略
  ① 事業組織の再検討（統廃合）
  ② 企画スタッフ、戦略部門の強化
  ③ 役員会の再編成
  ④ 柔構造組織化（マトリックス組織、P/J、簡素化）
- 事業戦略
  ① 多角化転換
  ② 業態の転換
  ③ 実際分野への進出
  ④ 軽量化（事業部門の独立、専業化、アウトソーシングなど）

↓

期待する人材像
- 創造性に富み、企画力のある人
- 専門性（2つの異分野の専門性を持つスペシャリスト）
- 柔軟な適応力のある人
- 自立心があり、自己動機づけのできる人
- 長期的展望のもてる人
- 社会に対する貢献心
- 広い視野
- 心身健康、かつ前向きな姿勢
- 国際人の育成（表現能力、交渉力、公平性、説得性）
  ② マナー
  ③ 文化・教養
- 高度情報化に対応できる

比重を占めるものである．

(2) 従業員からの期待

次に，各従業員からの経営教育に対する期待がある．たとえば，現在の自分の仕事を行ううえで直接必要とされる業務能力の向上のための教育はもとより，各人の興味，関心に応じた学習意欲に対して応えていく必要がある．

今日の社会的状況からすると，これまでのような企業サイドからの画一的で一方的な教育訓練でなく，従業員にとっては「生涯教育」の一環として位置づけができるように配慮することも必要となる．

(3) 社会からの期待

さらに，経営教育を学校教育や地域社会で行うさまざまの教育活動と同じように位置づけ，いわば社会教育の一部と見なすことができる．つまり企業内で行う教育も，いわば社会の発展に貢献するよう期待されているのである．具体的には，もっと教養を高めたいとか，あるいは豊かな人間へ成長したいとか，現在の仕事とは関係なくなにか専門的な知識や技能を身につけたいという学習意欲のある者に対し，なんらかの援助を行うように期待されているのである．

さらに最近では，一企業が消費者や利用者，さらに地域住民に対してさまざまな講座を開催しているが，これは単に自社製品の説明会やPRを意図しているものではなく，より社会的視野に基づいた教育活動であるといえる．

2－2．生涯教育としての経営教育

(1) 経営教育の課題

これまでは，次の3つのシステムが相互に関連しあって日本の社会を支える人材を育成してきたものといえよう．それは学校教育，社会教育，職業教育である．これらはそれぞれ独自に発展し教育の機能を果たしてきた．わが国の経営教育はこれまで機能的には社会教育の一部を担い，また職業教育の重要な役割を担ってきたと評価されるべきである．しかし，1970年代以降の激動期に生涯学習，生涯教育の時代を迎え経営教育は一層の体系化，総合化が要求されてきた．そのために企業が当面している課題としては次のようなことをあげる

① 教育機能を有する他の機関・組織との連携

具体的には公的な社会教育機関や大学などとの情報交換や協力関係の推進

② 企業が実施する経営教育の再検討

これまで実施してきた各種の教育活動が，個人の生涯学習に対してより一層の支援体制を作り上げるよう点検，見直しを行い，新しい理想のもとに，企業内の人材開発システムとして再構築を図る必要がある．

③ 生涯学習・生涯教育に対する一人ひとりの意識の高揚

これからの社会生活において個人個人がそれぞれ生涯学習の必要性を認識し，また企業のトップマネジメントの人びとがいかに生涯教育が社会的財産としての人材開発にとって重要な役割を担うかをしっかりと認識することである．

3　今日における人材開発システムのとらえ方

3-1. 人的資源管理としての人材開発

経営における人材開発とは，いわば人づくりを意味するものである[2]．経営環境がはげしく変化する今日，人づくりの機能や活動を表す概念として「人的資源開発管理（Human Resouce Development/Management）」が注目されている．この「人的資源開発」は通常次のように定義づけることができる[3]

① 人間能力の獲得と蓄積，開発と活用を行うマネジメントである

② 新しい日本的経営の確立に向けた「総合的」な人的資源開発の新しいシステムである

③ これまでの能力開発，教育研修をも包含する人的資源に対する投資とその活用システムのことである

その構図を示すと，図表5-2のとおりである．

3-2. 人材開発の課題と対応

これからの社会環境に対応した人材開発を行うには，まず次のような課題に

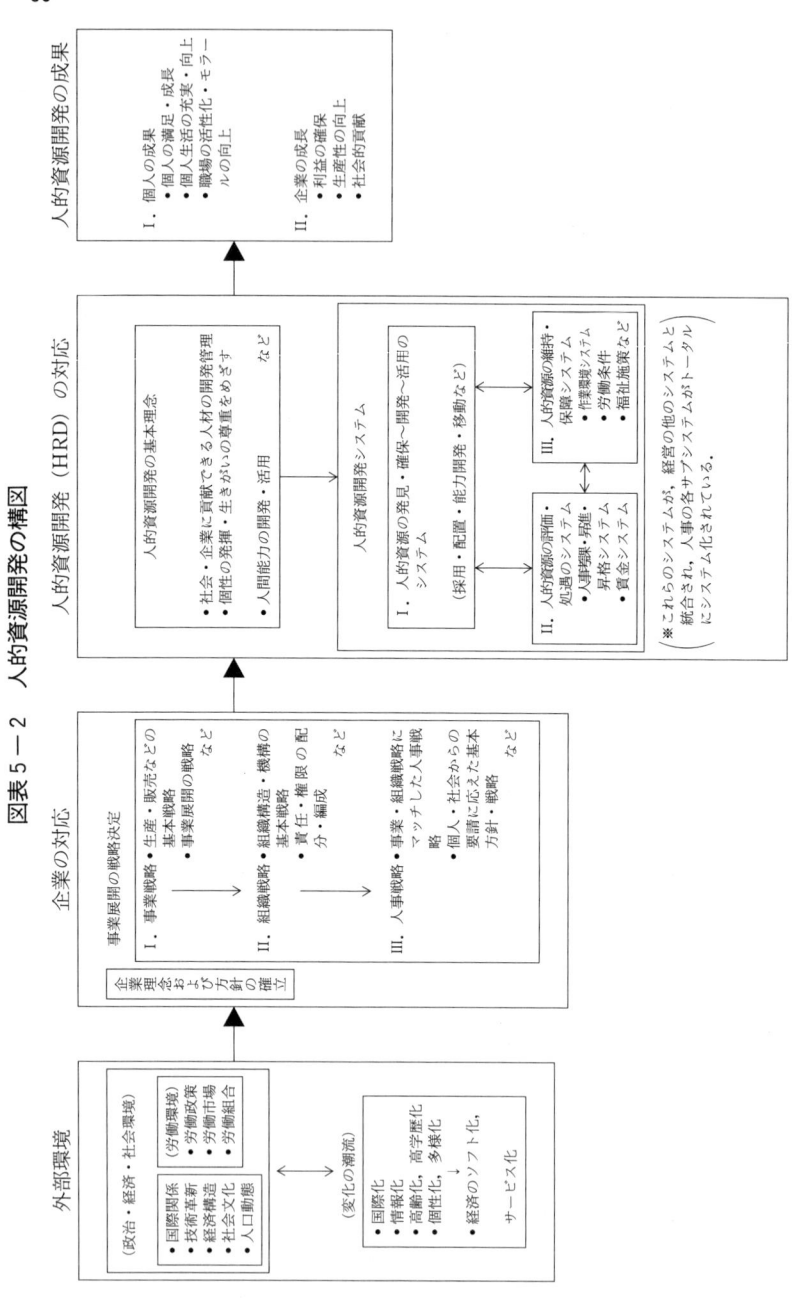

図表 5－2 人的資源開発の構図

外部環境

（政治・経済・社会環境）
- 国際関係
- 技術革新
- 経済構造
- 社会文化
- 人口動態

（労働環境）
- 労働政策
- 労働市場
- 労働組合

（変化の潮流）
- 国際化
- 情報化
- 高齢化、高学歴化、多様化
- 個性化、
- 経済のソフト化、サービス化

企業の対応

企業理念・おもいと方針の確立

事業展開の戦略決定

I. 事業戦略
- 生産・販売などの基本戦略
- 事業展開の戦略
  など

↓

II. 組織戦略
- 組織構造・機構の基本戦略
- 責任・権限の区分・編成
  など

↓

III. 人事戦略
- 事業・組織戦略にマッチした人事戦略
- 個人・社会からの要請に応えた基本方針・戦略
  など

人的資源開発（HRD）の対応

人的資源開発の基本理念
- 社会・企業に貢献できる人材の開発管理
- 個性の発揮・生きがいの尊重をめざす
- 人間能力の開発・活用
  など

↓

人的資源開発システム

I. 人的資源の発見・確保～開発～活用のシステム
（採用・配置・能力開発・移動など）

↕

II. 人的資源の評価・処遇のシステム
- 人事課題・昇格システム
- 資格システム
- 賃金システム

↕

III. 人的資源の維持・保障システム
- 作業環境システム
- 労働条件
- 福利施策　など

（これらのシステムが、経営の他の各システムと統合され、人事の各サブシステムがトータルにシステム化されている。）

人的資源開発の成果

I. 個人の成果
- 個人の満足・成長
- 個人生活の充実
- 職場の活性化、モラールの向上

II. 企業の成長
- 利益の確保
- 生産性の向上
- 社会の貢献

取り組む必要がある．

①"個の活用"という新しい人材開発の思想に基づいて，各社独自のコンセプトを確立し，これを全社共通理解として徹底すること．

② 人材開発における人材の計画，開発・活用という一連の人材開発プロセスが総合的，体系的かつこれらが有効に機能するようトータルシステム化することである．

このような課題に対応するための人材開発システム設計に際して，次のような条件を満たしたものであることが期待される．

(1) 変化対応性（先進性，柔軟性，開放性）

企業環境の変化に対応して，一歩先を見通した人材開発計画を立てていくこと．必要ならば一度立てた計画でも変化に応じて柔軟に変えることも重要．

① 理念，ビジョンの明確化

② 情報ネットワークの構築

(2) 戦略性

経営教育は，組織の事業戦略とうまく結びつかなければならない．

営業戦略と同様に，たとえば何年後を目標にして，何と何を重点項目としてやっていくかといった戦略的なアプローチが求められる．

① 構図，シナリオの構築などの早期着手

② オリジナリティの重視

(3) 体系化・システム化（客観性，法則性，統合性）

体系化を進める際には，全社を見渡して教育的な機能を果たすものを包括し，全社的な視点で教育や人事を考え構築していく必要がある．またシステムについては，つねにメンテナンスし，維持していく機能をあわせて考えることが重要であり，これらすべてに一貫性をもたせることも大切である．

① 論理性，一貫性の重視

② 分散化—ライン側の使いやすさへの配慮

(4) 個性化（人間性，多様性，包摂性）

組織や個人の多様なニーズや欲求，まちまちなレベル（水準）の違いに対応する教育システムが求められている．集合教育が軽んじられるということではなく，画一的になりがちな情報伝達手段や方法，定着の度合い，テストの方法を工夫するということである．

① 例外を作らない網羅性への配慮

② 従業員の自律性，主体性を尊重

(5) 社会性（社会貢献性，企業の存続性，従業員支援）

① 行動規範の作成と実践活動

② 理念，考え方の周知徹底

4 人材開発システムの展開

4－1．人材開発システム構築の基本手順

企業における人材開発システムを構築する基本的なステップとしては次のような段階を追って展開していくことになる．しかし具体的な展開過程においては，この手順は必ずしも一様ではなく個別企業の実情によりさまざまな展開のパターンをとることになる．

- 人材開発の基本ステップ

① 人材開発理念，人材開発基本方針の明確化

② 人材開発，人材開発体系の構想

③ 経営課題（事業課題）の確認

④ 職場状況からの開発ニーズ把握

⑤ 年度重点開発目標の設定

⑥ 年度人材開発教育研修計画の企画・立案

⑦ 個別人材開発計画の教育・研修コースの企画立案，実施・運営

⑧ 人材開発活動の評価・フォロー・定着化

4－2．人材開発システムの要点

(1) トップがまず経営理念，経営方針をしっかりと全従業員に示すこと

これがなければ人材開発の基本となるべき「期待される社員像」をえがくことができない．トップマネジメントの経営方針を従業員一人ひとりに徹底・理解させるために開発活動が大きな役割を果たすのである．個人の意識が多様化傾向を強めている今日こそ，トップマネジメントの強い方向性を示すことで，組織としての特色や強みが発揮させる．

(2) 人材開発についての基本方針を打ち出す

前記の「経営方針」を受けて，さらに「わが社の従業員としてどのような行動や態度を期待するか」．また，これをささえる基礎能力としてどんな知識や技能，資質などが必要か．さらにこれらをどのような方法で育成し，開発していくのか．たとえば，管理・監督者の責任において教育を日常業務活動として推進していく（これがいわゆるOJTである）とか，あるいは自己啓発を中心としたもので教育を進めるなど．

(3) 人材開発・教育担当者の責任明確化と体制づくり

たとえ専門のスタッフを設けることができなくても兼務でよいから必ず人材開発の責任者をハッキリ定めること．さらにこの責任者のほかに，主として職場の主任クラス何名かを開発推進者として任命し，協力体制を作りあげる．たとえば，ラインとスタッフの協力によって「人材開発委員会」や「社内教育推進委員会」というような組織を設置するのもよい．これまでしばしば起こっていた教育と現場の遊離に対する反省から生まれたもので，現場に役立つ教育をめざす場合，このような組織を作ることが必要である．

(4) 開発目標の設定を適切に行う

教育推進のための基本方針や担当者がハッキリしたら，次には具体的な開発活動を行う際の目標を定めなければならない．その第一歩としては，開発すべき内容を引き出す必要がある．いわば開発ニーズ（教育必要点）の的確な把握をするよう努力しなければならない．これが具体的な開発活動に際してもっと

も重要な基本ステップであるといえる．たとえば，あまりにも大きな目標を掲げすぎると，達成できない場合，開発担当者の責任が問われることになる．また目標が小さすぎると教育の効果が少なくとも外に現れず，代わりばえがしない．開発ニーズの把握のために，トップや現場の声を正確にくみとる努力をする必要がある．

(5) 開発システムの整備と開発活動の役割分担の明確化

開発すべき内容が把握されたら，内容ごとに誰が中心になって行うか，どのような方法で進めたらよいか，いわば人材開発の基本計画を企画立案する．たとえば，広告宣伝や業界に関する専門知識などは教育担当スタッフが行い，機会の操作技術は現場の先輩がOJTとして行う．その他，専門の機器類の保守等の技術は外部機関に教育を依頼するなど．また，これらの諸活動の相互関連や訓練スケジュールをまとめた開発体系を作りあげなければならない．

(6) 開発活動定着化のためのフォロー

人材開発の結果が職場のなかにどのように活かされているか，また活かされていない場合はその原因の分析や検討を十分に行うこと．これまでは具体的な教育・研修の評価について受講者からアンケートをとったり，また教育後の行動の変化について上司から意見を聴取する程度であったが，むしろこのような結果を知るということよりも，開発活動の成果・結果をどのように定着化させるかということに重点を置くべきであろう．たとえば，学習した知識や技能や態度を実際に発揮できるよう試験的に業務に就かせてみたり，会社と管理者，開発担当者が一体となって能力発揮の場づくり，体制づくりをしっかりと行う必要がある．

4－3．人材開発システムの具体的展開

人材開発の具体的な展開の過程は，次のような段階を追ってシステムの組み立てを行ったり，また新たに編成したり再構築を行うことになる（図表5－3）．

(1) 人材開発のビジョン（理念）・方針の確認・明確化

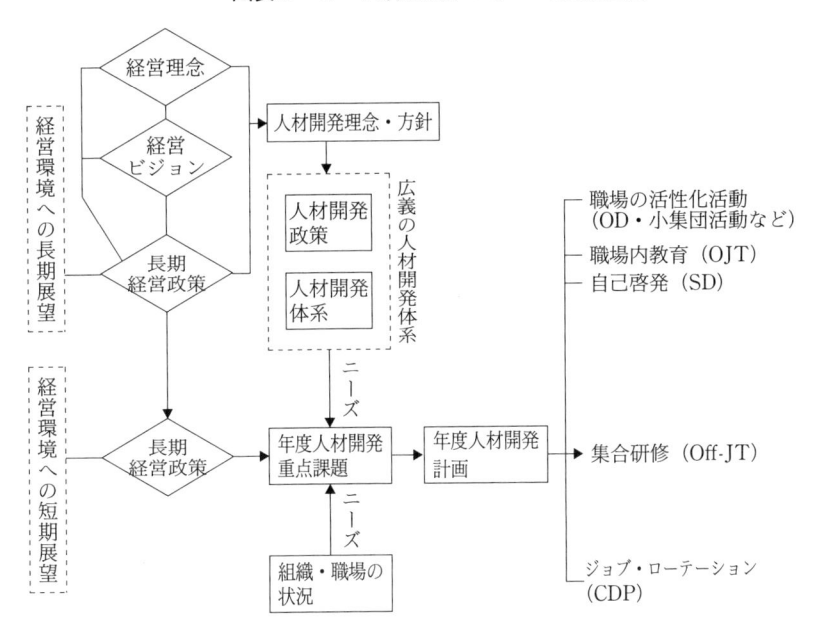

図表5-3 人材開発システムの展開過程

```
経営環境への長期展望
  経営理念
    ↓
  経営ビジョン → 人材開発理念・方針
    ↓              ┌─────────────┐
  長期経営政策     │ 人材開発政策 │ 広義の
                    │             │ 人材開発
                    │ 人材開発体系 │ 体系
                    └─────────────┘
                         ↓ ニーズ
経営環境への短期展望
  長期経営政策 → 年度人材開発重点課題 → 年度人材開発計画
                         ↑ ニーズ
                    組織・職場の状況
```

- 職場の活性化活動（OD・小集団活動など）
- 職場内教育（OJT）
- 自己啓発（SD）
- 集合研修（Off-JT）
- ジョブ・ローテーション（CDP）

経営理念・方針からブレイクダウンして明確化する.

(2) 人材開発ニーズの把握・形成

① トップニーズの把握

トップの考える経営理念,「期待される社員像」などをふまえ,長期的人材育成目標を立てる.

トップの方針より
- 経営理念,経営方針
- 長期経営計画書
- 念頭挨拶,就任挨拶など
- 「社内報」での発表

人事政策より
- 職務要件書

- 人事考課表
- 試験制度，昇進昇格制度の必要項目より
- 意識調査など

② ラインニーズの把握

各事業のもつ課題・事業戦略から「期待される社員像」をもとに，中長期的人材育成目標を立てる．

- 年度経営会議の決定記録
- 年度事業計画書
- 部門目標，部門制作
- 業績評価（達成実績表）

③ フィールドニーズの把握

現場の従業員個々の希望や必要性を把握する．

- 自己申告
- アンケート
- 代表による委員会など
- 職場診断など
- 面接，観察

(3) 重点化・グレード化の必要性

「何もかも」ではなく，重点的に開発する優先順位を定める．

① 長期目標と短期目標の分離
② 一般教育と特別教育の分離
③ 共通教育と専門教育の分離
④ 必須か選択か
⑤ 組織か個別か

(4) 人材開発システムの具体的設計ポイント

人材開発の展開過程においては次の4つのプロセス「開発目標の設定」「開発方法の選択」「開発過程の編成」「与件への配慮」に関して配慮していくこと

になる．

〔1〕「開発目標の設定」

① 何のために（目的）

開発目標を設定する場合，それが風土革新のためなのか，企業の体質を変えたいためなのか，環境に適応するための先取り人材育成なのか，その目標によって教育の内容が変わってくる．人材開発を考えるときには，この目標の設定が作業のスタートになる．

② 何を教えるか（内容）

何ができるようになるか，何を理解させるかを明確にする．

③ どの程度まで教えるか（水準）

目標が高すぎたり低すぎたり曖昧だったりすると，教育そのものの効果測定や評価をすることができない．

〔2〕「開発方法」の選択

開発方法には，教育の形態・スタイルと教育技法があり，それぞれにさまざまな選択肢がある．その目標の達成に最適な教育が行われるように組み合わされなければならない．どのような方法でその目標の水準まで到達するかを考える．

① 教育スタイル

・OJT（On the Job Training）

管理者または仕事上の上司が責任者となって，日常の仕事のなかで部下に仕事を割り当て，それをさせながら部下の能力（知識，技能，態度）を計画的，意図的に開発するため指導し，訓練すること．

・Off-JT（Off the Job Training）

教育スタッフが責任者となり指導する，日常業務から離れた集合教育のこと．

・SD（Self-Development）

自己啓発など，個人の意欲に基づいて行われる教育．本人が自ら責任をもつことになる．

・職場転換による教育

CDP（Career Development Program）ジョブ・ローテーションなど長期的継続的に能力開発計画を立てていく教育のこと．

・職場の活性化，小集団活動など

従業員一人ひとりが互いに協力し合い，チームをつくって自主的に取り組むべき課題を決め，問題解決にあたっていく活動のこと．小集団活動などによる変革活動もこれに含まれる．

② 教育技法

教育の目的・内容によって，どの技法をとるか変わってくる．

［教育目的・技法］

知識教育・講義法，教科書法

技能教育・実習法，ロールプレイング法など

態度教育・ロールプレイング法，集団討議法など

問題解決能力（総合能力）・事例研究，課題法など

〔3〕「開発過程」の編成

開発過程の編成とは，教育プロセスの展開を組み立てること．厳密な使い分けはないが，「カリキュラム編成」と「プログラム編成」がある．

① カリキュラム編成（時間編成）

いろいろな単元やコース編成のことで，やや長期的な展望に立った編成をさすことが多い．年間（あるいは半期ごと）の開発過程を編成するときに，どのくらいインターバルをおいたらいいのか，どんな手法が効果的なのか，内容が固定され方法が考えられたらカリキュラムも大体できあがりである．

② プログラム編成（内容配列）

伝える情報をどのように配列するか，内容の編成，伝達する情報の提示順路を決める．

〔4〕「与件（制限条件）」への配慮

企業内の教育活動には，どうしてもさまざまな制限条件がついてくる．これ

らには予算，時間，対象者の状況のほか担当するスタッフの能力などをあげることができる．

5　人材開発の評価・フォロー・定着化

5-1．人材開発における評価の意義
(1) マネジメントにおける評価の意義

まずはじめに「評価」という行為をどのようにとらえるかを考えてみる必要がある．"評価"は対象となる「目標」とその「目標達成の程度」あるいは期待値の水準とその「達成への努力度」あるいは達成の過程が，どのような状況であったかを明らかにすることである．

人材開発の評価についても基本的にはこのような評価の考え方でよい．つまり目標設定の際に，評価の方法や内容がすでに考えられていなければならない．したがって人材開発における「目標」設定はなかなか具体的に設定することが困難ではあるが，できるかぎり具体的レベルの目標設定を行わなければ実際にどれだけ開発の成果があったか，また研修・訓練の効果があったのかを明らかにすることはできない．

それは企業あるいは組織における人材開発はマネジメントの重要な機能のひとつであり，またある意味ではマネジメント活動の一側面を担うものだからである．このように考えると今日マネジメントにおける評価という行為は大変重要な課題となっており，多くのマネジメント関係者の関心事でもある．

(2) 人材開発システム評価の視点

企業における人材開発システムの内容は多岐にわたっているために，その評価についても従来の教育評価の方法では人材開発活動の効果を評価・測定することは困難である．マクロ的には人材開発をマネジメントの重要な一機能ととらえるならばその評価はマネジメントの評価そのものとなる．したがって，マクロレベルでの評価はいわゆる「目標による管理」における達成度評価の方法

をイメージして評価システムを企画・実施することになる．

またミクロな視点では具体的な従業員一人ひとりの能力開発，あるいは研修結果の個人レベルでの詳細な測定・分析を行うことになる．このレベルの評価方法については従来からの評価方法を実施することでよい．

5－2．人材開発評価の目的

開発活動結果の最終評価は開発目的を設定する段階から，その方法，手段をあらかじめ検討しておかなければならない．したがって，人材開発評価を行うまず第一の目的は，開発目標の達成度を測定することである．

そのデータは以下のような管理上の目的に供することができる．

① 人材開発効果を測定する

開発目的の達成度を把握することで次の開発活動企画上の課題を把握することができ，また実際に行った研修の成果をより効果あるものとするため，関連研修を企画するための参考とすることもできる．たとえば，「課長研修」結果のアンケートから「係長研修」や「上級管理職（部長）研修」を企画したり，フォロー指導の方策・システムを検討するなどさらに新たな開発ニーズを達成することができる．

② 要員配置上の参考にする

対象者の適性を発見したり，ローテーションのためのデータとして活用する．

③ 昇進・昇格用の査定資料として参考にする

教育・研修についてはあくまでも能力開発を目的とするものであるので，その結果を直接的に人事管理とりわけ昇進・昇格などの情報として活用する場合は，あらかじめ十分な検討と参加者に対する事前PRが必要である．近年，各企業に導入されている管理者のための「アセスメント研修」は研修プログラムそれ自体がすべて能力評価のために用意されている研修といえる．

(1) 教育評価の方法

教育結果の評価，測定方法としては，次のようなものがある．

① アンケート……対象者の主観による分析をするもの．

図表 5 − 4　人材開発の目標別評価システム

人材開発目標／開発内容	方　法	実　施　時　期
知識的内容	・テスト法	・教育の直後と直前の比較
	・アンケート法	・直後と前回との相対比較，または絶対評価
	・リポート課題，報告書の提出	・直後から1週間の間に実施
技能的内容	・課題演習	・教育の直後と直前の比較
	・観察（上司や先輩などの職場の人による行動観察）	・教育後，テーマ内容により異なるが，2～3週間から1カ月後の行動と研修前との比較
	・リポート課題，報告書の提出（本人の主観）	・教育後1週間経過後
	・実績（業績の向上，ロス，ミス率の低下や売上高のアップなど）	・研修後早くて1カ月後から1年後のそれぞれの実績指標の対比
態度的内容	・アンケート（本人の主観）	・直前と直後の比較 ・前回との比較
	・観察（上司や先輩などの職場の人による行動・態度観察）	・教育前と，教育後2～3週間から1～2カ月後の行動変化の状況
	・職場の変化	・教育前と，教育後2～3週間から1～2カ月の職場の状況の変化 この場合，具体的には次のような情報を基礎データとする ①意識調査……人材開発担当者の所属する職場に対するモラールサーベイと他の職場との比較など ②職場に関連した人の直接の声の収集……本人および本人の所属職場に関連した部署や消費者，顧客などのナマの声
	・実績	・上記の顧客や利用者の声の他，売上高のアップやクレームの減少など，徐々に変化として現れてくる．
問題解決的内容	・実績（クレームの減少，問題処理のスピードアップ）	・教育前と教育後の決算末数字や月次統計など
	・課題評価	・教育後の1事業単位後にテーマを与え，結果を報告させる ・教育後，3～6カ月後に追研修として問題解決研修後の職場への実践課題をテーマとした教育を実施，評価する

② 試験，テスト……筆記試験や実地・実技試験，論文など．

③ 発表会，報告会……研修後，職場に戻って伝達講習などを行い，そのできばえを評価するもの．

④ 上司の所見……業務面や日常行動への反映の度合いを評価するもの．

⑤ 業績結果，実績との対比……業務改善率や不良低下，あるいは顧客からのクレーム減少，ミス率・ロス率の低下，提案条件数の伸長，売上高アップなどの具体的な業務への貢献度としてとらえるもの．

(2) 「人材開発目標」と評価，フォローの「方法」とその実施時期

研修の目標，つまり具体的な研修方法とその到達水準の違いによって，それぞれに適した評価，測定の方法を選択すべきであり，また評価の実施時期も適切に行わなければならない（図表5－4）．

5－3．人材開発のフォロー

人事評価をはじめ評価という行為はマネジメントプロセスでとらえると最終過程であるが，マネジメントサイクルという視点ではマネジメント活動であると同時に，次のマネジメント活動の起点というとらえ方もできる．人材開発システムにおける諸活動の評価は人材に対する新たな支援活動を行ったり，また開発・育成した人材の有効な活用・能力発揮のための重要な情報源となるものと考えるべきである．この評価情報が起点となって，人材開発の成果をより具体化させるためのフォローのスタートとなる．

すべての開発活動は人材開発担当者のみでなく，多くの関係者の協力により実施されるわけであるが，さらに開発結果は現実の日常のマネジメント活動のなかで実行され，多くの関係者，とりわけ管理者，直属の上司，先輩等との協働により人材開発の効果が高まることになる．したがって，人材開発担当者はこれらの対象者の関係者に対する協力要請を行ったり，また直接対象者への追加指導や，いわゆるフォロー研修等も含めて，職場での能力開発活動等に対しても絶えず配慮していかなければならない．

(村上良三)

注

1) 『新時代に求められる多様な人材像』

わが国は，21世紀に向けて，さらなる技術革新や高度情報化，国際化の進展，国民意識の多様化など社会全般の高度化，多様化のなかで，急激に変化しようとしている．こうした変革の時代を乗り切るためには，これからの新しい産業の育成，雇用の創出あるいはグローバル化への対応といった観点で，次のような多様な人材が求められ，その育成が急務となっている．

(1) 人間性豊かな構想力のある人材

わが国は，戦後奇跡的な経済成長を果たしたが，最近の社会の根底には，人間疎外の風潮が色濃く漂っている．経済もさることながら，人の心の問題が重要である．人間社会にとって何がもっとも重要かを把握しうる人間性豊かな人材が求められている．政治・経済・社会・科学などあらゆる分野で，新政策や新技術などを企画・開発し，創造的な成果を生みだしていくには，その背景を構造的に把握し，豊かな感性，インスピレーションの中から新しい構想を創り上げていく能力が必要である．このように，物事を人間性重視の立場から根本的，構造的に把握する能力，すなわち構想力を養成するためには，歴史・哲学・思想・社会心理等の習得が文科系・理科系を問わず重要となってくる．

(2) 独創性・創造性のある人材

今日の日本でもっとも求められているのが，独創性・創造性豊かな人材である．与えられた問題を与えられた知識でいかに効率よく学習するかというこれまでのキャッチアップ型教育では，独創性・創造性は育たない．独創性・創造性を涵養するには，幅広い関心，向上心に加えて，新しいものへの強い好奇心，チャレンジ精神や粘り強さの育成が望まれる．

(3) 問題発見・解決能力を有する人材

多様化し，複雑化する今日の社会においては，問題発見や新しい課題を見つけだすことが難しくなってきている．その中で，何が問題なのかを自ら発見し，解決方策を生み出し，実行するという挑戦力と意欲を備えた能力が求められる．そのためには，流行や実利にのみ惑わされることなく，根本からものごとを考え，問題が起きたら自分で考えて解決する知恵と忍耐力，闘志が必要である．

(4) グローバリゼーション

日本人の活動領域がかつてと比較にならないほど拡大しているのに対し，国際化時代にふさわしい人材層は必ずしも十分とはいえない．国内・国際社会を問わず何よりも大切なことは，まず自ら「個」を確立した上で，「個と社会のかかわり」を認識し，歴史観と多様な価値観を理解できる能力を身につけ，かつ豊かな感性を磨いて，世界と対等に付き合えるようにすることである．

(5) リーダーシップを有する人材

人材が多様化する中で，価値観を異にする多くの者を納得させ，意思決定と

行動に導くリーダーシップを有する人材が、社会、企業の各層において必要となる。新しい時代にふさわしい教養を身につけた、また、議論をまとめていく能力をもった人材が求められる。そのため、協調性があり、人間としての行動規範をしっかりともち、人の心を理解でき、思いやりと包容力のあるリーダーシップに富んだ人物の育成を期待したい。（日経連教育特別委員会『新時代に挑戦する大学と企業の対応』日経連　1995年4月）

2）人的資源管理は「戦略的計画の実現に必要な人的資源の質量を保証することを目的としたグランド戦略（Rothwell & Kazanas, 1989）」「組織と従業員の関係の特性に影響を及ぼすすべての管理上の決定と行為（Beer et al）」などと定義されている。しかしFeerisら（1995）が指摘しているように、社会環境の急激な変化に伴って、その定義、研究、実践はますます複雑化しており、未だその内容は定まっていないと解すべきであろう。ただ「経営戦略との連動」および「個の尊重」の2点だけは、多様な論者の共通項としてあげることができる。

本稿では戦略的な人材・組織マネジメントとしての人的資源管理（HRM）を次にあげる3つの側面からとらえている。これらの側面が三位一体のトータルシステムとして機能してはじめて、戦略的目標の実現に向けて個人・集団・組織の活動の有効性を向上させることが可能になると考える（産能大学総合研究所, 1995）。また人的資源管理の"今日的な意味での戦略性"は事業戦略、組織戦略、ステークホルダーとしての組織メンバー（組織に埋没した個人ではなく社会的存在としての自律的な個人）の統合を志向するところにあると考え、そうした志向をもつ人的資源管理のあり方を、ここでは「戦略的人的資源管理（Strategic Human Resource management）」と呼ぶ。

- HRP（Human Resource Planning）

  経営ビジョンや経営戦略に結びついた人材に関する長期計画。具体的には、採用・選抜、組織や職務の設計、組織開発やキャリア開発など、人材戦略・人事企画に関わる側面。

- HRU（Human Resource Utilization）

  人材の現有能力・可能性の把握とその有効活用。具体的には、業績管理や処遇のシステム、配置やローテーション、人事考課など、主として人事制度やその運用に関わる側面。

- HRD（Human Resource Development）

  人材の現有能力と組織のニーズの統合および将来の可能性の開発。具体的には、教育訓練・教育研修・能力開発、自己啓発支援など、人材の育成や学習促進に関わる側面。

さらに上記の3側面とそれを支える人材情報システムHRIS（Human Resource Infomation System）としてとらえ、今後のHRMの発展にとって重要な役割を担うと考えている。

第 5 章 人材開発のための経営教育

3）人的資源管理については次のような定義がある．
(1)「人的資源管理」(HRM)
　使用者が従業員のもっているさまざまな能力から最大限の利益を獲得し，また従業員はそれぞれの仕事に従事するなかで，物理的報酬にとどまらず精神的報酬をも得ることを可能にするような方法で，その企業の従業員，つまり人的資源の活用を確実なものとすることを目的にするもの．(H. T. Graham)
(2)「人的資産」(人的資源)
　技術の向上にともなって引き出されていく能力（知能，技術など）をいう．(American Accounting Academy)
(3)「HRM」
　経済学，会計学の Human Capital という概念に照応する．「企業にとって，人間は貴重な資源であり企業がその機能をいかに発揮するかによって人間の価値が変わってくる．」(エリック・フラムホルツ『人的資源の管理』より)

参考文献
麻生　誠『生涯教育論』放送大学教育振興会　1984 年
藤田至孝『生涯学習企業への戦略』同友会　1993 年
津田真澂『人事管理の現代的課題』税務経理協会　1981 年
Herbert G. Heneman III and Donald P. Schwab, *Perspectives on personnel human resource management,* revised ed., Irwin, 1982
Becker, G. S., *Human Capital,* Colombia University, 1974.（佐野陽子訳『人的資本』東洋経済新報社　1976 年）
Graham, H. T., *Human Resouces Management,* 4th ed., Macdonald and Evens, 1983.（平野文彦訳『人的資源管理』同文舘　1987 年）
若松　明『人的資産会計』ビジネス出版社　1979 年
村上良三編著『人材活用フォーマット』法令総合出版　1989 年
産能大学総合研究所『人的資源管理の将来展望』産能大学　1995 年
P. R. ローレンス et. al.,（梅津祐良・水谷栄二訳『ハーバード大学の教える人材戦略』日本生産性本部　1990 年）
中井節雄『人的資源開発管理論』同友館　1995 年
デイビットウルリッチ（梅津祐良訳『MBA の人材戦略』日本能率協会マネジメントセンター　1997 年）
富士ゼロックス総合研究所・日本能率協会マネジメントセンター編『人事・教育白書』日本能率協会マネジメントセンター　1997 年
Rothwell W. J. and Kazanas, H. C., *Strategic Human Resource Development,* Prentice-Hall, 1989.

Beer, M. et. al., *Human Resource Management : A General Management Perspective,* The Free Press, 1985.

Ferris, G. R. et. al., *Toward Business-University Partnerships in Human Resource Management : Integration of Science and Practice* in Handbook of Human Resource Management (Ferris. G. R., Rosen S. D. and Barnum, D., Teds.)., Blackwell Publishers Ltd., 1995.

本研究に関する現状と動向

　経営環境の急激な変化はこれまでの日本企業システムそのものをゆるがしている．当然のことながらこれまでの経営教育のあり方も大きく変化せざるをえない．その変化の徴候として戦略的な人材開発システムをあげることができよう．

　元来，マネジメントの諸領域のなかで経営教育に関しては"戦略的"に展開するということはなじみにくいことのように思われていた．しかし今日の経営環境下にあって日本の企業にとって「戦略的」なアプローチは共通の課題となっている．近年，経営教育の分野においてもその発想や方法論について，"戦略性"が問われるようになってきた．具体的にはこれまでの企業において「人材開発システム」として展開されてきたさまざまなスタイルの教育訓練活動を包括・統合する新しい経営教育論として「ヒューマンリソースマネジメント」（HRM）の考え方をあげることができる．

　このHRMはたんに「経営教育論」の領域のみならず，企業における組織戦略および事業戦略と密接な関係をもちながら展開していくという特徴がある．具体的に今日の経営教育においてもっとも重要な課題をあげれば次の3つに集約することができる．

① 管理者のみならずすべての従業員にいかにして経営感覚をもたせるか．換言すれば社会的に通用するような創造的な精神をもった企業家をいかにして育成するか．

② すべての従業員にその人なりの個性を生かして社会的に通用する「専門能力」をどのように育成するか．

③ さらに所属する企業組織がいかに社会的に有意義な事業活動を展開できるか，社会的に貢献できる社会性ある人間を形成していくか．

ということがあげられる．このような，課題に対してはこれまでの経営教育の考え方，アプローチでは対応することが困難であろう．

　そこでこのような経営教育への期待に対して注目されているのが「人的資源開発（HRM/HRD）」といえる．この「HRM」の基本的な考え方はアメリカの1960年代からのマネジメント分野における「行動科学」の応用に端を発していると考えられるが，具体的には1980年代からアメリカで急激に注目されてきたものである．わが国でも「人事トータルシステム」という名称で「人材開発」を人事トータルシステムとの連携のもとに展開すべきであるという見解が1980年代後半に入って登場し，やがて人材開発は経営戦略そのものとの統合をめざすべきであるというコンセンサスができてきた．わが国の各企業においても「経営教育」そのものに戦略性をもたせ「人材開発システム」づくりが重要な役割をもつようになってきた．

第6章　会計担当者の経営教育

保守主義

デファクト・スタンダード

カリキュラム　スペシャリスト　ジェネラリスト

一般教育科目　経営管理科目

専門科目

1　はじめに

　会計教育のあり方や課題，問題点，さらには将来展望等について論じられた機会はこれまでに数限りなくあった．これに対し，会計担当者の経営教育というテーマについては，会計教育においてこの問題を考察する機会はこれまでもたれたことがほとんどなく，それゆえ，このテーマを真っ正面から論じた書物，論文等がきわめて乏しいというより，全くないというのが実情である．したがって，このテーマはその取り扱いがきわめて難しく，筆者の手に余る問題であるというのが目下の心情である．しかし，会計や会計学が，企業経営や経営学のなかで有効に機能し，そのレゾン・デートルを必須なものとしてもち得るためにはこの課題は，会計研究者や会計担当者たちに当然のこととして受けとめられねばならないものである．逆に考えてみれば，この問題は会計教育におけるある意味でのモンロー主義の打破を意味するものと認識されるという点で，会計に対する新たな問題提起であり，会計教育において今後検討と回答を求められるべき新たな課題であるともいえる．

　本稿においては，会計担当者の経営教育を論ずるにあたり，まず，会計や会計担当者の世界におけるデファクト・スタンダードとしての保守主義の存在を明らかにし，会計担当者の経営教育を考える上でこの保守主義との決別の必要性を指摘する．ついで，面談調査による経理の現場での経営教育についての考え方を明らかにする．そして，最後に，これらの検討結果を踏まえて今後の会計担当者の経営教育のあり方についての私見を述べることにする．

2　保守主義の俘囚としての会計人

　会計担当者をも含めて，会計人に共通する資質として，杓子定規，四角四面，融通が利かない，几帳面，頑固，手堅い，用心深い等々といった点がしばしば

指摘される．事実，企業の会計担当者はいうに及ばず，ゼミやサークルといった組織において，会計担当者を選任する際にはこれらの資質が判断の基準として大きな意味をもつことは日常よく目にする状況である．これらの資質を端的にまた包括的に物語る思想あるいは行動様式として会計上の保守主義の原則がある．この原則はドイツでは慎重性の原則，イギリスでは安全性の原則，用心の原則などともいわれ，会計実践上において長い間金科玉条として大きな役割を果たしてきた．保守主義とは，たとえば，企業会計原則の一般原則の第7にみられるように，きわめて一般的にいえば，「企業の財政状態に不利な影響を及ぼす可能性がある場合には，これに備えて適当に健全な会計処理をしなければならない」という考え方である．継続企業の存在を前提として実行される現行の会計計算は，継続する企業の生命を人為的に区分した会計期間を単位として行われ期間計算であるがゆえに本質的に暫定的なものとならざるを得ない．このため，見積りや予測を含むことが当然とされることから，将来の不確実な事態に備えて安全な財務的方策をとらねばならないために保守主義が存在する理由があるといわれる．この保守主義は，一般には，「一切の見込まれる損失は計上すべきも，予想される利益は計上するべからず」あるいは「利益の見越し，損失の繰延べは行なうべからず」等といわれるように，企業会計の会計実践上では収益および資産の計上抑制と費用および負債の計上促進という形で現われ，具体的には，実現主義や低価主義等の原則としてルール化され，適用されている．

　しかしながら，このような保守主義の原則を会計の世界において容認することについては疑問の声もある．保守主義は安全を漠然と望むといった，たんなる人間の感情を反映したものにすぎず，会計の世界において存在すべきなんらの論理的，必然的理由を認めることはできないものである，というのがその理由である．形成プロセスの差に基づき，会計原則を帰納的会計原則と演繹的会計原則とに分類した場合，保守主義の原則の取り扱いがそれぞれの原則上で異なるという点からもこのことは明らかであろう．会計実践上「ある」実務慣行

を要約して，帰納法的に会計原則を制定する場合には，保守主義は会計原則における然るべき役割が期待されるものとして大きな存在価値を有することになる。これに対して，会計実践上「あるべき」規範や命題を設定し，そのためのルールを体系化して演繹法的に会計原則を形成する場合には，保守主義は感情の世界の産物であり，なんらの論理性を有しないものとして，会計原則上その存在は否定される。このような事実は，たとえば，以下のような会計原則における保守主義の取り扱いをみれば明確に窺い知ることができる。帰納法的に形成されたわが国の会計原則や，帰納法的な会計原則の形成を試みたAICPAの会計研究叢書第7号『一般に認められた企業会計原則の棚卸し[1]』においては保守主義が会計原則として認知されている。他方，AICPAの会計研究叢書第1号『基本的会計公準論[2]』を基礎として展開され，演繹的な会計原則の形成を試みた第3号『企業会計原則試案[3]』においては，保守主義の存在は否定されている。

このような事実の物語るところは，保守主義はその存在をなんら論理的に説明し得ないものの，会計およびそれを支える会計人の世界における拭いがたい感情であり，その世界における風土的特性を形成する思考，行動様式であり，デファクト・スタンダードとして機能するものであるといえる。それゆえ，ときとして会計方針や財務諸表の明瞭な開示や比較可能性，首尾一貫性あるいは継続性の原則に抵触する保守主義に対しては，「必要悪の原則[4]」あるいは「健全な会計の体内に巣食うバチルス[5]」等の厳しい批判がしばしば浴びせられることになるのである。

このように，会計の世界においては保守主義の思想がその風土的色彩として色濃く残っており，それがデファクト・スタンダードとして機能しているのも無視し得ない事実である。会計が，また会計人が，企業会計においてその役割をより積極的なものとし，また意義あるものとするためには，この保守主義の思想の柵からの決別が絶対に不可欠なものとなるであろう。会計担当者の経営教育においては，このような点に対する認識が基本的には不可欠なものとなる

であろう．

3 会計における保守主義の存在理由

上述したように，多くの問題点を内在させながらも，会計上保守主義がこれまで存在し得た理由はどのような点にあるのであろうか．かつて，ラッド(Ladd, Dwight R.)は「保守主義が，測定の一要素として一般に受け入れられているということは，はじめてそれを提起した人が保守的であったという事実を反映しており，それが引き続き受け入れられているのも，会計上に従事してきた人々が間違いなく保守的な性格の持ち主であったという理由によるのである．会計に関心をもつ人々が急進的であったならば，コンベンションも確実に，今とはことなったものになったはずである[6]」ときわめて興味深い見解を示している．しかし，このような会計人の特質を形成する資質の根源は，会計計算の特質から必然的に派生したものであると考えるのが適切であろう．すなわち，会計人が保守的であるから会計に従事したのではなく，会計計算が本質的に保守的な内容を求めたからこそ，保守的な資質を有する人が会計担当者になったと考えるべきである．このような点においては，ラッドの見解は論理が逆転しているといえる．

会計は，本来的には，財の管理，保全，運用を委託されたことにともない受託者に生じた責任の顛末すなわち，果責と免責の過程を，受託者がその委託者に対して説明あるいは申し開きをする手段として用いられたものであるといわれている[7]．このことは，会計を意味するaccountingはaccount forに由来するものであることからも明らかであろう．この財の管理，保全，運用にかかわる委託，受託の関係から受託者に生じた責任を明らかにすることが会計の根源的な発生形態であり，このことにかかわる責任が会計責任あるいは説明責任すなわちaccountabilityといわれるものである．このように会計はもともと結果責任にかかわるものであるが，当初は，受託者は財の運用といった積極的な

面での役割を多くは期待されず，もっぱら財の管理，保全といった点で大きな責任を求められ，このような消極的な面に意を砕いていたと思われる節が多々感ぜられる．このような状況のもとでは，受託者として財を誠実かつ善良に管理，保全することが美徳とされたであろうことは想像に難くない．杓子定規に，四角四面に，頑迷に，几帳面に，用心深くといった性癖はこのような誠実にして善良な管理者の資質として不可欠なものであると考えられる．ここに，会計がそして会計担当者が本来的に保守的にならざるを得ない理由が求められるように思われる．

しかしながら，会計が今日の経済社会における企業経営においてなお一層の存在理由を求められるためには財の管理，保全といった本来的な機能をも十分に果たしながらも，運用といった面でのより積極的なかかわりを求められ，これに関する accountability をも十分に果たすことが必要となるであろう．このことは，会計の世界において保守主義をいかに打破し，それからの離脱を図るかという問題でもあろう．

4　会計における保守主義からの離脱の可能性

伝統的な考え方により，会計の領域を財務会計と管理会計に二分した場合，これら領域において，保守主義はどのように認識され，位置づけられるであろうか．財務会計においては，とりわけその中核をなす公的存在としての制度会計においては，それを支える伝統的な会計原則に具体的に反映されているように，運用面における基本的かつ当然の前提となる制度的実行可能性に加えて，検証可能性とともに保守主義という概念は大きな存在意義を有するものであるといわれている．[8]

新井教授によれば，制度会計の主な目的は，① 分配可能利益（配当可能利益または課税所得）の算定，② その利益概念に基づく収益力の測定表示，および，③ 経営者の受託責任の明示であるとされている．そして，制度会計の特性は，

利益分配目的のための支払財源または担税力を重視する「財務的な安全性」(保守主義)，② 制度会計基範に基づく会計行為の遂行を立証するための証拠力または抗弁力を重視する「検証可能性」，および，③ 制度会計の円滑な遂行を図るための「制度的実行可能性（明確性，画一性，安定性，簡便性など）」である，とされている。伝統的な財務会計としての同義的意味内容を有する制度会計においては，たんなる感情としてではなく，原価・実現主義にみられるように，会計実践上の合理的なルールとして，その目的およびこれを遂行するための計算上の特性として保守主義が不可欠な概念となっている。すなわち，現行財務会計は原価・実現主義といった保守主義的な会計計算構造を中核的基盤として内在させながら展開されているといっても過言ではないのである。このような点では，現行の財務会計や制度会計においては，会計計算構造的に保守主義は宿命的に存在し得る，あるいは存続し得る余地が依然として残されているのである。このような点を考慮した場合，たとえば，時価主義の導入といったような会計上の大きなパラダイム・シフトがないかぎり，財務会計上あるいはとりわけその中心をなす制度会計上においては，会計人が保守主義の原則の呪縛から解き放たれることはきわめて困難な課題であるといえるであろう。

　他方，企業外部の不特定多数の利害関係者を報告対象とする財務会計とは異なり，企業内の各層の経営管理者を報告対象とする管理会計においては保守主義の原則の存在は意味あるものと考えられ得るであろうか。企業経営の合理的，効率的遂行をめざして活用される私的存在としての管理会計の領域における業績評価の面では，客観性，検証可能性が求められることもときとしてあるであろうが，保守主義性の概念の必要性は全く存在しない。また計画設定のための会計や意思決定会計においては，制度会計上大きな存在意義を有する上述の諸概念が必要とされる余地はほとんど考えられないであろう。これら概念に替わって求められるのは，有用性や迅速性といった概念である。経営のための管理会計の領域においては，制度会計上でしばしば散見される消極的，事後的思考や行動様式に替えて，若干の不確実性や危険の存在にかかわらず，積極的，事

前的な姿勢がたえず求められる．企業経営には激動する経済社会への革新的かつ前進的な対応が絶えず求められ，管理会計にはその具体的な実践が求められるからである．このような点では，管理会計の領域においては保守主義の原則は存命する必然性はなく，会計担当者はその柵になんら拘束されることなく自由な発想のもとで経営の合理化，効率化のための管理会計をデザインしその運用を行うことが可能であると考えられる．

たとえば，管理会計の領域において先駆的な輝かしい数多くの業績をあげているハーバード・ビジネス・スクールのカプラン（Kaplan, Robert S.）等の，近年の秀逸な業績を一瞥してみよう．彼らは非財務的な視点をも包摂した企業経営における総合的な戦略的視点からの管理会計システムとしてバランスト・スコアカード（Balanced Scorecard）の提案をしている[10]．

カプラン等の提案するバランスト・スコアカードシステムの要点は以下のようなものである[11]．

バランスト・スコアカードは，企業トップに対してさまざまな戦略目標を首尾一貫した業績評価指標に落とし込むための，包括的な枠組みとなるべきものであり，従来の財務的視点に加えて，製品プロセス等の社内業務プロセスの視点，顧客の視点，市場開拓等の組織成長の視点といった非財務的な領域にも革新をもたらすマネジメント・システムであり，たんなる評価指標以上の意味を有するものである．これにより経営者は異なる4つの視点を有することができ，それそれの視点におけるさまざまな指標を設定できることになる．これらの指標は伝統的に利用されてきた指標とは異なり，組織の戦略目標や競争上の必要性に基づいて設定されるものである．伝統的な指標は，前期に何が起こったかを教える情報であっても，経営者が次の期にどうすれば業績を改善できるかを教えてくれない．しかし，スコアカードは，企業の現在と将来の成功の基礎を築くことを目的としている．また，伝統的な測定方法とは異なり，スコアカードの4つの視点に関する情報は，本業利益のような外面的尺度と，新製品開発のような内面的な尺度とが相互に矛盾をきたさないように，それらの調整，統

一化が十分に図られており，将来の目標達成に貢献するものである．このような点においては，業務プロセスのリエンジニアリング，TQC，社員の個の確立といったさまざまな改善プログラムの導入が現在企業においてみられるが，その際にもっとも欠如している改善プログラムの統合化という意識をバランスト・スコアカードは有しているのである．

　以上のように，カプランの提案には，従来の管理会計のように財務的な領域のみにとどまることなく，さらに歩を進めて非財務的な領域をも視野に入れた，企業経営へのトータルな形での積極的な活用とその貢献を意図した管理会計がデザインされている．この発想は当然のことながら，伝統的な財務会計の枠はもとより，さらには従来の管理会計の枠をも大きく超えて，非財務的な指標をも含めた統合的な視点からの企業経営およびその戦略をきわめて積極的に指向するものである．このような点では，会計上の保守主義とはまったく無縁なあるいは決別した別世界における，もっぱら「財の運用」の側面，すなわち，経済資源の効率的な活用のための組織としての企業経営の側面との総合的なかかわりを積極的に視野に入れた，企業経営のための新たな会計が構築されているのである．

　これまで述べてきたように，会計，とりわけ制度会計の世界においては保守主義の思想がその風土的色彩として色濃く残っている．今日の激変する経済社会において会計が，また会計人が，企業経営においてその役割をより積極的なものとし，意義あるものとするためにはこの保守主義の思想からの決別が絶対に不可欠なものとなるであろう．会計担当者の経営教育においては，このような点に対する認識は今後不可欠なものとなるであろう．

5　企業における会計担当者の経営教育

　企業経営の現場においては，経理担当者あるいは会計担当者の経営教育に関してはどのような認識を有しているのであろうか．今回，この原稿を執筆する

にあたって，2社ほどではあるが，企業の経理担当にかかわりを有する数名の人びとと会いお話をうかがうことができた．面談をした人の人数が多くないこと，また企業により，組織の風土に大きな差があることなどを考慮した場合，これらの会談から必ずしも一般論を導きだすことは適切でないかもしれない．[12]しかし，面談により，われわれが想像していたこととは相当に異なるいくつかの貴重な示唆を得たのも事実である．

　その第1は，企業の経理の現場においては会計担当者の「経営教育」に関して，必ずしも格別の意識が払われていないということである．企業によっては「会社を知る」という意味で，研修プログラムの一環として，産業経理協会の講義に週2回ずつ，3カ月にわたり参加させる等の具体的方策をとっている場合もあるが，これとて，会計担当者のみを対象としたものではなく，全社的な共通教育として行われているものである．会計担当者の経営教育に対して格別の意識が払われていないということは，会計の現場においては経営教育に関して無関心であるという意味ではなく，そのことを敢えて意識することなく，きわめて当然のこととして，企業という組織における共通的な資質を有する望ましい人材の育成としてごく自然な形であるいは無意識のうちに「経営教育」が行われているということである．たとえば，元経理部長で現常勤監査役の方は，経理部長当時，新入社員教育にあたって以下のようなことを必ず伝えたという．「教育という言葉に含まれるのは，教えるということと，育てることである．教えることは簡単であるが，育てることはきわめて難しい．これは，育てることは自らが努力することにかかわることであり，自分で考え，行動できる自己を確立するという本人の主体的な意識が大きく影響するからである」．また，別の経理部長の方も，育てられる側の意識の重要性を強調して，「新入社員がどのような意識を有しているかが，その新入社員の育ち方に大差をもたらす」と述べられるとともに，初期教育の重要性を強調されている．さらに，この経理部長の方は，これからの経理部員は，数字をみることのできる目を駆使して経営企画への積極的な関与が求められるであろうし，そうあるべきことをも強

調されていた．他方，ある経理部員の方は，現場の声として，「経理部の業務内容としては，時間的には通常の定型的な業務の割合が高いが，むしろ重要なのは，偶発的非定型的な業務である．このような業務に対応するためには，探求心，洞察力，行動力が特に必要と思われる」ことを指摘されている．これらの言葉から窺い知れることは，企業人としての共通的な資質として，人材育成上もっとも重要と考えられる，主体的，自発的に思考し，行動する能力や姿勢が，会計担当者にも重要な資質として絶えず求められているということである．このような会計担当者の経営教育上の視点は，会計担当者としてのスペシャリストの育成にとどまらず，企業人としてのジェネラリストの育成をも意識したものといえるであろう．このような状況を考慮すると，会計担当者の経営教育にとっては，経理部という組織の長たる人の視野の広さや視点の確かさが，たんなるプログラムとしての「経営教育」以上に重要な意味をもつとともに，そのことが有能な経理部員としてのみならず有為な企業人の育成に大きく影響するものと思われる．この点が私が強い印象を受けた第1の点である．

したがって，人，物，金，情報といった経営資源を有機的に結合して一定の目的を達成する組織体としての企業やその組織体の活動としての企業経営に関する個々のまた具体的な知識や技能の習得は，会計担当者としてであれ，他の職責にあるものであれ，企業内における職務階層の上昇や職責の範囲の拡大等に応じてオン・ザ・ジョブ・トレーニングの結果として，行われ，学習されるということになるのであろう．このような学習が効果的かつ有効に行われるかどうかの分岐点は，最終的には，さきに述べた社員各自の自発的，主体的な意欲や意識，姿勢の問題であるということになるであろう．

第2に，会計や経理の現場における個別的，具体的な内容としての経営教育とは，現在，遂行され，果たされている会計，経理の職務の内容の質をより高めることである，との意識が相当に強いとの感想をもったことである．このことは，現在の職務内容の質の向上のための，新たな知識・技法や理論，思考方法を摂取することは，結果として，企業経営に大きく貢献するという意味で，

経営教育となっているとの意識が現場においては相当に強いからであろう．

　たとえば，目下，経理の現場においては，情報化あるいは国際化の進展に適切に対応し得る人材の養成が切に求められているということが面談からひしひしと感じとれた．具体的には，近年においては，従来の会計・経理に関するより以上の知識や技法の習得は当然のことながら，これらに加えて，会計担当者には相当の語学力とコンピュータの利用を中心とした情報処理能力が求められているということである．企業経営のボーダレス化にともなう連結会計制度の導入をはじめとする国際会計基準への準拠といった国際的な動向のなかで，在外子会社等との英文による連絡調整や英文による財務諸表の作成や理解等の作業が，今後は経理の現場においては相当求められるといった状況が生じている．また，企業経営の海外展開にともなう子会社の設置等には必ず現地への経理担当者の派遣が求められることも多いという．このような状況を考慮した場合，会計担当者にも当然のことながら，英語力をはじめとした語学力の涵養が相当に求められるであろうことは明白な事実である．

　他方，企業内における情報処理業務の分散化にともない，経理部門においても独自に処理や操作を行うことも求められている．[13] このことは最終的には迅速なディスクロージャーへと結びつくであろうし，経理部門における新たな情報利用の展開を積極的に促すものとなるであろう．たとえば，DSS（decision support system）やGDSS（group decision support system）の発想に基づく，効果的かつ効率的な意思決定のための情報利用のためのデータ・ベース化された企業内および企業集団内の会計情報の管理・運用も会計担当者の重要な任務となってきている．このようなデータ・ベース化された会計情報の管理・運用や積極的活用は，企業におけるイントラネットの構築の普及，一般化により，今後はその重要性はより以上に増大するであろう．このような状況は，会計担当者に相当程度のコンピュータ利用による情報処理能力を備えることを当然のこととして要求するであろうし，それらのシステムへの会計担当者の関与をも頻繁に求めることになるであろう．あるいは，場合によっては，将来，経理シス

テムの全般や企業経営の全体像をも視野に入れた，たんなる経理の視点からではなく，企業経営のトータルな姿をデータ・ベース化し得るような会計ソフトのカスタマイズを担当できる人材の育成が必要とされることもあるであろう．

このような語学力やコンピュータの操作をともなう情報処理能力の涵養はこれからの経理部員や会計担当者にとってのみならず，また企業の他の部門の人びとにとっても同様に不可欠な知識・技能と認識されるであろう．これらのより質的に高度な知識や技能を有する会計担当者の育成は，現場においては，重要な会計担当者の教育であるとともに経営教育としても認識されている．このことは，企業経営のなかで割り当てられた本来の職責を十分に，また積極的に全うすることが，とりもなおさず経営教育であるとの認識が当然のことながら現場においては強いからであろうと思われる．このような点では，われわれがイメージする経営教育と経理や会計担当者の現場における経営教育の具体的内容やその捉え方に関しては，意識のうえで相当の齟齬があるといわざるを得ないであろう．このような経営教育の認識に対する意識上の差の大きさが，面談より得られた第2の強い印象であった．

旭化成工業の経営計画管理部会計グループ長の吉田稔氏は「これからの経理部は左右両翼に大きくWINGを延ばして，会社全体の新規課題に方向指示と代案の創出可能な専門集団を目指すべきと考えています」[14]と述べられている．このような意見や，以上述べてきたことからも明らかなように，これからの会計担当者は，従来型の経理部員はたんなる会計担当の専門家としてとどまることなく，それを超えたプラスαの資質を有する人材であることが強く求められるであろう．また，そのようなプラスαの資質の涵養に自助努力しない会計担当者は企業経営の現場においては，会計担当者としてはもちろんのこと，企業の他の部署において活躍する道も閉ざされ，自然淘汰される運命にあるといわざるを得ないであろう．たとえば，今後の会計担当者の経営教育においてはこのようなプラスα資質の涵養の視点は絶対に欠くことはできないであろう．

6 これからの会計担当者の経営教育——アメリカにおける会計教育の改革を手がかりにして

櫻井教授等の研究グループの調査・研究によると日本企業の経理・財務組織の特徴として，① ビジネスの支援者，② 企業の警察官，③ 事業の調整者，の3点が指摘できるといわれており，このうち，事業の調整者としての役割の存在が，米国企業の経理部・財務部との対比において大きな特徴をなしていることが指摘されている[15]．

そして，① ではビジネスの知識，② では会計規則，③ では調整能力が，それぞれの役割として期待される能力であるとされている[16]．

これら ①〜③ の役割うち，① および ③ の役割は企業経営への積極的関与の側面であり，② はどちらかというと消極的関与の側面として認識できるであろう．従来の会計担当者や経理部においては，② の役割が全面的に重視され，そのことが会計担当者や経理部門をきわめて保守的な存在とせしめてきたように思われる．しかし，これからの企業経営においては，激しくまた急激に変革する経済環境や社会における価値観の多様化に企業が適切にまた革新的に対応することが求められるであろうし，これに応じて，会計担当者や経理部に対しては，むしろ ① および ③ の役割が強く求められることになるであろう．したがって，これからの会計担当者の経営教育は，このような視点を十分に意識し，反映するような形で行われる必要があると思われる．

このように考えた場合，大いに参考となるのはアメリカにおける公認会計士協会や会計学会を中心として行われている会計教育の改革の動向である．アメリカにおける会計教育の再検討の動向は，本来的には，会計担当者や公認会計士の質的向上や職域確保の意図をもっているものであり，必ずしも経営教育の観点を反映しているものとはいえない．しかし，そこにみられる会計教育改革の視点は，そのような意図があるとしても，会計人の育成に関して，たんなる会計の枠をはるかに超えた幅広い視野と深遠にして真摯な姿勢が窺えるもので

ある。このような点では，アメリカの会計教育の改革の動向は，結果的には，すぐれた経営教育の視点をも包摂するものであると認識することが可能である。

たとえば，アメリカ公認会計士協会は，1960年代より今日まで公認会計士の資格要件として5年間，すなわち学部での4年間と大学院での1年間の学習を求めるという学習期間延長の改革案を主張し続けている[17]。井尻教授によれば，1970年代の5年間の学習期間の主張の背景には，会計知識の爆発的な増大と，会計業界の収入に占める監査報酬比率の相対的低下にともなう会計事務所の業務内容の多角化が背景にあったといわれている[18]。これに対して1980年代の5年間の学習期間の主張の背景には，会計士業界の多角化に対応して発生した総合情報コンサルティング業務のために経営問題一般を取り扱うジェネラリストへの需要が増大し，この結果，「よき会計人となる前にまずよき経営者となれ」という状況が生じたことが背景にあると，井尻教授は指摘されている。すなわち，1970年代の学習期間の延長はスペシャリストとしての会計士の深さをもった人材の育成を意図し，学習時間の不足をカバーすることが目的であったのに対して，1980年代の学習期間の延長は，ジェネラリストとしての十分な幅をもった人間を育成することを意図したものであるといえるのである[19]。

このようなジェネラリストの育成の観点から，5年間の学習の内容も，近年はさらにどちらかというと150時間の学習ということが重視されているのが現状である[20]。しかも，この150時間の具体的な内容は，専門としての会計の知識や技能の習得の時間を相対的に減少させ，一般教育や経営管理教育に重点がおかれている。たとえば，1992年のヘイル（Hale, Larzette G.）委員会報告書では，150時間の学習時間のうち最低60時間を一般教育にあて，24～50時間を経営管理に関する教育にあて，残りの24～40時間を会計教育にあて，幅広い視野を有するジェネラリストの育成という視点がきわめて明確にされている[21]。

他方，アメリカ会計学会でも1960年代より会計教育の改革に関する多くの努力を重ねてきている[22]。そのなかでも特筆すべきものは，2000年までに実施されるべき会計教育の改善策を提案すべく1984年にベドフォード（Bedford,

Norton M.）を委員長として設置された「会計教育の将来の構造，内容および範囲に関する委員会」（通称，Bedford委員会といわれる）が1986年に公表した報告書『会計の将来―拡大する会計職業に備えて―』であろう[23]。この報告書では，概括的な以下の ①～③ の結論を導きだすとともに，これらの結論に関連させて28の改善勧告を行っている[24]．

① 会計職業は拡大をしながら，社会や組織のなかで新たな役割を担うとともに，会計職業に参画しようとする人びととの新しい期待とともに，新たな時代へと歩を進めている（第1部，「拡大する会計職業」に対する概括的結論）．

② ほとんどの会計職業に関する教育プログラム現状は，このように拡大した会計職業の要求に適切に対応し得ない（第2部，「会計教育の現状」に関する概括的結論）．

③ 会計教育の範囲，内容および構造は，あらゆる局面において，拡大した会計職業や将来の会計職業の要求に対応できるように，再評価され，再検討される必要がある（第3部，「会計教育の将来の範囲，内容，構造」に関する結論）．

これらの概括的結論に対応して導きだされた改善勧告の詳細をここで述べるゆとりはないが，それら勧告のうちで注目に値するいくつかを拾いだしてみよう．

- 会計は経済的情報を生産し，分配する過程であるので，会計学担当の教員は，情報科学技術の能力や組織の包括的な情報システムの開発に必要な能力を保持すべきである（勧告1）．
- 会計学担当教員は，早期における会計の専門教育よりも，きちんとした一般的な会計教育や幅広い個人的な能力や技能を涵養することが好ましいということを，学生に認識させ，助言すべきである（勧告2）．
- 会計学の担当教員は，学生の分析，統合，問題解決，コミュニケーションの能力を涵養することを目的として，一般教養科目の履修増大を是認すべきである（勧告3）．

- 大学の会計教育においては，生涯学習に必要な技能や能力を修得すべきである（勧告4）．
- 教育課程およびプログラムの目標は，学生が学び方，考え方および創造力を身につけるように意図すべきである（勧告5）．
- 会計学の担当教員は，学生に大きな期待を抱かせ，彼らが涵養しようとする専門的技能，個人的能力や一般的な知識に対応し得るように，教育課程の内容と学習方法の調整をすべきである（勧告6）．
- 大学は，社会の情報要求の変化に迅速に対応し得るように，会計教育プログラムの弾力性を維持すべきである（勧告7）．
- 一般教養教育，一般的な専門会計教育科目および会計情報の生産に必要とされる専門的な技術的知識としての特化した専門的会計教育を網羅する幅広い教育を可能にするような構造が準備されなければならない（勧告8）．
- 教員は学生が情報の受動的な受手であることより，彼らが能動的で自立した学習者であり，問題解決者であることを求めるような教育的な手段を講ずべきである（勧告11）．
- 大学における会計教育は，学生の個人的な成長を重視して，知にかかわる問題に関して学生と教員の間の接触を増大させるように，学習技法を設計しなければならない（勧告12）．

これらの勧告にみられるように，ベドフォード委員会の会計教育に関する視点も，会計という専門教育よりも幅広い視野の涵養をめざして，一般教育科目の学習を重視している．さらに際立った主張点は，学び方，考え方，創造力の涵養と生涯学習の視点を強く求めていることであろう．このような考え方の背景には，大げさにいえば「哲学する心」を有した，たんなる専門家を超えた専門家としての会計人の育成をめざそうという意図があるように思える．

7 おわりに

経済社会におけるソフト化,ボーダレス化そして情報化等の進展にともない,これらの変化に対応して企業の経営活動も質的,量的に変化を余儀なくされている今日である.このような企業の経営活動の内容の変革にともない会計担当者あるいはその組織体である経理部や財務部も,人材の育成において旧来の発想から離脱して,新たな視点に立つ対応を迫られている.このように考えたとき,たんなる専門教育の修得に囚われずに,われわれに会計教育のあり方の根源的な問いかけをしているアメリカにおける改革の取組みの姿勢は,会計担当者の経営教育という点で,大きな示唆を与えてくれるように思われる.

アメリカ公認会計士協会やアメリカ会計学会の会計教育に関する改革の動向の一端からも窺い知れるように,そこにみられる改革への取組みの姿勢の大きな特徴は,藤田教授が指摘されるとおり,「会計プロフェッションが果たすべき社会的責任についての共通の自覚の存在」であり,また「『おぼえる会計学』から『考える会計学』への転換」であるといえるだろう.[25]

21世紀に向けての会計担当者の経営教育を考えたとき,われわれはアメリカにおけるこのような改革への取組みの姿勢から多くのことを学ぶべきであるように思われる.

(穐山幹夫)

注

1) Paul Grady, *An Accounting Research Study No. 7 : Inventory of Generally Accepted Accounting Principles for Business Enterprises*, AICPA, 1965 (日本会計研究学会スタディ・グループ,黒沢清監訳『会計原則研究・AICPA会計研究叢書第7号』日本経営出版会 1968年)

なお,上記訳書は,原著の第1章から第3章までを訳出したものである.

2) Maurice Moonitz, *An Accounting Research Study No. 1 : The Basic Postu-*

lates of Accounting, AICPA, 1961 （佐藤孝一・新井清光共訳『アメリカ公認会計士協会　会計公準と会計原則』中央経済社　1962年）
3) Sprouse Robert T., *An Accounting Research Study No. 3 : A Tentative Set of Broad Accounting Principles for Business Enterprises*, AICPA, 1962 （佐藤孝一・新井清光　同上訳書）
4) 佐藤孝一『新会計学』中央経済社　1958年　129ページ
5) 根箭重男『保守主義会計の発現形態（増補版）』ミネルヴァ書房　1961年　34-35ページ
6) Ladd, Dwight R., *Contemporary Corporte Accounting and the Public*, Irwin 1963 p. 40.（不破貞春・今副愛志訳『現代会社会計論』同文舘　1970年　44-45ページ）
7) 新井清光『新版　財務会計論（第4版）』中央経済社　1997年　2ページ
8) 新井清光　同上書46ページ
9) 新井清光　同上書51ページ
10) カプランの研究の軌跡とバランスト・スコアカードの内容の紹介とわが国におけるバランスト・スコアカードに関連する研究業績の紹介は以下の論考においてきわめて詳しく述べられている。
長谷川惠一「バランスト・スコアカードの検討(1)」『企業会計』50巻第5号110-112ページ
長谷川惠一「バランスト・スコアカードの検討(2)」『企業会計』50巻第6号　95-96ページ
11) Kaplan, Robert S., and David P. Norton, "Putting the Balanced Scorecard to Work", *Harvard Business Review*, Vol. 71, No. 5, September—October, 1993, pp. 134-147.（鈴木功一・森本博行訳「実践バランス・スコアカードによる企業革新」『Diamondハーバード・ビジネス』第19巻第1号　94-109ページ）
12) わが国の企業の経理部の実態については，櫻井通晴編著『わが国の経理・財務組織』税務経理協会　1997年，が非常に参考になるのでぜひとも参照されたい．
13) この点に関しては，遠山暁『現代経営情報システムの研究』日科技連　1998年の第7章「分散協調型システム環境における情報化」242-275ページが有益な示唆を与えてくれる．
14) 吉田稔「Hi！こちら経理部—デファクトスタンダードのクリアを目指して」『企業会計』第50巻第3号　103ページ
15) 櫻井通晴編著　前掲書　40-42ページ
16) 同上書　43ページ
17) アメリカ公認会計士協会の会計教育改革については，以下の論考に詳しく述

べられている．

八田進二「アメリカ公認会計士協会の会計教育改革の取組み」『21世紀へ向けての会計教育についての研究』日本会計研究学会　1996年　18-40ページ
18) 井尻雄士「アメリカ会計教育の変遷から学ぶもの」『企業会計』第43巻第1号　89ページ
19) 同上論文　90ページ
20) 150時間とは，正確には150セメスター時間と表現することが適切であろう．150セメスター時間とは，1セメスターに1科目につき週3時間の講義を受け，50科目の習得をすることを意味する．したがって，1年間に前期と後期にそれぞれ5科目ずつ修得をした場合には，年間で10科目の修得となり，都合5年間の学習期間が必要となる．このことが，「5年の大学教育」ということの意味である（井尻雄士　前掲論文　88ページ）．
21) 八田進二　前掲論文　34ページ
22) アメリカ会計学会の会計教育改革については，以下の論考に詳しく述べられている．

橋本　尚「アメリカ会計学会の会計教育改革の取組み」21世紀へ向けての会計教育についてのスタディ・グループ『21世紀へ向けての会計教育についての研究』　日本会計研究学会　2-40ページ
23) American Accounting Association, Committee on the Future Structure, Content, and Scope of Accounting Education, *Future Accounting Education : Preparing for the Expanding Profession*, 1986.
24) *Ibid.*
25) 藤田幸男「21世紀へ向けての会計教育の展望」21世紀へ向けての会計教育についてのスタディ・グループ　前掲書　82ページ

謝辞）
本章の5節の執筆に際しては，以下の会社の方々に面談の機会を作っていただくとともに，多くの貴重なご意見をうかがうことができた（肩書は面談時のものである）．これらの方々のお力添えに対しまして心より感謝を申し上げる次第です．
富士写真フイルム株式会社　常勤監査役，元経理部長・藤田昌由氏
サンケン電気株式会社　管理本部・副本部長，取締役・石橋仁氏，経理部長・飯島貞利氏，経理部経理課・安田和人氏

参考文献
井尻雄士「アメリカ会計教育の変遷から学ぶもの」『企業会計』第43巻第1号　1991年1月

櫻井通晴編著『わが国の経理・財務組織』税務経理協会　1997年
染谷恭次郎編著『会計学の国際的展開』中央経済社　1989年
染谷恭次郎先生古希記念論文集編集委員会編『国際化時代と会計』中央経済社　1994年
21世紀へ向けての会計教育についてのスタディ・グループ『21世紀へ向けての会計教育についての研究』日本会計研究学会　1996年
　（なお，本書の巻末には会計教育に関する和文文献目録が収録されている．これは，本書発刊までのわが国の会計教育に関する文献をほとんどすべて網羅するものであり，きわめて貴重かつ有用な文献目録である）
日本学術会議会計学研究会議連絡委員会報告　「大学院における会計学教育」『会計』第145巻第5号　1994年5月
American Accounting Association, Committee on the Future Structure, Content, and Scope of Accounting Education, *Future Accounting Education : Preparing for the Expanding Profession,* 1986.

　　上記の著作はすべて会計教育の研究および経理組織の実態に関するものである．それゆえ，これらの著作は会計担当者の経営教育を直接的に論じたものではない．本章および本研究に関する現状と動向の箇所でたびたび述べたように，会計担当者の経営教育に関する研究とそれに関する著作は殆どない状態であるので，間接的にではあるが，これら著作を通じて本問題を考察せざるを得ないのが実情である．しかし，これらは本問題に関する間接的な文献とはいえ，きわめて多くの示唆を受けることができるので，参考文献として列挙するに相応しいものと考えられ，記載した．
　なお，これら文献の他に，実務家の方々が経理の現場からのさまざまな考え方を述べたものに，雑誌『企業会計』に連載されている以下のコラムがある．これらもやはり経営教育に直接関連するものではないが，企業の立場からの，あるいは経理の現場からの生の声として，会計担当者のあり方や望ましい姿を知る上で貴重な資料であるといえよう．
　「経理最前線」〔第42巻第1号（1990年1月）より第46巻第12号（1994年12月）まで連載〕
　「Hi！こちら経理部」〔第47巻第1号（1995年1月）より第50巻第12号（1998年12月）まで連載．
　「経理・財務最前線」〔第51巻第1号（1999年1月）より連載開始〕
　なお，本稿脱稿の後，1998年の秋に以下の著作が相次いで刊行された。これらは本章のテーマにかかわるきわめて重要な参考文献であるので，追加記載することにする。
藤田幸男編著『21世紀の会計教育』白桃書房　1998年

（同書は，本章の注および参考文献でとりあげた，21世紀へ向けての会計教育についてのスタディ・グループ『21世紀へ向けての会計教育についての研究』日本会計研究学会　1996年　に，『ベドフォード委員会報告書』等を資料として収録した上で公刊されたものである．）

稲盛和男『実学―経営と会計―』日本経済新聞社　1998年

本研究に関する現状と動向

　わが国においては，日本会計研究学会のスタディ・グループによる研究に代表されるように，学会においても，またそれ以外のグループや個人においても，会計教育に関する研究は数多く行われてきている．そこで取り上げられている内容は，現状の認識と問題点の改善，たとえば簿記教育の問題点やあり方だとか，情報処理教育をいかに取り込むかといったような研究が多い．それらは，もっぱら会計教育の改善であり，会計学の内なる領域にとどまるものである．それゆえ，本章の冒頭の箇所で述べたように，会計担当者の経営教育というように，会計を企業経営や経営教育といった，会計を取り巻く外部環境との関連をテーマとした研究，すなわち，視野を会計の外に向けた研究は，殆どなく，むしろ皆無といった状況であるといってよいであろう．本章の冒頭で「ある意味での会計モンロー主義」と指摘したゆえんである．

　他方，本章で指摘したように，アメリカにおいても会計教育の研究は数多く行われている．その内容は，会計教育の改革をめざし，企業経営とのかかわりあるいはさらに広くは社会的存在としての会計とその教育のあるべき姿を幅広い視野から模索している．アメリカにおける会計教育の改革に関する姿勢は，それ自体が経営教育を論ずる意図のもとで行われるものではないにしても，結果としては，経営教育を射程に入れたものとなっている．このような点では，アメリカの会計教育およびその改革の研究内容とその提案や方向性は，日本のそれに比べてはるかにドラスティックでアグレッシブである．

　経済社会の大きな変革に対応して，より有為な企業人，さらにはそれを超えた人材育成の観点から，日本の会計教育も，今後は発想の転換をし，幅広い視野に立った，きわめて革新的な改革を求められることになるであろう．

第7章　営業管理者の経営教育

営業管理職能

業務遂行能力　業績達成能力

国際マーケティング職能

戦略的マーケティング職能

1 営業管理者の経営教育の課題

　まず第1点は，営業管理者（現代日本の主要企業における）の経営教育原理，すなわち，営業管理者を経営に欠かせない人材として教育するという諸行為は，どのような原理によって導かれているのかという点である．その一般的原理あるいは基本的原理とは何か，そしてその実質的意味とは何かが問われる．とくに本書全体にわたっての主題である「経営グローバル化時代」のそれが要点である．第2点は，営業管理者の経営教育はどのように体系化され，どのような内容と方法によっているのかという点である．第3点は，営業管理者の経営教育の現状にどのような問題があるのかという点である．この点については，アンケート調査に協力していただいた日立造船㈱の事例研究によりその今日的課題をみる．

　ところで，上掲の諸点を考察するに当たっては，一般に用語の概念規定上混乱があり，本章で使用する，少なくとも基本的な語の概念について明らかにしておかなければならない．まず，「営業」の概念が問題となることがある．この語は，たとえば「営業報告書」のように，広義に「経営」と同義で用いられる場合と，「営業部」のように，狭義に「販売」と同義で用いられる場合とがある．後者の用いられ方については，三上富三郎教授が1960年代にすでに，その著『営業の理論』の中で「……営業には，つねに顧客や市場に対面しているという前提条件のうえに立つ事業活動であるという含意がある」とし，「営業」を「販売」と同義とするのは明らかに誤りであるとしている．[1] 後述するように，現代企業の今日的状況をみれば，所与の製品を一方的に市場へ販売できる売手市場の状況にはなく，深刻化する販売問題の解決は「マーケティング」によっている．したがって本章でも，「営業」を「マーケティング」と同義に解することとしたい．

　いまひとつ概念を明らかにしておかなければならない用語は，「経営教育」

である.「経営」の研究とその成果の普及の実践的意義は中核的経済主体としての企業の経営の発展に資することにあるから,「経営教育」とは, 広義に「経営の発展に資するための教育」という意味で用いられることがある. 一方, 経営の発展は直接的には, それに携わる人びとによって担われるから, 狭義に「企業が従業員に対して行う教育」, すなわち「企業内教育」あるいは「社内教育」の意味で用いられることもある. この広狭の「経営教育」の概念については, 後者の「企業内教育」の意味に解することとしたい. なぜなら, とくにわが国の場合, 受験のための学校教育という実態もあって, 経営のための, あるいは職業教育の大部分は企業によっているといっても過言ではないからである. いわゆる「日本的経営」の特徴であるが, 企業は学校教育や社会教育に職業教育を期待せず, 新卒者を入社直前から相当の費用と時間をかけて教育していく. 長期にわたり能力を蓄積させ, 貢献させていくのである. また, もうひとつの理由は, 学校教育や社会教育の原理と企業内教育の原理とは違うと考えるからである.

2 営業管理者の経営教育原理とその実質的意味

2－1．企業内教育原理と営業管理職能

一般に, 教育という諸行為を導く原理は, 必要とされる, あるいは備えるべき人的能力（知能・技能）の極大化であろう. この極大化の水準には2つある. ひとつは, 「予め設定する教育点まで」という水準である. 「教」とはそもそも, 「子供が家庭生活の中で成人の行動を"真似すること"によって, いろいろのことを身につけるよう, 手に鞭を持って強制する」という他律的な意味をもつ.

企業内教育の場合, この水準は業務計画によって定まる.「……人的能力には需要と供給とがある. 需要は将来の仕事の計画, それの要求する能力構造である. これに対して, いま企業内にある従業員のもっている能力が供給能力である. この両者がよく適合するように配置するのが, 任免であり, 配置である.

しかしそこにはギャップが残る．それを埋めるものが能力開発（または，教育訓練）である」[4]．

もうひとつの極大化の水準は，教育点を予め設定しない，あるいはできないもので，能力を引き出す意味の教育で考えられるものである．研究開発，技術革新，商品化など創造型職種について，また組織の上位者になればなるほど，期待される無限の水準である．

ところで，企業内教育の場合はまた，能力は仕事をするために必要とされるものであるから，その極大化とは"業務遂行能力"のそれである．

加えて，この業務遂行能力の向上は企業業績に反映されなければならない．「……実績主義とは研修し，自己開発して能力アップしただけではダメである．向上した能力を職場の仕事を通して発揮する．そうすると結果が出てそれが業績に反映される．それを見て初めて評価なり処遇が行われる．研修を受けただけで賃金が上がり，待遇がよくなるわけではない．研修して向上した能力は発揮しなければ意味はない」[5]．業務遂行能力は応用されて，売上高，経常利益，マーケット・シェアの増加といった業績に結びつかなければならない．この意味で，企業内教育としての経営教育の原理は"業績達成能力"の極大化であるということができる．

かくして，経営教育の一般原理は業績達成能力の極大化であるから，経営組織の一翼を担う営業管理者のそれも例外ではない．問題は，営業管理者の業績達成能力，すなわち，営業管理という職務上必要かつ有効・有益な能力という意味での"営業管理職能"とは何かである．

そこでまず，営業管理者の職務とは何かをみなければならない．前述のとおり，「営業管理」は「営業」を「マーケティング」と同義とするから，「マーケティング管理」と同義である．このマーケティング管理の概念については，アメリカの代表的マーケティング学者であるコトラー（Kotler, P.）によると，「……標的市場との間に有益な交換および関係を創出し，確立し，維持することによって組織目標を達成しようとする，プログラムの分析，プラニング，実

施,管理の全体である[6]」.このコトラーの定義を踏まえ,営業管理者の職務を分解してみると,それは,① マーケティング・プログラム(代替案)を分析し,② 採用された代替案を実施に移す計画を策定し,③ 厳格に実施し,④ それらの活動を統轄することによって,市場あるいは顧客との有益な交換と関係を,ⓐ 創出し,ⓑ 確立し,ⓒ 維持するという活動であることがわかる.そして,この営業管理者の職務は組織目標の達成に貢献するために行われ,そのためのマーケティング目標達成能力が営業管理職能ということができる.かくして,このような職能極大化が営業管理者の経営教育原理と考えられる.

2－2.営業管理職能の内実

企業は市場を核とする経営環境の変化に適応して内部構造を変えながら,存続維持を図る.したがって,営業管理者の経営教育原理はマーケティング目標達成能力(営業管理職能)の極大化であると前述したが,それが実質的に何を意味するかをみるためには,経営環境の変化とそれへの適応の実態をみなければならない.ここでは,企業がどのような経営環境にあり,営業管理者はどのような重点課題を担っていたのかを概観し,その実質的意味を探りたい.

わが国主要企業の経営環境の変化とそれに適応するマーケティング主要課題の変遷の概要は,第Ⅰ期―わが国経済が戦後の復興を果たし,急速に拡大していった高度成長前期,第Ⅱ期―1960年代中葉以降,基幹的商品の普及率が高まって供給が需要を上回る状況下,多くの業界で寡占化した企業間の非価格競争が激化し始めた時期,および,第Ⅲ期―1973年のオイルショックを経て,1985年のプラザ合意による円高の急進に伴う内需低迷の1970年代中葉以降の安定経済成長期以降に分けてみることが妥当であろう.

まず,第Ⅰ期の経営環境に適応しての営業管理職能はどのようなものであったかである.戦後直後のわが国経済はいわゆるナベ・カマ経済を経て,1950年の朝鮮特需が弾みとなって急速に復興した.物不足経済を脱却し,欧米流の商品への需要が盛り上がった.1959～1961年度の実質経済成長率は10％を超えた.この市場拡大の経営環境のなかで,企業は生産設備の増強(規模拡大・

設備更新・生産方法改善）に努めた．そうして大量に生産される製品は大量に販売されなければならなかった．大量販売のためには，流通チャネルの構築・拡充が必要であった．国内市場は北海道・東北・関東・甲信越等地域別に，市別にと分けられ，営業拠点が設けられた．これら支店，営業所，販売店など現業部門の営業管理者には，販売量の拡大が要請されたのである．計画年度ごとに計画された総販売高目標に基づき，各営業所・各営業部門に割り当てられた販売目標を達成することが要請された．これら現業部門の営業管理者は，販売目標を部下の営業員各人別に割り当て，その達成のため，新規顧客開拓先数や得意先巡回訪問度数などの計数標準をもとに彼らの行動を管理した．それと併行して，セールスマンシップ，商談の進め方，応酬話法などを教え，動機づけ，意欲的な燃える営業部隊を組成することに注力した．

　本部の営業スタッフ部門の管理者も需要の喚起と拡充に努めた．マス・マーケティングの理論や技法が導入された．たとえば，広告担当課長は当時普及してきたテレビ媒体を通じてマス・コミュニケーションを盛んに行った．製品企画担当課長は技術部門とともに，購買意欲をそそるデザイン，パッケージ，ネーミングなどを考案した．販売管理課長はマス・マーケットに受容され，流通業者が販売促進しやすい価格設定（端数価格，おとり価格，割引率，リベートなど）に知恵を絞った．

　このように，市場全体に需要が盛り上がり，各社の収益基盤となる製品も成長期のライフサイクルにあるような市場環境においては，営業管理職能は「販売機会の損失を最少化[7]」することであった．

　次に第Ⅱ期の高度経済成長期後期の経営環境の変化とそれに適応しての営業管理職能をみてみよう．

　1966～1969年度も実質経済成長率は10％を超え，高度経済成長は続き，経済規模は拡大した．国民の所得も上昇し，生活水準も向上した．そして，市場の成熟化とともに消費者のニーズも多様化した．成長市場には，新規参入する企業が多い．同質的製品を巡る企業間競争は価格を中心に行われる．価格競争

に打ち勝つためには，生産の規模拡大と生産方法の改善が必要であった．そうして生産される大量の製品は販売されなければならず，このため強力な営業体制や流通チャネルが構築された．これらの生存要件を整えた企業がやがて一層の寡占状況をつくり出す．そこでの企業間競争は非価格競争となる．固定費率や損益分岐点の高くなった企業が価格競争を続けるには，限界があり，互いに立ちゆかない．

そこで，消費者ニーズの多様化に適応しつつ，自社製品の差別化が強調されるようになった．新技術開発，製品ラインやアイテムの多様化，独自の製品コンセプト，独自の流通チャネル，独自性を訴求する広告などの差別化戦略である．市場が成長，拡大するなかにあっても，市場細分化戦略が採られ，各セグメントごとにマーケティング諸政策を最適化するマーケティング・マネジメント戦略が採られるようになった．

こうした市場戦略における営業管理職能は，新技術の商品化であり，差別化され，しかも多種の製品の顧客創造・維持管理であった．

最後に，第Ⅲ期のオイルショック以降の経営環境に適応しての営業管理者の職能はどのようなものであったかをみてみよう．

オイルショックがわが国経済に与えた影響は深刻であった．エネルギーは産業活動のためには必須のものであり，その価格高騰は企業の省力化や家計の節約を促し，需要は冷え込んだ．経済成長率が5％程度の安定成長経済へ移行した．1985年のプラザ合意による円高急進も，影響が大きく，輸入増加は国際競争力のない産業に打撃を与えた．さらにその後の公定歩合2.5％の金融政策は内需振興に有効であったが，1986〜1990年の平成バブル景気を生み，地価と株価が急騰した．そしてバブル経済が崩壊し，その反動も深刻であった．1992年度以降3年度の実質経済成長率は0％台となった．

企業間競争は，パイの大きくならない市場のなかでは激化する．しかも，冷戦終結により旧共産主義国の自由主義国市場への参加，東南アジア諸国経済の高度成長，わが国企業の海外直接投資の活発化等により，グローバルな大競争

の様相を呈するようになった．このような市場環境の下では，高コスト体質のわが国企業は事業・製品フルラインの総合経営の転換を迫られる．研究開発や技術革新，情報化投資は続行しなければ，競争力を失うこととなるから，これらに経営資源を向ける一方，不採算事業から撤退したり，余剰人員を削減しなければならなくなった．ここに，自社のドメインを見出し，そこに希少な経営資源を集中し，マーケティングを展開する戦略的マーケティングが要請されてきたのである．マーケティングは高次の経営戦略問題となり，営業管理職能は，戦略的マーケティングの目標達成能力へと高度化してきている．

2－3．経営グローバル化時代の営業管理者の経営教育

経営グローバル化時代における営業管理者の経営教育原理は，国際マーケティング業績達成能力の極大化であろう．この能力について，フェアウェザー（Fayerweather, J.）は，営業管理者が国際的な任務を遂行する能力としては，国内マーケティングの基本を大切にしつつ，当然ながら国際マーケティングは国際マーケティング固有のスキルを必要とし，それは「一つは，インターナショナル・マーケティング・プログラムの設計能力であり，もう一つは，各国のマーケティング風土への適応力である」[8]と述べている．

「国際マーケティング・プログラム設計能力」については，これまで，海外市場に向けての販売は，国内の輸出商社の営業力にたよる，海外のたとえばヨーロッパに営業拠点を設けて近隣諸国の流通業者と代理店契約を結び委託する，海外流通業者に資本参加し系列化するなどの方法があった．いずれにしても，海外市場に強力な流通チャネルを構築し，機能させる能力が必要である．また，生産のグローバル化の進展とともに，どこの工場からどこの市場へ流通させるのが最適なのか，資材調達物流も含むロジスティックス設計能力が必要である．

「各国マーケティング風土への適応力」については，営業管理者に限らず，まず真の国際人として各国の文化に習熟し，豊かな教養を身につけた人格形成教育が必要である．1995年，アメリカにおいて，取引損失の財務当局への報告義務を怠り追放された大和銀行や工場でのセクハラ問題に苦慮した三菱自動

車の例は，日本企業の経営に基本的なところまで踏み込んだ反省を求めている．人間はすべて平等であって差別されてはならないという人権尊重の精神，個々人の能力を互いに尊重し，スペシャリストであることに自ら誇りに思う仕事に対する考え方，仕事と私事を厳格に分ける生活態度など，国際的なものの見方・考え方を心底から理解しなければならない．このためには，進出国の大学や現地法人にトレーニーとして派遣し，実地にマーケティング風土を研究させることがますます必要となる．また，日本人だけの海外赴任に限定せず，人材を広く世界に求め，彼らをどう経営教育するかが基本的課題となる．

3 営業管理者の経営教育の体系，内容および方法

3-1．営業管理者教育体系

経営要素のうち，"人"は情報を創造して計画し，資金や施設・設備機器を動かし，業績を達成していく能動的な存在であり，「企業は人なり」といわれるゆえんである．この肝要性から，"人に関する事"すなわち人事管理は中枢的経営機能といわれ，① 組織管理（職務を定義し，職位を編成する活動），② 能力管理（職位と能力との調和を図る活動），および ③ 処遇管理（労働の対価を支払う活動）からなる．うち，② 能力管理が「企業内教育」であり，経営活動全体に占める位置づけである．[9]

営業管理者の教育体系も，全社的教育体系の分枝として，職種がマーケティング管理であるから，その能力向上が図られるようにさらに下位体系がたてられる．また，職階別には，現業部門の場合は，たとえば営業店課長，営業店次長，営業店長などの階層別に，本部スタッフ部門の場合は，たとえば係長，課長，部長などの階層別に括られて，たてられる．

3-2．営業管理者教育要項

営業管理者は一定期間の業績を認められて管理者となる，あるいはなっているわけであるから，マーケティング実践のための基礎的知識や技法について習

熟しているはずである．しかし，経営環境の変化は複雑化かつ急速化してきており，それに適応して経営戦略も練り直され，従来の考え方や方法が陳腐化してくるのが常態である．新しい状況や問題が生起すれば，新しい方針や問題解決方法が採られなければならない．ここに，営業管理者にも職種別教育をする必要性が出てくる．

さて，営業管理者の職種別教育の内容はどのようなものであるのかであるが，これは管理階層，分掌，現業部門か本部スタッフ部門かによって違う．そこでここでは，マーケティング教育の基礎的な要項，今日的マーケティング理論である「戦略的マーケティング論」[10]の要項，ならびに営業管理者も管理者であるからその管理者教育要項について，履習モデルとして例示したい．

①「マーケティング」教育要項（例）
○ 自社の技術・製品を熟知すること
○ マーケティング環境（社会・経済・産業・市場・顧客のニーズとウォンツ等）を熟知すること
　この項目は広範囲であるので，たとえば，従前に第二地方銀行協会主催「渉外担当役席者研修会」資料で用いられた図表７−１のようなフレームで分析させると簡易かつ有効である．
○ 製品計画の重要性を認識し，企画力を養うこと
○ 価格の重要性を認識し，収益性ある取引条件設定力を養うこと
○ 売れる仕組みとしての販売チャネルの重要性を認識し，その設計・維持・改善力を養うこと
○ ロジスティックスの戦略的意義を認識し，そのシステム構築力（合理化のための）を養うこと
○ 自社製品の訴求点とマーケティング・コミュニケーション手段とを適合し，有効にコミュニケーションする能力を養うこと

②「戦略的マーケティング」教育要項（例）
○ 自社経営戦略・最高経営方針を理解すること

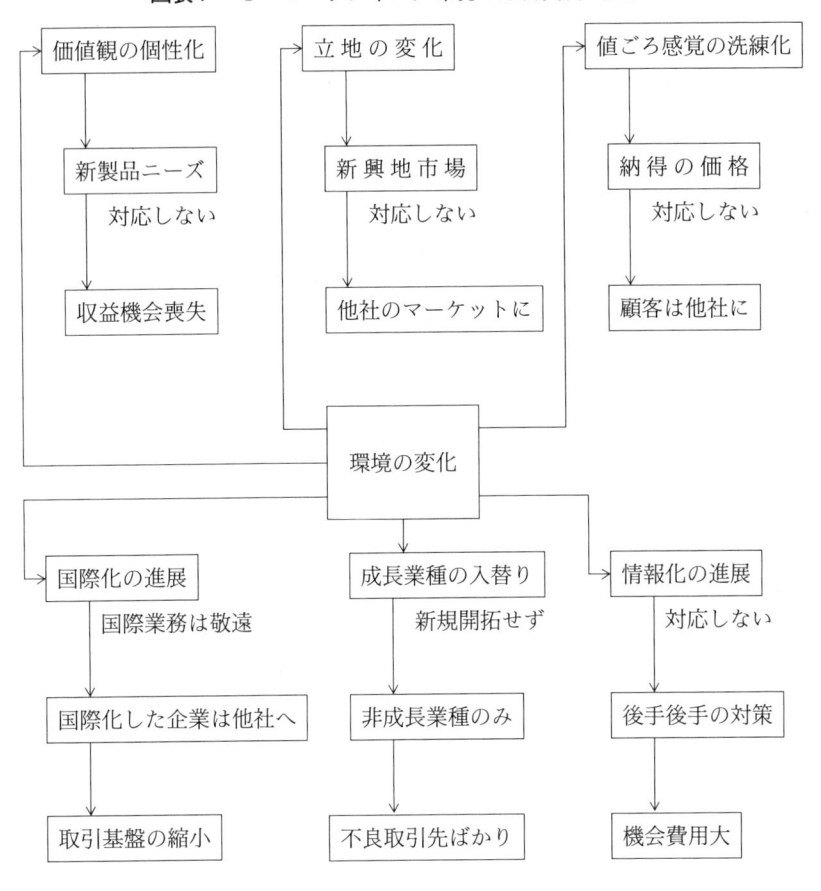

第7章　営業管理者の経営教育　143

図表7－1　マーケティング環境の分析資料（例）

```
┌─価値観の個性化─┐   ┌─立地の変化─┐    ┌─値ごろ感覚の洗練化─┐
│                │   │            │    │                    │
│   新製品ニーズ  │   │  新興地市場 │    │     納得の価格      │
│    対応しない   │   │   対応しない │    │      対応しない     │
│                │   │            │    │                    │
│   収益機会喪失  │   │ 他社のマーケットに │ │     顧客は他社に    │
└────────┘   └──────┬─────┘    └──────┬──────┘
         │                  │                  │
         └────────┬─────┴──────────┘
                         │
                    ┌─環境の変化─┐
                    └──────┘
         ┌────────┼──────────┐
         │                  │                  │
  ┌─国際化の進展─┐   ┌─成長業種の入替り─┐  ┌─情報化の進展─┐
  │国際業務は敬遠 │   │  新規開拓せず    │  │  対応しない   │
  │              │   │                │  │              │
  │国際化した企業は他社へ│ │   非成長業種のみ   │  │  後手後手の対策 │
  │              │   │                │  │              │
  │  取引基盤の縮小 │   │  不良取引先ばかり  │  │   機会費用大   │
  └────────┘   └──────────┘  └────────┘
```

○ 自社経営資源（財務・人事・技術等）を熟知すること
○ マーケティング環境（社会・経済・文化・法規制・技術・市場・競争者・顧客のニーズとウォンツ等）を分析し，自社経営資源の最適使用となる市場戦略（事業戦略・機能戦略）の策定力を養うこと
○ マーケティング・マネジメント戦略（製品戦略，価格戦略，流通チャネル戦略，マーケティング・コミュニケーション戦略等）の策定力を養うこと
○ 全社組織構造とマーケティング組織構造との調整力を養うこと

○全社管理システムとマーケティング管理システムとの調整力を養うこと
○全社評価システムとマーケティング評価システムとの調整力を養うこと
③ 管理者としての営業管理者教育要項（例）
○管理者としての資質・適性・要件について理解すること
○自己の管理スタイルの点検力（自己分析と他者認識の）を養うこと
○管理原則（規律の原理，指揮統一の原理など）に基づき，所管組織力の点検力を養うこと
○管理過程（計画・実施・評価）の分析力と改善力を養うこと
○営業員育成のための教育力を養うこと
○人間関係上の問題を発見し，改善する能力を養うこと

3－3．営業管理者教育方法

　企業内教育の方法は大別して，職場内研修（OJT：On the Job Training）と職場外研修（Off-JT：Off the Job Training）とがある．前者は上司が部下に対して仕事を通じて計画的に教育することをいう．後者は仕事から離れての教育で，① 集合研修，② 通信教育，③ 自己啓発，④ 留学，⑤ 見学などの方法がある．

　教育方法は要するに，教育対象者をどのように教育すれば所期の効果を最大限得られるかによって決まる．たとえば，個人的に営業態度改善を図るには，取引先に帯同訪問して実地に研修する方法が有効であろう．また，多数の営業員の行動変容を一度に図るには，トップセールスマンの事例研究やロールプレイングが有効であろう．

　営業管理者の教育方法は，職種別教育としては，それが営業の仕方そのものであることから，OJTが中心となる．上級管理者が教育担当者として，部下育成の意図をもって仕事をともにして業績も上げていく．加えて，マーケティング環境の先進的分析やその新しい考え方・方法など仕事をしながらでは習得できにくい内容のものについては，自社研修所主催あるいは業界団体主催などの研修会で学ぶ．さらに，業界団体など外部教育機関の提供する通信教育や自

社教育スタッフが提供する教材により自己学習を行う．また職階別，とくに管理能力向上のための教育については，OJTにもよるが，他の職種の管理者とともに自社研修所主催などの集合研修によって学ぶことが多い．

4 事例研究——営業管理者の経営教育の現状と課題を日立造船㈱にみる

4−1．グローバル競争下の日立造船㈱

前述のように，現代企業はグローバルな大競争の時代にあって，マーケット・ニーズに対応した，あるいはそれを掘り起こす製品開発のため研究開発・技術革新に先行しなければならず，また経営資源の希少化のなかで，それを成長性と収益性の高い事業・製品分野に向けていかなければならない．ここに，要請されてきたのが「戦略的マーケティング」の理論や技法である．

現代企業は戦略的マーケティングを成功裡に展開し，業績を上げる人材育成上どのような課題をかかえているのであろうか．造船不況を克服しながら，新製品・新領域分野に積極的に事業展開し，経営グローバル化に対応している日立造船㈱に営業管理者教育の現状と課題をみる．

なお，以下の論述は1997年2月に実施したアンケート調査結果に基づく．協力いただいた同社に深謝申し上げる．

4−2．日立造船㈱の沿革

まず，日立造船㈱の概要をみておこう．

当社は，1881年4月，西南戦争を機にわが国海運業の将来に着目した英国人E.H.ハンターが設立した造船鉄工業の大阪鉄工所を嚆矢とする．1911年に因島船渠㈱を買収したが，1934年には逆に日本産業㈱に合併されるなどの紆余曲折を経て，1936年に全株式が㈱日立製作所に肩代わりされて日立系となった．そして1943年，社名を日立造船株式会社と改称した．

戦後，日本経済の高度成長に伴う造船ブームと船の大型化に適応し，業績は伸長した．しかし，1978年以降の造船不況期には船の受注が減り，厳しい経

営が続いた．1988年，三和銀行副会長であった藤井義弘が社長となり，経営の立て直しを図った．総合重機の"全天候型企業"を標榜し，環境保全，資源エネルギー，FA・エレクトロニクスなどへの新事業展開を積極的に図った．

1996年度の事業内容を売上構成でみると，「環境装置・プラント」169,188百万円（33.7％），「船舶・海洋」115,296百万円（22.9％），「鉄構・建機・物流」101,461百万円（20.2％），「機械・原動機」83,726百万円（16.7％），「その他」32,938百万円（6.6％）となっている．従業員数は4,134名である．

経営グローバル化への対応も図られている．1997年2月，ノルウェーの大手石油会社，ノルスク・ヒドロ社から，次世代型の海洋掘削用大型リグを受注された．この石油掘削プラットホームはカナダやオーストラリアなどの海底油田開発にも需要が見込まれ，またこの技術を活かし，浮体空港や発電，ごみ処理関連の大型海上施設などの新規事業が展望されている．

現行の1997年度を初年度とする新3カ年中期経営計画（名称：CHALLENGE-99）も，収益力の向上，新製品・新領域の早期拡充，グローバルな事業展開の加速化ならびに技術のトップ化戦略の推進という基本方針のもとに策定され，21世紀へ向けてエクセレント・カンパニーとしての飛躍を期している．

4－3．当社の営業管理者

当社の本社（大阪市）には，「営業企画室」があり，その役席者がマーケティング・スタッフ部門の営業管理者である．営業所が国内に東京支社（東京都），北海道支社（札幌市），東北支社（仙台市），中部支社（名古屋市），北陸支社（新潟市），中国支社（広島市），四国支社（高松市）および九州支社（福岡市）と本社も含め，9カ所にあり，その営業担当役席者が国内現業部門の営業管理者である．また，海外に事務所がデュッセルドルフ，北京，上海，ジャカルタ，バンコク，台北，ソウル，ホーチミンと8カ所，さらに海外現地法人がロンドン，ニューヨーク，香港，シンガポールの4カ所にあり，その営業担当役席者が海外現業部門の営業管理者である．

第7章　営業管理者の経営教育　147

図表7-2　日立造船㈱の全社組織（1996年3月現在）

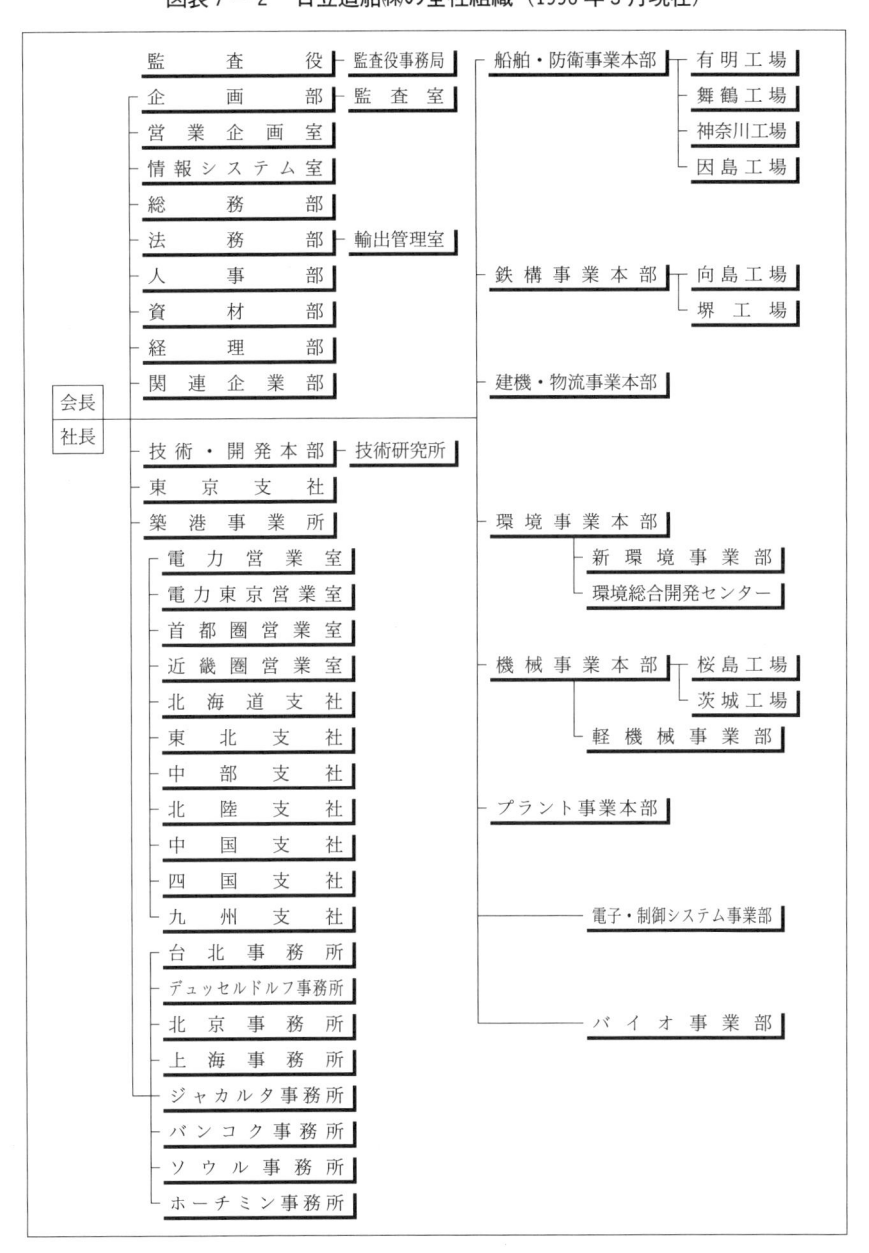

```
会長・社長
├─ 監査役 ─ 監査役事務局
├─ 企画部 ─ 監査室
├─ 営業企画室
├─ 情報システム室
├─ 総務部
├─ 法務部 ─ 輸出管理室
├─ 人事部
├─ 資材部
├─ 経理部
├─ 関連企業部
├─ 技術・開発本部 ─ 技術研究所
├─ 東京支社
├─ 築港事業所
├─ 電力営業室
├─ 電力東京営業室
├─ 首都圏営業室
├─ 近畿圏営業室
├─ 北海道支社
├─ 東北支社
├─ 中部支社
├─ 北陸支社
├─ 中国支社
├─ 四国支社
├─ 九州支社
├─ 台北事務所
├─ デュッセルドルフ事務所
├─ 北京事務所
├─ 上海事務所
├─ ジャカルタ事務所
├─ バンコク事務所
├─ ソウル事務所
├─ ホーチミン事務所
├─ 船舶・防衛事業本部 ┬─ 有明工場
│                      ├─ 舞鶴工場
│                      ├─ 神奈川工場
│                      └─ 因島工場
├─ 鉄構事業本部 ┬─ 向島工場
│                └─ 堺工場
├─ 建機・物流事業本部
├─ 環境事業本部 ┬─ 新環境事業部
│                └─ 環境総合開発センター
├─ 機械事業本部 ┬─ 桜島工場
│                ├─ 茨城工場
│                └─ 軽機械事業部
├─ プラント事業本部
├─ 電子・制御システム事業部
└─ バイオ事業部
```

図表7－3　日立造船㈱

階層	階層別共通教育	部門別・職種別 職能教育	技術教育
取締役 理事	経営トップセミナー（社外）／役員研修会／新任理事研修会		
参事 副参事	新任参事・部長研修会／現任管理者研修会／新任副参事・課長研修会	「研修教科基準」による部門別専門教育／法定資格取得教育／各種社外講習会受講	コンピュータ研修／生産技術研修／PL・PLP研修／特許研修
主事	新任主事研修会		
上級	監督者教育／新任班長研修会／中堅職員研修会（大学高専卒6年目）	「技能基準」による職種別技能訓練	メカトロ研修
Ⅱ級	上級候補者教育		
Ⅰ級	大学高専卒新人職員教育／高校卒新入職員教育／研修生教育		

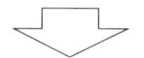

⬇

OJT
PDCA制度・自己申告制度・人事考課制度 ⬅

第7章　営業管理者の経営教育　149

の教育体系（1996年3月現在）

目的別教育			
営業教育	国際化教育	組織活性化教育	その他の教育
新人営業マン研修 設計技術者営業力強化研修 全営業マン研修・部門内営業マン研修	語学研修（英語・中国語・第二外語）・英語検定 海外留学・研修派遣 海外要員研修 国際法務知識研修 国際調達研修	小集団活動管理者・アドバイザー研修 職場ぐるみ研修 各層懇談会（役員・工場長）	安全教育 セミナー経営 国内留学・研修派遣 起業家教育

⬇

自己研修
GKS論文・事務論文・図書斡旋・通信教育援助

これらの営業所とともに，営業室として電力営業室，電力東京営業室，首都圏営業室および近畿圏営業室もあり，営業体制は強力なものと推察される．しかも，図表7－2は当社の組織図であるが，当社は生産財製造・エンジニアリング企業であるから，営業管理者はセールス・エンジニアとして図表中の工場・各事業本部の営業部門にもいる．むしろ営業の主力は事業本部にあるとのことである．

4－4．営業管理者教育の現状と課題

　わが国企業は，人員の多くを学卒者採用し，長期的視野で教育しつつ業績達成能力を蓄積する．教育方法はOJTを中心に，集合研修，通信教育，自己啓発支援などを組み合わせる．当社の教育方法も，図表7－3のとおり，OJT，集合研修，内外留学・派遣研修および自己啓発を基本に体系化されている．集合研修と内外留学・派遣はさらに，「階層別共通教育」「部門別・職種別職能教育」および「目的別教育」に分けられ，最後の「目的別教育」は「技術教育」「営業教育」「国際化教育」「組織活性化教育」および「その他の教育」に分けられている．営業管理者教育は「階層別共通教育」において，たとえば，「現任管理者研修会」などの機会に管理者としてのあり方を学び，研究する．また「営業教育」の「全営業マン研修・部門内営業マン研修」によってかなりの上級管理者まで職種別教育がなされている．

　このように，当社は経営教育を体系的に行い，人づくりを重視しているが，営業部門の職務遂行上の問題として，次の2点が指摘されている．まず，当社は積極的に新規事業への進出を図っているが，営業担当者が新製品に関する情報を必ずしも十分にもっていないという点である．この点については，もてるシステムづくりが必要であるとされている．管理者の重要な仕事のひとつとして，部下の育成・支援があり，新製品知識の部下への周知が望まれる．2つは，新規事業分野への進出に際し，当該分野の製品・マーケットの知識が不足しているという点である．この点については，マーケティング・リサーチ部門が分析し，集合研修をして周知することが必要であろう．

また，営業管理者教育上の問題としては，次の2点が指摘されている．ひとつは，民需と官需，製品・機種，国内・輸出によって営業活動と契約形態が大きく異なり，教育プログラムの作成が難しいという点である．当面は，受注目標達成の動機づけなどの意欲啓発に主眼を置かざるをえないとされている．2つは，管理者自身に新規事業分野への適応力を欠くケースがあるという点である．この点については，教育ではなく，当該分野の経験者を中途採用することで対応したいとされている．

(野本　茂)

注
1) 三上富三郎『営業の理論』ダイヤモンド社　1970年　3-6ページ
2) 日本経営教育学会経営教育ハンドブック編集委員会『経営教育ハンドブック』同文舘　1990年　10ページおよび242ページ
3)「教育」の本質，字義については，木元初美『後輩指導』近代セールス社　1995年　16-18ページが詳しい．
4) 河野豊弘編『長期経営計画』ダイヤモンド社　1971年　212ページ
5) 大西孝雄「自主自立を促すチャレンジ研修の推進」『*Business Research*』No. 869. 1996年　37ページ
6) Kotler, P., *Principles of Marketing,* Prentice-Hall, 1980.（村田昭治監訳『マーケティング原理』ダイヤモンド社　1990年　27ページ）
7) 石井淳蔵・嶋口充輝編『営業の本質』有斐閣　1995年　293ページ
8) Fayerweather, J., *International Marketing,* 2nd ed., Prentice-Hall, 1970.（村田昭治・川嶋行彦『インターナショナル・マーケティング』ダイヤモンド社　1972年　7ページ）
9) 山田雄一『社内教育入門』日本経済新聞社　1994年　82ページ
10) 嶋口充輝・石井淳蔵『現代マーケティング』有斐閣　1995年　40ページの「2-2図　戦略的マーケティングの全体枠組」に基づく．

参考文献
日経連能力主義管理研究会編『能力主義管理』日本経営者団体連盟　1970年
田中義雄・雲英道夫『商業科教育論』多賀出版　1990年
Chamberlain, N. W., *Enterprise and Environmemt,* McGraw-Hill, Inc., 1968（不二葦淳孝・堀田和宏・大森弘・斉藤義雄訳『企業と環境』ダイヤモンド社

1974年)
対木隆英『管理力の構図』文眞堂　1987年
小林好宏『寡占企業の行動分析』春秋社　1976年
嶋口充輝『戦略的マーケティングの論理』誠文堂新光社　1991年
石井淳蔵『日本企業のマーケティング行動』日本経済新聞社　1991年
浜田芳樹編『マーケティング論』建帛社　1994年
光澤滋朗『マーケティング管理の生成と発展』啓文社　1986年
Bartels, R., *The History of Marketing Thought,* 3rd ed., Publishing Horizons, Inc., 1988.（山中豊国訳『マーケティング学説の発展』ミネルヴァ書房　1993年）
木村金一『渉外担当役席者奮起せよ！』金融財政事情研究会　1985年
長島総一郎『セールスマネージャーマニュアル』経営実務出版　1993年
味方守信『「日本経営品質賞」評価基準』日刊工業新聞社　1997年
リクルート「就職ジャーナル」特別編集委員会編『人気企業の仕事大解剖・東芝編』㈱リクルート　1995年
富士ゼロックス総合教育研究所／日本能率協会マネジメントセンター編『人事・教育白書』日本能率協会マネジメントセンター　1997年
Anderson, A. H., Baker, D. and Critten, P., *Effective Self-Development,* Blackwell Publishers Inc., 1996.

本研究に関する現状と動向

　これまでの営業に関する研究と教育（営業管理者に提供されてきた教育内容）を概観すれば，商取引の実務的現象に関する研究とその成果の普及が教育制度において確固として行われるようになったのは，明治期に入ってからであった．商学あるいは商業学として，全国の高等商業学校等において行われるようになった．しかし，上田貞次郎教授の商業学批判もあり，商業学を母胎として企業一般の実務的経営現象を研究対象とする経営学がわが国にも誕生した．そこで，従来の商業学は配給論として，そして後に流通論とアメリカから導入されたマネージリアル・マーケティング論として再構築された．

　流通論は商品別，機能別，制度別に，そしてシステムとして流通が研究されるようになっており，とくに今日の情報化の進展に伴い，流通情報システムあるいは物流情報システムの研究が盛んとなっている．また，マネージリアル・マーケティング論も企業の経営状況の変化に応じて，ソーシャル，エコロジカル，国際，エリア，フィールド，サービス，戦略的，業種別（たとえば小売業の）などのマーケティングが研究されるようになった．

　これらの研究成果は，これまでの営業管理者教育のために相当の内容を提供してきたものと考えられるが，グローバルな大競争時代を迎えて，技術の先進化と収益率志向のマーケティングの成功を生き残りの条件とする現代企業にとっては，十分なものではないであろう．したがって，戦略的マーケティング理論の一層の精緻化が望まれるところである．また，営業を日本独特のマーケティングとみて，伝統的営業から近代的営業への変革の研究がみられる．

　教育方法については，アラカルト方式やキャリア・デベロップメント方式など新しい方法が採用され，また海外トレニー制や現地人営業管理者教育も盛んとなり，その教育効果が研究されていくものとみられる．

第8章　管理者のための情報リテラシー教育

競争的優位

コンピュータリテラシー

情報リテラシー

ビジネス・プロセス・リエンジニアリング

infomate

経営管理者は，情報技術を理解し，情報の利用によって競争的優位を達成することが可能であることを理解しなくてはならない．本論文は，情報リテラシーの概念と，エンドユーザーとしての管理者が情報リテラシーをもてるようになる方法の指針を探求するものである．

1 はじめに

情報化時代を迎え，コンピュータの利用が不可欠となっている．その結果，コンピュータリテラシーや情報リテラシーの必要性が唱えられてきた．コンピュータリテラシーとは，コンピュータ（ハードウェアのみならず，ワープロ，スプレッドシート，データ・ベースや他の一般的なソフトウェアの使用方法を含む）に精通することであるといえる．コンピュータリテラシーを備えている管理者は，通常 E-mail のユーザーであるし，業務のために外部のニュースや財務データ・ベースにアクセスしているかもしれない．コンピュータリテラシーを備えた管理者は，流暢にキーボードを操り一日に1時間以上もコンピュータの前で費やすかもしれない．しかしながら，コンピュータリテラシーを備えているだけでは，業務遂行の有効性を大幅に増大させるのに役立つとは限らない．

他方，情報リテラシーはその意味する内容がより広い．情報リテラシーには，情報プロセッシングの一般的概念を理解することも含まれている．すなわち，企業では情報システムがどのように構築され，どのように部門やチームあるいは個人などの業務を支援しているのか，また顧客や供給業者と結ぶレベルでどのように構築され支援しているのかを理解することも含まれている．それには，情報システムの成長発展しつつある技術的可能性が，どのようなビジネスプロセスをリエンジニアリングするのを可能にするかを理解することも含まれている．たとえば，それには，一企業内のみならずグローバル規模での連結を可能にするテレコミュニケーションネットワークの役割の有用性や，全体的情報ア

ーキテクチャーの構築の必要性の増大を理解しておくことなどがある．経営者の情報リテラシーには，自社に関連する情報技術プロジェクトに積極的にコミットし関わり合うことも含まれている．上級管理者のコンピュータリテラシーは人によって差があっても構わないが，情報リテラシーは必ず全員に必要である．

2 情報リテラシーの重要性

多くの研究者が，情報技術が業務遂行を成功させるのにますます必要な基本的要素であることは認めている．また，現場の管理者も，その階層レベルに関係なく自分たちの業務を効果的に達成するためにコンピュータと情報のリテラシーの適切な理解をしなくてはならないことを認めている．競争的優位をもたらす資源として情報の重要性を認知している企業は，競争における勝者となる可能性が高い．しかしながら，現在重要な地位に就いている管理者の多くは，情報技術の発達がまだ初期段階の時代に情報技術に関する教育を受けてきた．それゆえ，多くの管理者は，21世紀の情報社会をリードするのに必要なレベルの情報リテラシーをもっていない．

われわれは，情報社会の時代あるいは知識労働者の時代に入ったといえる．ネイスビッツ（Naisbitt, J.），トフラー（Toffler, A.），ドラッカー（Drucker, P.）は，ビジネスにおける成功は，企業が自己の製品や戦略そして競争企業の製品や戦略に関するデータを確保し，そのデータをどのように分析や行動のための情報や知識に変換できるかに依存しているといっている．

また，ハマーとチャンピー（Hammer, M. & Champy, J.）は，その著書のなかで，POSデータを収集し，それを需要予測のために利用したり，そのデータを利用して供給業者から製造現場へ直接部品納入をさせることによって無在庫経営を可能にしている企業の生き生きとした例を紹介している．たとえば，GEは，POSデータを利用して自社製品の電気機器の小売商である顧客の在

庫管理や発注業務の代行をし，その顧客の無在庫経営を可能にしている．また，フィデリティ投資会社は，家庭のパソコンからの株や投資信託の直接の注文取引を促進している．そして，リストン（Wriston, W.）（前シティーコープ会長）は，つねに自分の会社は金融業ではなく情報業であると強調していた．

これらに代表される企業は，成功を収めた優良企業である．しかし，その成功は，偶然に生まれたものではなく，情報リテラシーを備えて顧客の要求に答えるためビジネスプロセスをリエンジニアリングすることによって競争的優位を改善することの重要性を理解している管理者が生み出したものである．このように，管理者が情報リテラシーを備えているかどうかが重要なキーポイントである．

3 情報技術計画における教育の重要性

キーン（Keen, P.）は，実務家，コンサルタント，研究者そして教育者としての視点から情報技術を論じているが，その著書 *Shaping the Future* のなかで，情報の活用者としての人の情報リテラシー教育は，ハードウェアの構築と比較しても劣らない程重要である，と指摘している．多くの経営者たちは，情報システムのハードウェアに興味を示し，初期投資のうち大部分をハードウェアに投資し，その後は，その維持と拡張に多大のお金を費やしている．情報システムに関連する計画の多くは，3年から5年にわたる計画であり，新しい情報技術の導入やハードウェアの構築に焦点をあてている．しかしながら，キーンによると，情報リテラシーに関する教育はハードウェアの維持と同じくらい重要にもかかわらず，教育戦略にまで言及している計画はほとんどない．機械と同様に，人も新たに教育を受けなければ時間とともにそのもっている知識は陳腐化し，その価値を減ずるものである．

キーンによると，教育は変化をもたらす力の根源であり，有名な教授やコンサルタントによってのみ行われる特別なものではない．企業は，教育を投資と

して考え，注意深く計画し，その教育効果が仕事にどのように反映されるか評価し，体系的に開発しなければならない．

このような教育計画は，企業の事業戦略に基礎をおいて，整合性を保ちつつ先を見越して開発されなければならない．その際，より具体的レベルとして将来必要となるであろうスキルを決定し，目標達成のための教育プログラムを同時に考える必要がある．本来ならば，全体的な情報技術計画は，どのレベルの情報リテラシーが企業の長期的目標を達成するために基本的に必要であるのかを評価しなくてはならない．しかしながら，現実には情報リテラシー教育が，企業の長期経営計画のなかで取り扱われることはほとんどない．

個々の企業の情報リテラシー教育の内容は，それぞれの企業の目標や戦略によって多様ではあるが，情報技術を効果的に利用するためには次のような基本的な情報リテラシーの領域の教育がすべての企業にとって必要である．

- 整合性のとれた事業戦略と情報技術戦略の開発
- ビジネス・プロセス・リエンジニアリングの原則
- 情報アーキテクチャーの必要性
- 情報技術の費用の管理とその付加価値の測定
- テレコミュニケーションとネットワーク化
- 情報技術機能についての業界リーダーとのベンチマーキング
- タイムリーかつ正確で意味あるデータとデータ・ベースの重要性
- クライアント‐サーバー・コンピューティングの役割
- エグゼクティブ情報システム
- 必要な技術的スキルや管理的スキルを保持するための教育訓練

これらは，情報リテラシー教育を構成する重要な出発点となる領域である．

4　情報リテラシーの浸透

ギブソン（Gibson, C.）は，A社に入る前は，H大学の教授であった．現在，

彼はA社の副社長であり，A社の全社的レベルにわたって幹部教育の方法の考案やその実践をする責任者である．彼は，情報システムがその価値を増し，競争的優位をもたらしたり，会社の仕事のやり方を根本的に変えるケースが増大している時代においては上級管理者はより情報リテラシーを備えていなければならない，と確信している．その際に問題となる点は，上級管理者にどのように教えるのが最適か，ということである．

ギブソンによるならば，ジャスト・イン・タイムによる方法，すなわち，必要性に駆られた学習がもっとも効果的な教育方法である．厳しい経済状況下では，コスト削減や業務遂行に直接結びつかないことを取り扱う部門を企業内に常設させたり，企業の公式的な計画に組み込ませることは難しい．しかし，ある特定の問題が起こった時，その問題解決のために設置されるチームや委員会は重要である．たとえば，もしある企業で，その提供しているサービスが他社に比較して相対的に低下したために顧客を失いはじめるならば，顧客データベース活用等の情報技術を利用した全く異なるアプローチによる顧客サービスの方法を探求するプロジェクトチームや委員会などが設けられる．このようにして探求される方法は，一種のビジネス・プロセス・リエンジニアリングであり，マーケティングの管理者にとっては，現在，関心の深いものである．マサチューセッツのブルー・クロスの1990年の年次報告書は，企業内に生じた重要な解決すべき問題は，その解決のために業務遂行の方法の重要な変更を必要とする，と記している．このような理由から，A社においては，上級管理職の種々の情報リテラシーに関する教育のために，それぞれ2日間を割り当てている．

一般的に公式的な情報リテラシー教育プログラムは短命に終わりがちである．通常，管理者たちが継続的に一年のうちある一定期間教育を受けなければならないという規定を設けたり，彼らが受けた教育効果をじっくり評価したりすることは，ほとんどない．効果的な方法としては，何か問題の生じた特定の仕事の問題に情報技術の専門家の手助けをうけてすぐに取り組むプロジェクトチー

ムを設けることなどが取り入れられている．

4－1．B社の例

　B社は半導体の試験装置を製造をしている．本社はボストンにあり，その年間売上高は約5億5000万ドルに達する．B社は，C大学の情報管理研究所の協力メンバーであり，いくつかの場合にワークショップ（作業研究集会）に参加した経験をもっている．その経験より，B社は，業務の変化と情報技術環境の変化により，会社が情報システムの利用の有効性を見直して改善する必要性が生じていることを，理解していた．

　マッカビ（McCabe, J.）は，当時，B社の会計監査役であり，現在は情報システム担当の副社長である．当時，彼は，社長や会長の強力なバックアップの下に，上記のような必要性のある問題を検討し必要な変更を勧告する高レベルの情報システム運営委員会を作った．マッカビは，6人よりなる委員会の委員長になった．その委員会では，月に約6時間の会合がもたれ，そのうち特定の情報技術の問題の検討のために約2時間があてられていた．また，大抵，その問題に関連したプロジェクトで業務に携わっている25〜30人の人が，その会合の教育に関連する部分では委員会に加わっていた．彼らの役割は，その会合に加わった外部の専門家にその問題を説明するためであった．そして，業務に関するコンサルタントと同様に教育のコンサルタントが，その委員会の調整役を務めていた．すなわち，教育の重要性が認識されていたのである．

　そして，これらの月1回の2時間の会合で取り扱われた題目には次のようなものがある．

- 戦略的情報システムの概念
- クライアント‐サーバー，オブジェクト指向システム
- 情報技術の価値に対する個別的見解
- ソフトウェア開発（ソフト購入との比較），インフラストラクチャー，アーキテクチャー
- ビジネス・プロセス・リエンジニアリング

- データ・ベース技術
- 管理基準
- データ・ウェアハウスの概念

　B社は，この情報技術戦略に対する全社横断的なアプローチ方法をとるシステムによって多大な貢献を受けてきた．そして，この新しいシステムは今まで個々バラバラであったアプローチ方法を統合するよう設計された．マッカビは，より標準化されたアーキテクチャが顧客の変化する製品やサービスに関する欲求に素早く対応することを可能にする，と思っている．彼が情報システム担当の副社長に就任したということは，彼が会社内における情報技術の利用に関する新しいアプローチに関心を示していることを示唆するものである．彼は，その委員長の経験を通して，教育が重要な要素であることを感じとっていた．

　このB社の経験から，いくつかの重要な教訓が学べる．コンセンサスを得られるように上手に処理すること（すなわち，委員会を設けて検討すること）は，それ自身が教育プロセスである．そして，そのためには組織変革を必要とする．高レベルで運営されている委員会は，最初からこの種の情報技術に対する新しいアプローチ方法をとっている．時宜を得たプロセスと内容が，教育を受ける側の人びとのモティベーションを左右する．内部のスタッフと外部の専門家の最適な組み合わせによる教育が，必要なときになされるべきである．このB社のケースでは，外部のコンサルタントである教育の調整役は，教育の質や時間を規定するのに重要な役割を果たしている．しかし，その運営されている委員会の担当する教育は，その基本的な枠組みを提供するに過ぎない．2時間の導入議論は，より深い検討を要する会合のきっかけとなる．その公式的な教育システムは，個人的努力によって補われたり，時によっては仲間内での研究会等によって補われている．B社の経験から学べるひとつの重要な教訓は，教育プロセスがその企業カルチャーや企業の報償システムと整合性をもたなくてはならないということである．

5 情報リテラシー教育の方法

　コンピュータリテラシーの教育のための訓練や支援の努力は，従来からなされてきた．その内容は，ハードウェアの能力やワープロや表計算やデータベースのソフトの使用方法についての教育である．また，アプリケーションの開発や運用に責任をもつ組織内の技術者を対象にした教育もなされてきた．しかしながら，現在，情報技術のマネジメントに精通する必要のある人の層が増大している．彼らは，必ずしもコンピュータのパワーユーザーでもなければ，情報部門で働いているわけでもない．たとえば，このような管理者は，マーケティング部門や生産部門で働いているが，自分の専門を遂行する際に戦略的かつ競争的優位の確保のために情報技術を使う．彼らは，B社の運営委員会のメンバーと同じようなものである．

　情報リテラシーは，他の業務の学習をすることによって生ずる副産物として得られることが多い．たとえば，保険会社が，新しい契約書の作成に要する時間を40日から30分に短縮することによって販売を伸ばした事例を学ぶことによってである．これが達成できた理由は，以前は14人がかかわって作り上げていた契約書を，統合化されたデータ・ベースからのデータを調べることにより，1人で作り上げることを可能にしたからである．このような業務プロセスの急激な変化は，情報技術の利用により可能になったのである．このような事例を学ぶことによって，情報リテラシーは養われる．このような教育のアプローチ方法は，その目的が，情報技術それ自体を知ることではなく，他の変革を引き起こす引き金となるものと認識することにあると考えられる．これは，情報リテラシーの教育にとって重要な点である．

　現在，情報リテラシーの重要性を認識している企業は，増加しつつある．そして，各企業が管理者のための独自の情報リテラシー教育プログラムを開発しつつある．その代表的一例として，D銀行があげられる．

5-1. D銀行の例

D銀行の情報技術と業務の教育担当取締役であるベケット (Beckett, C.) は，自分が情報技術の専門家ではなく基本的に銀行業務の専門家である点を強調している．そして，この業務の専門家であるということが現在の仕事にとって有利であることを知っている．また，探求すべき問題もよく理解しているとも思っている．

D銀行が教育に非常に重きを置いているのは，明白である．この厳しい経済状況下において，組織内でその重要性を保持している教育部門をみるのは珍しい．ベケットは，情報技術教育のために5人の専任スタッフを充てた．外部の教育コンサルタントは，銀行の専任スタッフの補助として位置づけられた．ベケットは，そのインタビューのなかで，この厳しい時代に情報技術をより生産性を上げるための引き金となるものと位置づけ，情報リテラシー教育に焦点を当てるという自分の哲学を説明した．

D銀行には，情報リテラシー教育に関する長期的計画がある．これは，情報システムの長期計画と整合性をもち，その遂行の効果を高めている．そして，情報システムの長期計画は，同様に業務の長期計画と整合性をもち，その遂行の効果を高めている．このような結びつきは，重要なものである．D銀行の教育グループは，TTU（トータル・トレーニング・ユーティリティ）と呼ばれる概念を開発している．これには，情報技術の使い方について，エンドユーザーに彼らが必要とする時に必要とする場所で適切な教育をすることも含まれている．さらに，その学習方法に関しての柔軟性も重要である．たとえば，現在100以上のコースが設けられている4つの自己研修単位がある．そこでは，個々人がパソコンやビデオ等を使い，自分のペースで自習用テキストを使い学習することが可能である．マルチメディアや通信衛星の利用なども，現在検討されている．

また，D銀行の教育センターには，多数の教育用会議室と2つのコンピュータ教室と7つの個人自習用室がある．D銀行は，エンドユーザー，とくに管理

者がこの自学自習のコースを選択した時，その成果に幻滅を感じないよう努力をしている．なぜなら，必ずしも選択したコースが適切とは限らないからである．そのための方法とは，そのコースをとるべき理由と，そのコースを学習した結果得られるものを，事前に説明しておくことである．この両方の説明は，すべてのプログラムに設けられている．とくに，自学自習プログラム，そのなかでも中堅管理者用と上級管理者用のプログラムにおいては重要である．

全体として，D銀行の教育に対する取組姿勢は賞賛に値する．彼らは，次のような業務の重要な基本枠組みへの戦略的アプローチを含む要素をもっているようである．

- トップからのコミットメント
- 長期的ビジョン
- 情報技術や業務の長期的計画と結びついた教育計画
- 公式的そして非公式的な効果的教育方法
- 強力な内部の教育部門
- 会社のキャリアパスと連動した教育計画
- 情報技術の専門家と専門家でない人びととの両方に対する教育
- 厳しい経済状況に動じないコミットメント

顔をつきあわせての教え方が教育方法のすべてではない．他にも，情報リテラシーを教える方法はある．D銀行では，その方がより快適と感ずる人たちのためにマルチメディアを含む自己研修方法を採用している．一般的には自学自習用プログラムのほとんどはコンピュータリテラシーや技術的問題に関してのものであるが，情報リテラシー関連のものも最近現れ始めている．しかしながら，情報リテラシー教育の主流な方法は，やはり教室での授業や個人的指導によるものである．なぜなら，情報リテラシーのようなあいまいさや複数の選択肢が存在する領域では，議論や対話による相互作用の効果はまだ重要である．

また，多くの管理者が手に入れている多数の資料に目を通すことによって，情報技術の専門家の提供するアイデアは有効なものとなる．マネジメントとい

う観点から見る目を養うことによって，情報リテラシーの獲得に対する本当の後押しができるのである．

6　おわりに

　ツボフ（Zuboff, S.）は，その著書 *In the Age of the Smart Machine* のなかで「infomate」という言葉を作り出している．そして，その言葉は今日の情報化に関して先進的といわれる企業や管理者の特徴を典型的に表している．彼らは「infomate」されているといえる．すなわち，彼らは顧客の要求に適応する製品やサービスを創り出すのに必要な関連データを知っており，そのデータを情報に変換することができ，競争的優位をもたらす知識へと変換することができるのである．情報リテラシーは，人や企業が「infomate」されることを可能にする．情報リテラシーが組織を通して広まった時，その企業は「infomate」される．情報リテラシー教育のプログラムの目的は，「infomate」された管理者を創り出すことである．彼らは，多くの場合コンピュータリテラシーも有しており，さらには情報技術の利用のメリットおよびデメリットも理解したうえで，競争的優位をもたらす業務を情報技術を活用することによって構築することができる．

　それゆえ，情報担当役員は，企業における情報リテラシーの重要性を認識しなければならない．そして，最新の情報リテラシーのレベルや企業の文化を把握したり，情報リテラシーのための教育プログラムを業務―情報技術計画のなかに位置づけて作り上げることを認識しておかなければならない．

（上野哲郎）

（注）本論文は，1998 年にアメリカで実施したインタビューに基づいたものである．ここで，快くインタビューに応じて下さったサイラス・ギブソン氏，ジョン・マッカビ氏，シャーリーン・ベケット氏には，謝意を表すものである．

参考文献

Drucker, P. F., *Post-Capitalist Society*, Harper Business, 1993. （上田惇生・佐々木実智男・田代正美訳『ポスト資本主義社会』ダイヤモンド社　1993 年）

Hammer, M. and Champy, J., *Reengineering the Corporation : A Manifesto for Business Revolution*, Harper Collins, 1993. （野中郁次郎監訳『リエンジニアリング革命』日本経済新聞社　1993 年）

Keen, P. G. W., *Shaping the Future : Business design through information technology*, Harvard School Press, 1991.

Naisbitt, J. and Naisbitt, N., *High Tech/High Touch : The Co-Evolution of Technology, Culture, Art in the New Millennium. '99.*, Broadway Books, 1999.

Toffler, A., *The Third Wave. '91.*, Bantam Books, 1991.

Zuboff, S., *In the Age of the Smart Machine : The Future of Work and Power, '89.*, Basic Books, 1989.

本研究に関する現状と動向

　近年，情報資源の重要性が認識されるにつれ，そのマネジメント方法が考えられるようになってきた．それ以来，長らくの間，情報資源のマネジメント，すなわち，情報管理は，「意思決定者に，必要な時に，必要な情報を提供する活動」と定義され，この活動を適切かつ効率的に行うにはいかにすべきか，という観点から論じられてきた．この前提には，情報システムの構築・運用が，情報技術の専門家以外には不可能であるとの認識があったからである．そこで，情報管理者には，有効な経営情報システムの構築や運用のために業務の理解が求められてきた．

　しかしながら，1990年代に入り，コンピュータの発達はいちじるしく，ハードウェアの高性能化，小型化，低価格化，が進んできた．また，ネットワーク化も進展し，企業においても一人一台の時代に突入しつつある．さらに重要なのは，その操作性も容易になり，エンドユーザー・コンピューティングが急激に進展したことである．エンドユーザー・コンピューティングでは，コンピュータの専門家ではないエンドユーザーにも利用可能なツールが発達したおかげもあり，主役が情報システム部門の人たち（言い換えるならば，伝統的な情報管理者）からエンドユーザーへと推移し，エンドユーザー自身が，自らの業務に必要なソフトウェア開発や運用にも乗り出すようになった．そこでは，エンドユーザーに，情報技術を使用して新たな経営革新をもたらす創造性が求められている．

　このため，現在では，エンドユーザーであるすべての管理者に対する情報リテラシー教育が重要視されるようになり，従来の情報管理部門にとっては，その教育が大きなウェイトを占めるようになっている．

第9章　観光事業の経営教育

ホスピタリティー教育

教育基準　　教育管理

生産消費直結型　　特殊商品

1 観光事業の中枢となる宿泊業の特性と目的

1−1．観光の定義と宿泊事業

　観光事業の経営教育を考慮する場合，まず観光とか観光事業とは何かを明確にしなければならない．その定義と目的，および観光事業は何を基本的に生産するのかによってその経営教育を考えることが肝要になる．

　観光の定義はさまざまな観点からなされが，観光事業は観光を成立，促進させるための条件をととのえ継続させることにある．まず観光の定義はWTO (World Tourism Organization)＝世界観光機関連盟では「日常生活圏から100マイル離れて少なくとも1泊以上して帰ってくることであり，1年以上滞在すれば定住である」と定義している．

　古典的な定義としてはドイツの学者であるW. HunzinkelはTourism（観光）の概念として「非居住者（non-resident）が定住地に定住することなく，また営利活動に関与せず彼等の移動（travel）と滞在（stay）から生ずる諸関係現象のすべてである」としている．わが国の内閣政策審議会（昭和44年4月1日）では「およそ観光とは自由時間のなかで観賞，知識，体験，活動，休養，参加，精神の鼓舞など生活の変化を求める人間の基本的欲求を充足させるための行為（＝レクリエーション）のうち，日常生活圏を離れて異なった自然，文化などの環境のもとで行おうとする一連の行動を言う」としている．こうしたいくつかの定義のなかで明らかに共通することは日常生活圏から離れて一時的に生活することが基本となる．こうした定義とあわせて観光事業に焦点を絞ると，基礎となる事業は交通業と宿泊業と旅行業となる．副次的なものとしてはレジャー関連産業やレストラン業，土産品業などがあげられる．そこでは宿泊業が観光事業としての特定分野となり，しかも組織的に運営する分野として投下資本に多大な初期投資をかける宿泊事業を中心として，観光事業の経営教育をとりあげることとする．

1−2．宿泊産業におけるホスピタリティー概念の重要性

　観光事業全般にいえることではあるが，とりわけ宿泊産業はたんにサービス産業の概念にとどままらずホスピタリティー産業であるとの認識のもとに経営教育が考えられなければならない．その差はサービス的な取引のうえにヒューマンマインドを含めたゲストとホストの相互の人間性を欠いては業としての永続性を欠くからである．サービスは無形の財，ホスピタリティーはそれに人間の思いやりと相互の人間的な認知の意思伝達が相互肯定のなかで顧客満足を達成しようと試みるからである．宿泊産業の生産するものは結局はハードとしての有形財とソフトとしてのサービス因子とが両様相まって，結局はホスピタリティーを生産することが企業の生命である．

2　宿泊事業における基本的従業員教育とその基準

　ホテルや旅館では小規模の場合はあえて従業員教育としての意識をもって教育をとりあげることなくオン・ザ・ジョブ・トレーニングのなかで見よう見まねで自然に教育がなされていた．しかしホテル・旅館の規模の拡大と競争の激化のなかで，ホスピタリティー産業の意識の教育の重要性は欠かせなくなってきている．一般的に企業の教育といった場合は企業の組織，環境や業務内容の変化に伴い，また新人の採用に伴って「その企業の目的に適合するようにさせる」ことであり，企業の最重要な資源である人的資源の管理活動のひとつであるといえよう．ではその目的とは何かといえば，営利活動の達成であると表現すれば間違いではないがそれだけでは十分な説明にはならない．

　真の目的は「社会的責任を果たしつつ企業の存続をでき得る限り長く保つことである」といえよう．企業が人，資本，物，情報，時間等の資源を活用して運動展開しつつその目的を達成していくのであるが，なかでも人がその中心となってその他の資源は手段として活用される．その人が企業の目的に添わず逸脱するようでは企業の存続はあり得ない．したがって，教育や訓練は知識技能

を身につけさせればそれで良いということではなく，積極性，責任感，指導力，問題解決能力，創造性，事態改善への志向，感受性，注意の配分，接客対応のあり方，サービスやホスピタリティーの意義までを含めて多元的になされることが理想的である．教育の形態は大きく2つに分けることができる．第1はまず新人に環境適応と状況を知らしめ組織の一員として自覚させることである．これは比較的容易な教育である．第2は自己啓発に基づく教育である．これはたんに与えるということではなく内的に動機づけられるように教育をして自己の自覚ともてる才能を引き出すようにしてやることである．たとえば，TQCを推進する場合，リーダーのもとに，各自が自発的にサービスの質を分析したり，ホスピタリティーとは何であるかを中堅幹部で討論したりして自覚することである．企業内階層を大きく分けアッパー，ミドル，ロアーとしたならば，トップに近づけばそれだけ自己啓発とか自己開発と呼ばれるあり方が必要となってくる．

宿泊事業関係の基礎能力についてあげるならば，たとえば，大手の観光事業会社は次の点をあげている．

(1) 一般的な心得

Ⅰ．会社の特色，組織，歴史等に対する知識習得，Ⅱ．作法，エチケット，言葉遣い，Ⅲ．清潔，衛生，服装，態度，規律

(2) 技能習得（それぞれの部署によって異なる）

事務処理方法，調理方法，電気機械の知識，

(3) 自己啓発的教育

Ⅰ．開発能力，意欲開発，Ⅱ．不満処理能力，ストレス解消能力，Ⅲ．人間関係能力，があげられている．

与える方に重点を置く教育は，教える側にその基準がなくては教えることに統一性を欠く．ここにおいて結局はマニュアルの必要性にせまられる．

宿泊業務は複数の人間が首尾よく組織編成されてホテル・旅館の目的である各種のサービスやホスピタリティーを提供して収益を上げつつ経営の継続と社

会的責任を果たしていくことである．日本人の能力としてマニュアルなしで，また，仕事のなかで以心伝心をもって覚えさせることは日本社会の文化の均一性という観点から得意でありマニュアルなしでホテル運営ができることを外人のホテル運営にたずさわる支配人などが感心することがままある．しかし企業の継続性を考えるならば，いわゆる老舗と呼ばれる伝統的なわが国の旅館でもサービスの基準（秘伝）をもって次代に受けつがせることを考えるならば目にはみえないマニュアルがあったと見てよいであろう．このやり方は年功序列，終身雇用制のなかでこそ受け継がれた伝統であった．現今この制度が崩れつつあること，またホテル業界において人材の移動が激しいこと，外注による業務が増加していることなどから，マニュアルの必要性は十分認識されるべきであろう．

　マニュアルは近代的産業の産物である．一昔前にはホテルにおいてマニュアルは余り重視されなかった傾向にあった．もとよりホスピタリティー産業はマニュアルさえあれば万事いたれりとする考えは大変な間違いである．

　セクションの長がマニュアルであるという姿勢では組織の変更や効率化を図ることになると人を替えればすべて業務が順調に動くとの考えに傾きがちである．規模の大きいホテル・旅館業，つまり宿泊産業は，内部のさまざまな業種ともいえる諸機能が同時進行しながら相互に関連しながらサービスなりホスピタリティーを提供しているがゆえにそれぞれ基礎的教育については上位者が下位者に与える教育は与える側の水準や基準が重要な課題となることを認識すべきである．しかしながら，これらの基準水準は次代の組織の変革やサービスの新たな展開，マーケティングの変化などによって変容していかざるを得ない場合がある．これらの変化を統一させ，さらに全体のなかに認識させて発展させていく因子となるものが自己啓発である．したがって，教育とは基礎的教育による環境適応と環境をつくりあげていく両輪が宿泊産業の発展に必要である．

　(4) 訓練に重きを置いた教育
教育訓練には計画性がなければならない．いわば教育の管理である．いつ，ど

こで，誰が何を，どれだけ，どのようにやるのかの計画がなされ，効果をあげる形が十分検討されなければならない．

　当初に行う教育はその企業の有しているポリシーとか特長・社歴・規模組織などの鳥瞰図を読み取らせることがとくにこうした宿泊産業には必要である．なぜならば，生産とサービスが直接結びついていることがこの業種の特徴であるからである．訓練に重点を置いたものとしてはロールプレイング，教育内容確認のためのレポート作成，実習（オン・ザ・ジョブ・トレーニング），視聴覚教育，定型訓練，といった，どちらかといえば，教える側が一方的に与える教育である．これらの教育は収益部門の営業関係の部署に多く行われるあり方である．レストランのウエイター，ウエイトレス，宴会関係，調理関連部署の初期に必要とする技術の習得をそのホテル旅館の特性の部分にあわせて教育することになるであろう．俗にいわれる第一戦の仕事に携わるひとの重要性は「歩のない将棋は負け将棋」のごとく，貴重な戦力を欠くことになるからである．

　ホテル・旅館の従業員の態度的サービスの第一の訓練と嗜みは清潔ということである．とくに接遇にたずさわる部署はそれによってホテルのソフト部分の商品を形成しているともいえる．常識であるが確実に実行されるように訓練されなければならない．とくに客を接遇する部署について具体的な基本事項をあげてみる．

① 爪が短くきってある
② 手を洗ってある
③ 髪が短く，良くすいてある
④ 髭がきれいに剃ってある
⑤ 身体が汗臭くなく，身ぎれいにしてある
⑥ 清潔なユニホームをきちんと着こなしている
⑦ 適度な睡眠をとって皮膚の色の血色が良い
⑧ 目がすんでいる

⑨ 表情がにこやかで明るい
⑩ 動作がきびきびしている

　これらについてなぜ必須事項かを，客に良い感じを与えることの重要性とあわせて納得させなければならない．客に不快感を与えることがすでに宿泊事業の商品構成を損なうことを論理的に説明できなければならない．また清潔さを実施する管理システムがどのように装置されているのかもあわせて配慮されていなければならない．ユニホームの着替えの着数と仕組み，風呂やシャワー室の設備，着替え室のスペースなくして以上のことを習慣化させることは困難である．したがって訓練といい，教育といっても，当人だけで実施可能なものと管理体制とあわせて可能なものとの区別が管理者に自覚されていなければかえって教育や訓練は逆効果となりかねない．基礎的な訓練や教育は大多数のものが理解すれば良いというわけにはいかない．とくに接遇に関する部署はそうである．10人中8人が清潔さと身なりについて自覚しても，2人がこれを守らなければ全体の評価にすぐに悪影響をもたらすのがサービス業の特性である．

　結論的にいえることは「基本的な教育訓練であればある程，落ちこぼれがあってはならない」ことがこの業種の特徴である．

3　教育システムと教育計画

　観光事業にもその置かれた立場や規模の大小サービスの型によって教育システムに若干の相違はあるが基本的な原理は存在する．教育計画は教育管理である．計画と管理は表裏の関係にあるがゆえにきちんとした計画がなされなければならない．教育システムは大きく4段階に分けてそれぞれの特殊事情において細かく計画を配慮すれば良い．

　分類すれば
　① 入社前教育
　② 新入社員教育

③ 一般社員教育

④ 中堅社員教育

(1) 入社前教育

　人間はそのおかれた環境をもとに自己の確認と存在感に精神的な安定を覚える．したがって入社前の教育はできるだけ設けてその会社の情報提供をすることは望ましいことである．企業内の環境が概略どのようになっているか，その期間における相互の親睦会，会社の案内，コミュニケーションの初期の伝達事項などを済ませることにより，事前の心構えを準備させる．

(2) 新入社員教育

　新入社員の教育を始めるにあたり，担当部署ないし担当者は次のような設問を自問自答してみることにより，計画を確認できるであろう．

　① 新入社員教育について主要な責任をもつ者は誰であるか，またホテル・旅館の各部署は多くあるので特殊なケースの教育の担当者は誰にするか事前に準備しておく．主要な責任はいうまでもなく人事担当者になるが，特定の責任を明確にする．

　② 入社教育はいつ始めるかを決定する．会社の諸種の事情もあるであろうが，なるべく早い時期に始めることが心理的な不安を除くことになるし，戦力としても役にたつ時間を短縮できる．

　③ 現在いる先輩従業員はきわめて重要な立場にあることを教育担当者は認識して全従業員にこのことを知らしめる．

　なぜならば，先輩従業員は新従業員に対する影響度がきわめて高い．したがって，先輩従業員は一人ひとりが新人に対する配慮と思いやりがゆき届くようにしておくことが大切である．各部署の責任者だけが新人に対する教育責任をもつのではなく，その部署全員が教育，訓練に関与してこそ効果が高まる．この場合の配慮とは，たんに新人を甘やかすことではなく歓迎の意味を含めて，ホスピタリティー産業の従事者は同僚に対するホスピタリティーが発揮できなくては客にもホスピタリティーを発揮できないという観点からである．

④ 各部署のオリエンテーションの重要性を自覚させること．

各部署のオリエンテーションがスムースにいくためにもマニュアルのある，なしは大きな影響をあたえる．もちろん，マニュアルさえあれば自分で勝手にやれということではない．望ましいあり方としては，なぜそのマニュアルにしたがってやることに意義があるのかを説明できるようにしたい．

⑤ ホテル・旅館の各部署の見学と，各部署は全体との連係によってそのホテル・旅館の商品を構成していることを自覚させる．

⑥ 各部署の責任者は新人の最初の1週間に仕事の基本的な概略とその一部のうち容易にできるものを実行させて自信をもたせる．そして宿泊業務は注文と生産が直結している業種であるので，いかにチームワークが大切であるかを自覚させる．つまり，各部署の最初の印象をいかに良くするかに新人の組織への適応と円滑さを図る要帯があることを認識すべきである．

(3) 新人を受け入れる管理者の態度について

各部署の責任者は新人を受け入れる際に一般現業社員にも毎年のことながら友好的かつ協力的にするように明確に指示するようにする．新人のどのような問いにも耳を傾け相談に応ずる姿勢が大切である．もちろん応じることができることとできないことがあるが，フレッシュマンの問いには以外と改善すべきことや参考になることも多いことを認識すべきである．

(4) 新入社員オリエンテーション項目

新入社員には会社の性格，規模，その歴史，販売しているものは何か，会社の経営理念，伝統などは当然講義形式をもって行うのであるが，項目羅列を順序だてして漏れないようにすることが求められる．これらのことは就業規則に基づく労務上の問題とも相通ずる．

新入社員のオリエンテーション項目については次のことがあげられる．

① 組織，仕事の内容とその責任

　仕事の関連性

　他部署との関連性

他部署との責任，権限

（以上の項目は組織の中の自己の位置づけを理解させ，チームワークをもってサービスの注文生産を行うことを自覚させるので，現場の見学とあわせて行うことが望ましい．）

② 適正な訓練を指導する指導者
③ 教育のスケジュール
　　教育期間
　　休憩，食事時間
　　名札の作成と配布
　　レポート課題と作成，提出日
④ 勤務時間，休日，休憩，社会保険，厚生に関する事項
⑤ 一般的規則
　　清潔，身なり，について
　　ユニホーム，靴，の貸与とその自己管理
　　勤務時間中の自分の持ち場を離れることのないようにする心構え
　　仕事終了後，館内を不用にうろつくことのないようにすること
　　仕事中の禁酒，禁煙
　　私用電話と公用電話のけじめ
　　ロッカーの使用と管理
　　従業員風呂の使用マナーと管理
　　従業員出入口の使用とタイムカードの記録

（以上はそれぞれの使用規則が明示され文章化されて初めて有効な教育を期待できる．）

(5) 福利厚生，賃金払い（就業規則に基づく分野）
　　社会保険制度について
　　賃金支払規則
　　宿舎利用規則

その他厚生施設の利用方法

4 仕事の意義と動機づけ

　自分の仕事が会社全体とどう関連づけられるのか，その結果としての自分の利益と会社の利益を関連づけることによって動機づけられる面と，宿泊産業の機能が個人的にも社会的にも生活機能を提供することによって社会的にも役にたっていることを認知させるような理念を盛り込むことも，とくに新人を動機づけるために必要である．

　(1) 動機づけるための項目
　① 仕事を永続することに対する将来の昇進の可能性
　② 質疑応答に適切に答えること
　(2) 会社内の適宜案内，部署の説明
　① 各部署の責任者との顔合わせ
　② 直属上司との相互の自己紹介
　③ 先輩従業員との顔合わせ
　④ 人事関係者との顔合わせ
　⑤ 支配人および常に関係する他部署の紹介
　(3) 訓練と教育を施す側の心得

　どのようにして人は組織内の仕事を学ぶかを教育担当者は心得なければならない．古来より学ぶことは「まねる」が語源となっている．訓練を通して学ぶこと，知識を通して学ぶことが企業にあってはたんに知識として留まらず活用されて初めて学んだことになる．教育担当者として念頭において教育を実施すべきである．

　① それぞれ各個人は育った環境や，学んでいる知識や技術は異なっていること．その認識のもとにその企業の特性を自覚させて適応させるべき教育訓練をさせること

② 学ぶことの必要性を認識させること

人間は学ぶ必要性を感じたときに学ぼうとする意欲と動機づけがなされる．

この必要性を感じるためには，好奇心や，金銭的欲求，賞賛を得たいこと，地位の欲求，また失敗から解放されたい，不安を克服したい等があるが，これらの動機づけをよく理解し，その欲求，要求をどのようにすれば満足させられるのかを教育担当者は心得なければならない．

③ 積極的に学ばせること

人は自分で実際にやってみて本格的に学ぶのである．その意味でオン・ザ・ジョブ・トレーニングは意義のある学ばせ方である．とくにサービス関係の仕事は見る，聞く，触れるという学習のうえに実際に参加して実施してみることが肝要である．このプロセスを勘案することは観光事業の業務に習熟させる早道である．知識を確実ならしめ自信をもって実施にいたらせるためには五感をとおして学ばせることである．この点に関しては次のようなデータがある．

目を通じて学ぶ	83.0％
聞くことを通じて学ぶ	11.0％
触れることを通じて学ぶ	1.5％
嗅覚，味覚によって学ぶ	3.5％

したがって訓練方法は適宜上記の五感を用いて効果をあげるよう工夫すべきである．訓練内容によってはそれぞれどこに重点を置くかは異なる．たとえば調理についていえば，嗅覚とか味覚を含め美的感覚に訴えて訓練がなされるであろう．身体を動かして覚える客室業務とか食事サービスとかはその意義とともに見る，聞く，触れる，ことも含めて訓練をする．技術訓練はデモンストレーションをして，みせて，説明して，実際に自分でやらせることが大切である．

「して見せて，説いてきかせて，試みて，業を自分につけさせよ」といったのは，太平洋戦争中に海軍指令長官を歴任した山本五十六の残した言葉である．

海軍の軍事訓練は業務内容は全く異なるとしても理論と実践を一致させる意味では共通したやり方である．五感をとおして学ぶのに効果があるのはスライ

ドやビデオである．スライドやビデオをつくり視覚をとおして覚えさせることは効果が大きい．

5 管理者教育と自己啓発

　管理者教育を論じる前に観光事業における管理者のあり方を考えて，それに付随して管理者教育や自己啓発について論及することにより焦点を明確にする．ホテル・旅館の運営上ミドル・マネジメントの教育がサービスに大き影響をあたえる．経営層に属するマネジメント層については自己啓発による向上が求められると結論づけることがいえる．たとえば，一時代前のGM（ジェネラルマネジャー）は人事管理の巧みさと人当りの良さがあれば十分な資格を有していたといえよう．現代においてはこれだけでは不十分である．ホテル・旅館の競争やマーケットの変化，新しい商品開発が求められる現今，他の能力も求められるようになった．いわゆる管理者の管理という意味はある一定の権限をもって望ましい方向に経営を導いていくことである．そしてそのための計画と実施，検討は裏と表の関係にある．ホテル管理者に求められる共通の資質とは，
　① 指示されたことを徹底し，貫徹する能力
　② 現実のサービス形態や現場の状況を把握し，意思決定に際して現実との
　　ギャップがないようにする
　③ 権限委譲によるマネジメントの巧みさ
　①の資質こそ経営状況を望ましい方向にもっていく実行能力であり，管理者としての中核的資質である．②の資質は現場から間違えのない情報をえて，究極的にはホテル・旅館の目的とするサービスやホスピタリティーにフィードバックさせていく能力といえよう．③の能力は組織の運営能力であり，部下から信頼される能力でもあり，業務分析に基づく権限委譲能力でもある．ここでは人望も求められる．
　結論づけるならば，実行力，現実の情報収集能力，組織管理能力という3本

の柱がホテルマネジャーに求められる．

　以上のGM像を踏まえて管理者およびミドル・マネジメント層の教育と自己啓発に触れてみることとする．

　(1) 専門知識の管理者の仕事と意思決定

　管理者としての役割増大は意思決定の増大と比例する．企業全般にいえることであるが，企業において管理するものは結局は経営資源の管理である．経営資源とは人，物，資本，それに現今では情報，時間もこのなかに含めて考えるようになった．ホテル・旅館はこれらの資源を活用することによってサービスを生産する．これらの資源は計画され，組織化され，調整され，動機づけられ，コントロールされて経営に役立てられる．そして管理する主体者は人である．

　管理活動に役立つものは

① リーダーシップ（人望，問題点を洗い出す能力，軌道修正能力，説得力）

② 使命感の再確認（与えられた権限を正しい方向に生かす，そのための知識・実行力）

③ 集団組織の原理（組織原理の知識，宿泊事業は顧客に提供する本質を知ること）

④ 管理者としての役割行動（部下への動機づけ，統制，権限委譲と責任）

⑤ 目標管理（管理者としての組織のなかの位置づけと義務，目標利益への意識）

⑥ 革新，情報の収集（時代の変化，マーケット情報，客の好みの変化に応じて革新を実行する能力）

である．

　管理者教育あるいは中堅者教育は新入社員教育のように会社の内部の者があたることは効果が少ない．それは自社の諸々のしがらみにとらわれて本音がいえない場合もあるし，情報と知識に片寄りがある．つまり，客観的な見方が自由にできないことが多い．経営コンサルタントと称する商売が成り立つのはこのことがあるからである．

自己啓発集団的にはTQC活動で問題点を洗い出してグループで検討することが効果をあげるであろう．もうひとつは，日頃，問題意識をもって自己自身に問いかけてみることである．いわば自己点検である．

その際の点検事項は次のような項目をあげることができる．

1. 管理者としての自己の立場を理解しているか．つまり，管理とは何かを正しく理解しているか．

2. 指導者としての特質を身につけているであろうか．部下の啓発と和を考えて行動がとれるか，これは自己啓発によってカリスマ性を身につけることと相通ずる．

3. 客観的に物事を判断できるか．科学的に論理的に筋道を立てて問題解決にあたっているか，エキセントリックな行動はいつか管理者として破綻をきたす．

4. ホテル・旅館業の本質を理解して指導にあたっているか．その究極の目的はホスピタリティーにある．

5. 緊急な問題を冷静に判断して，混乱しないで解決できるか．

6. 雑事に追われて大局的見地から判断する能力を失なっていないか，つまり，部下の仕事に首を突っ込んで管理者としての仕事を忘れていないか．

7. 優れた他人のアドバイスを素直にうけいれる度量をもっているか．

8. 自分の考えを他人によく理解させることができるか，つまり，説得力をもっているか．

9. 部下の助言や忠言にも貸す耳をもっているか．かといって，自己の正しい判断力を失ってはならない．

10. 自分のもっている知識や技術を，積極的に部下に与えると同時に，自己啓発によってさらに自己を高める心構えをもっているか．

11. 自分の考えを他人によく理解させることができるか．つまり，意思伝達の知識と能力をもっているか．

12. 自分には常に部下がいることを自覚して行動がとれるか．公的にはもち

ろんであるが，私的にも大きな影響を与えるものであることを自覚しているか．

13．アップダウン・ダウンアップのコミュニケーションをもとに，常に問題意識と解決に積極的であるか．

14．進んで担当業務の改善をしようとする意欲をもっているか．業務は時間の経過とともにいつの間にか陳腐化するとの自覚をもって改善を心がけているか．

15．部下を育てる教育責任を自覚しているか．徒弟制度的でなく計画と管理をもとに考えているか．

16．部下が仕事をしやすいように考えているか．必要な助言，指導を適切に行っているか．部下への動機づけと実行能力をもっているか．

17．経験から学んだことを生かし，同じ誤りを繰り返さないで発展的に取り組んでいるか．

18．仕事をいい加減にしないで，つねに責任感とねばり強さを発揮する姿勢を保つことができるか．そのための目標とそれを貫徹する能力を身につける能力．

19．広い視野に立った公共性とホスピタリティー精神に富んでいるか．

20．つねに向上心をもって仕事に必要な知識と技術を書物やメディアをとおして学び活用しようとする意欲をもっているか．

以上は管理者の意欲ともいえるものであるが，自己を啓発する内容であるともいえる．上位者になればなるほど孤独になるといわれるが，それは意思決定を自己判断で行うことが多くなるからである．そのためには自己啓発とともに講演を聞いたり，あるいは研究会，学会などに参加して研究発表することが求められる．

（佐々木宏茂）

参考文献
和田　稔『ホテル旅館業務マニュアル』柴田書店　1985年

第 9 章　観光事業の経営教育　　**185**

前沢秀治『月間ホテル旅館』柴田書店　1990 年　5 月号
井上博文他編『ホテル・旅館―会館のマネジメント（管理編 2 ）』　学習研究社
　　1985 年
山田雄一・岩内亮一『職場の人間行動』有斐閣　1977 年
佐々木宏茂『ホテル産業要論』プラザ出版　1992 年
リチャード・ノーマン著　（近藤隆雄訳）『サービスマネジメント』NTT 出版
　　1991 年

本研究に関する現状と動向

　観光事業の経営教育については，観光事業の現場レベルでの教育として長年にわたり実践されてきたといってよい．しかしながら，そこでの現場教育は必ずしも十分であったとはいえない．

　本章では，観光事業のなかで宿泊業を取り上げ，その経営教育を取り上げた．ここでは，全体としての宿泊産業が伝統的に考えてきたサービス産業の概念にとどまらず，ホスピタリティー産業であるとの認識をもつことが重要である．著者は，このホスピタリティーの概念を経営教育のなかに組み込み，その経営教育を展開したわけである．

　今後の観光事業の経営教育としては，現場の経営教育から管理者のための経営教育が必要とされる．とくにホスピタリティの概念を組み込んだ経営教育の実践が期待される．加えて観光事業の経営教育で残された課題は観光事業の経営者教育である．この課題は，観光事業の経営がステークホルダーとしての地域社会との関連性をもったものであり，グローバル化した経営環境とも関連したものであるからである．観光事業の経営者教育に求められるものは，これらの経営環境問題によるところが大きい．

第10章　ドイツ企業の経営教育

二元教育システム（ドゥアールシステム）

マイスター制度　　徒弟見習い　　プラクティクム

実務的経営学教育

1 ドイツ企業経営の特徴

　アメリカの企業に比べてドイツの企業に関する情報は，日本ではあまり伝えられることは多くない．その理由はいくつかあげられるが，アメリカ合衆国がわが国の最大の貿易相手国なのに対し，ドイツの場合は「欧州諸国のひとつ」と考えられがちであることが第1にあげられよう．そして，ドイツ企業の経営は，確かにわれわれが日常見聞きしているアメリカ企業のそれとはかなり異なったものであるといえる．それはこの章での議論には重要な意味をもち，ここではドイツ企業の経営教育にふれる前に，まずドイツの企業経営について予備知識を得ることにしよう．

　まず，ドイツには株式会社が少ない．わが国でよく知られるドイツ企業でも，よく見ると株式会社ではなく有限会社のことが多い．すなわち，株式を上場し，資金を調達することは，ドイツではポピュラーではないのである．このような事情については，その原因をまず銀行システムのありように求めるのが通説となっている．わが国とドイツの銀行システムの違いは，ドイツにおける「ユニバーサル・バンク・システム」の存在という一語に要約できる．ドイツのユニバーサル・バンク・システムはコマーシャル・バンキング（いわゆる，わが国の通常の銀行業務），インベストメント・バンキング（証券発行業務，証券ブローカー業務），そして最近はさらにコンサルティング・バンキングという3つの柱からなっている．このようなドイツ独自の制度のために銀行は企業に対する強い影響力をもちやすくなっているといわれているし，元来「ユニバーサル・バンク」という言葉は，ドイツの3大銀行（ドイツ銀行，ドレスナー銀行，コメルツ銀行）が証券業務を始めて以来，使われるようになったといわれている．そして，ユニバーサル・バンク・システム（資金貸付等の間接金融面）が企業の資金調達において主流となればなるほど，これに対応する直接金融，すなわち証券市場は利用されにくいことは明らかである．まず，銀行は貸付資金

の源泉として顧客からの預金に頼っていることから，証券業務，とくに，自行の顧客へ証券の購入を強く勧めることに対しては，相対的に消極的であるといわれる．また，企業の新規資金調達にあたっても，ユニバーサル・バンクとしては自らが兼営する貸付業務と証券業務のうち，株式市場を経由した調達よりも，より自らがコントロールしやすい資金としての，貸付を行うことに対するインセンティヴの方が強くなることは考えられるからである．一方，企業の立場からは，手続きやコストの点で煩わしく，かつ負担になる証券発行よりも，手軽な銀行借入れに頼ることにより，株式市場へのアクセスには消極的になっている．

　さらに，このようなユニバーサル・バンク・システムの存在による影響だけでなく，元々ドイツに固有の事情で，株式市場の利用に対してプラスにはならない要因もある．すなわち，ドイツでは，さまざまな「制度的制約」の結果，株式会社形態の企業が多くないということである．たとえば，ドイツにおける企業の発展史で欠くことのできない，そして現在も数多い同族会社は，ディスクロージャー（財務を中心とした企業情報の開示）を好まないため，この点での制約・要件が厳格である株式会社よりも有限会社形態をとることが多くなり，株式市場が利用されない傾向がある．また，1976年共同決定法（後述）の成立以来，その適用を受ける株式会社では監督役会（Aufsichtsrat, 監査役会と訳すこともある）の構成（従業員代表の参加）に関して経営側にとって都合の良くない事態が生じる可能性があるということで，ますます株式会社ではなく，その適用を受けない有限会社が好まれる傾向が現れている．その結果，株式会社の数は，1960年の2,558社から，1983年には2,118社まで減少した．その後，1989年末には2,508社まで増加し（この時点で有限会社は401,687社），さらにそれが1991年には2,806社となって，そのうち660社の株式が上場されているに過ぎない．1994年には上場会社数は666社である．これがわが国の株式会社，そして証券取引所に上場している企業の数と比べて極端に少ない，あるいは偏っていることはいうまでもない．

次に，前述の「共同決定（Mitbestimmung）制度」も，わが国との大きな違いである．すなわち，石炭・鉄鋼業およびある程度以上の規模の株式会社（これを詳しく定めたのが1976年共同決定法）では，株主総会が複数の監督役を選び，監督役会が構成される．そしてそのメンバーには一定比率で従業員代表，株主代表が含まれなくてはならない．この監督役会が複数の執行役から成る執行役会（Vorstand，取締役会と訳すこともある）を任命して，その意思決定を監督し，業務監査を行う．これは，従業員・株主の「経営参加」と呼ばれることがあるが，わが国やアメリカ合衆国にはあまり見られない，独特の企業経営形態ということができる．そして，このような監督役会には主取引銀行（日本でいうメインバンク，ドイツではハウスバンク"Hausbank"と呼ばれる）から兼任監督役が来ており，執行役会の意思決定をモニターしている．彼らは銀行役員との兼任が法的に認められていることから，フォーマルに銀行と企業の関係を明らかにしつつ意見交換を行っている．すなわち，企業経営への銀行の関与は明確であり，しかもそれを隠そうとはしない．前述の3大銀行，とくにドイツ銀行はなかでもとりわけ絶大な影響力をもち，ドイツ各産業の代表的な大企業の意思決定には多かれ少なかれ関与しているといえよう．このような独自の事情は，長い歴史をもつドイツという国の過去，そして文化や風土に深く根ざしたものであることを，まず意識しておく必要がある[1]．そしてそれらは当然，組織風土や企業文化へ強い影響を及ぼしている．経営教育についても同じことがいえる．

2　ドイツでの管理者育成——大学教育の充実

2-1．ドイツの教育システムと職業教育

企業内教育の充実は，「日本的経営」の重要な柱のひとつだが，ドイツにも確かに「企業内教育」という言葉は存在する．ただし，その意味するところは若干異なる．すなわち，日本とドイツの教育制度の違いから，ドイツの若者は，

いわゆる大学進学者以外は，すでに 10 代半ばから職業教育を学校で受けることになっており，中世からの「徒弟制度」の名残りである「徒弟見習い（Lehrlinge）」の資格で企業に就職し，実務を OJT（On the Job Training，ただしドイツでは Training On the Job と呼ばれている）プログラムに基づいて修得するのである．これがドイツでいう「企業内教育」であり，わが国でのそれとは全く意味が違う．その理解のためにはドイツの教育制度についての理解が必要である．

ドイツの教育制度の基本構造は，大きく 4 つの枠からなる．全日制の義務教育は 9 年間（ベルリン州とノルトラインウェストファーレン州では 10 年），うち，小学校は 4 年間（初等教育前半）で，初等教育の後半は 3 つのルートに分かれる．義務教育終了の年齢は普通 15 歳（16 歳）であるが，まずひとつ目が基幹学校である．ここから進むのは実践性の高い職業養成，一般的職業人生活のみである．次の道は実科学校で専門上級学校の入学資格が得られる．そして 3 つ目がギムナジウム（高等学校）で，大学進学の前提となる基礎をつくる．

すなわち，伝統的には小学校 4 年を終了した時点で基幹学校（ハウプトシューレ，5 学年〜9 学年または 10 学年），実科学校（レアールシューレ，5 学年〜10 学年），ギムナジウム（5 学年〜10 学年，さらに勉強を続け，最終的には 9 年制の高等学校）のいずれかを選択するか，総合学校（ゲザムトシューレ，5 学年〜10 学年，ただし州によってはこの学校は存在しないこともある）に進むかを選択しなければならない．

この選択は原則として本人の希望によるが，実際は 4 学年終了時の成績に左右されることも多い．ただし現在はもう 2 年間，つまり第 7 学年目で進学を決められる「オリエンテーションクラス」が作られている．[2] このなかでギムナジウム進学者で卒業試験（アビトゥア）に合格した者は，大学入学資格を得て，大学へ進むのである．大学へ進学しない者は，90 ％以上が職業訓練を受けるが，その大半が「ドゥアール・システム」（二元体系）によっている．これは現場での実務訓練と職業学校での理論教育の結合で，民間と国が共同で職業教育

に対して責任をもつこととなっている．国の側では連邦が訓練規則を管轄し，州は職業学校をその管轄下においている．現在160万人の若者が職業教育を受けている．

　中等教育から18歳で成人するころまでには，前述した分岐にはさらにかなりの区分化，分類化が生じている．基幹学校卒業者は職業養成の契約で訓練中，3年間は職業学校（ベルーフスシューレ）に半日制で通わなければならない．この終了資格は職業学校卒業ではなくて，企業での職業訓練，養成終了が目途となる．実科学校に通う者は専門上級学校（ファッハオーベルシューレ）から専門単科大学（ファッハホッホシューレ，FHS）に到達する．4年制小学校の後，ギムナジウムに入った者は，前述のとおり，そのギムナジウムの上級を終了すれば「アビトゥア」という大学入学資格を得る．大学入学者については後に取り上げる．

　公認の訓練職業は現在ほぼ400あるが，若者の間における人気はまちまちである．男子見習者の約35％が10の人気職業に集中しており，女子の見習者ではさらに55％以上もが10の職業に集中している．男子は自動車整備工，電気工，商業従事者，塗装工，家具工，女子は店員，美容師，商業従事者，医師助手をもっとも好んでいる．

2－2．企業における訓練

　企業内における実際的な訓練（元来は「徒弟」と呼ばれていた）の期間は職業によって2年から3年半であるが，大体は3年となっている．見習者は見習手当を支給され，これは年々増額される．個々の職業ごとに何を習得し，最終的に何をテストしなければならないか等については，訓練規則によって定められている．これは経済団体，経営者団体および労働組合の提案によって当該の連邦大臣が発令する．訓練終了時には試験があり経済界の自治機関（商工会議所，手工業会議所）あるいは国の規定する他の機関等の委員会がこれを行う．試験委員会は使用者代表，被用者代表および職業学校教師によって構成される．マイスター試験に合格すれば，公認マイスターとしての資格を得る．いうまで

もなくこれはドイツ中世以来の伝統的なマイスター制度の名残りである．

　大企業には独自の訓練工場をもつものがある．しかし訓練の大部分は職場において行われている．ドイツの訓練生の半分以上は従業員50人以下の企業で訓練を受けている．こうした企業は多くの場合，必要な知識全てを習得するにはあまりに細分化，専門化されすぎているため，1973年から，訓練生がその職業知識を拡大できるような，企業の枠を越えた訓練機関を設置している．

2－3．職業学校

　企業における訓練と並んで，見習生は3年間にわたり週に1日ないし2日，職業学校にいかなければならない．授業では一般教育科目（たとえば社会学，政治学）の他に，企業よりも学校で習得可能な専門理論の知識を主に学ぶ．その成績は卒業証書にはっきりと記載される．

　職業学校にいくのは訓練生だけではなく，18歳未満で，どの学校にもいっていない者はすべて通学する義務がある．大企業では自分で職業学校を運営し，適切な検査により国から公認され，同時に財政的な援助を受けているものも多い．

2－4．その他の職業教育

　以上のような職業学校の他にも一連の職業教育の方法があり若い人びとに広く利用されている．ここではその一部をあげる．

　職業専門学校（ベルーフスファッハシューレ）は全日制の学校であり毎日通学しなければならない．これは職業活動の準備（とくに営業，家政，社会福祉，事務関係の職業）をさせるものである．学校は最低1年でありそれ以上長い場合，それは実際訓練に一部算入するか，または全面的にそれに代えることができる．

　専門上級学校は，実科学校卒業資格（「中等教育終了資格」）をもつ生徒を受けいれる．これは第11学年，12学年にわたり，第11学年においては専門実地訓練，すなわち一部は学校所有の教育工場において，一部は企業における実習生としての訓練を行う．第12学年ではもっぱら科学的，理論的授業を受け

る．ドゥアール・システムで職業学校を終え，かつ実科学校を終了した者は，12学年のみを行う．専門上級学校を無事卒業した者は，それによって専門単科大学の入学資格を得る．このように，ドイツ連邦共和国においては原則としていかなる若者も教育訓練なく職業生活に入ることはない．

2－5．大学での経営学教育

高等教育部門には大学進学有資格者（レアールシューレあるいはギムナジウム卒業）の到達する総合大学（Universität）または専門単科大学（Fachhochschule, FHS）がある．FHSでは実践性，実用性の高い教育，経済学，経営学，工学，社会福祉関係が扱われるが，他方，総合大学の内容はより高度な指向が高く，研究をめざす活動である．これには人文科学，社会科学，自然科学，工学，医学の区分がある．そのなかでも経営学はとくに人気の高い分野である．経済学と比べても，各大学で経営学専攻の学生数は，平均的に経済学専攻のそれの5倍以上であることが多い．その理由を学生に尋ねるときまって，「経営学は社会に出たらすぐに役に立つ分野だからだ」という答えが返ってくる[3]．すなわち，ドイツの大学の経営学（Betriebswirtschaftslehre, ベトリープスヴィルトシャフツレーレ，正確には経営経済学と訳されるが，経営学のことである）教育は，完全に実務での利用を前提にして行われるのである．そして，大学で経営学を勉強して産業界に身を投じた者は即座に管理者候補生として扱われ，実務を始める．すなわち，日本的な意味での企業内教育が実質的にはフォーマルには存在しないドイツ企業では，大学での経営学教育が，ここでいう管理者養成教育に，まさしく対応するのである．ドイツの大学の経営学部で取り上げられる分野・科目は，わが国とさほど変わらず，たとえばドイツ南西部，トリアー市のトリアー大学の第Ⅳ専門領域（経済学・経営学）では，次の分野が開講されている[4]．

「販売・市場・消費」部門

「労務・人事・組織」部門

「サービス・管理・マネジメント」部門

「財務・税務」部門

「貨幣・信用・通貨・金融経済」部門

「会計・監査」部門

いずれもわが国の経営学専攻の学部学科での開講科目と変わらないが，注目すべきは，必ず PBSF と呼ばれる，実務に直結した学習形態の講座が開かれていることである[5]．そして，Praktikum（プラクティクム）と呼ばれる，在学中の実務経験が，フォーマルなものとして存在し，大学によっては卒業のための必須の条件とされていることは，わが国の大学での経営学教育との大きな差異である．たとえば，ニュルンベルグ大学では経営学の学生には専攻によっては6カ月の実務経験（実習）を義務づけているし，中には1年間のプラクティクムを義務づけている大学もある．そのような大学では，実習を行う先の企業の斡旋まで行うことも多い．もうひとつ，注目すべきことは，日本と違ってドイツでは大学のランキングがないということである．すなわち，ドイツでは，出身大学の違いによってその後の昇進が影響を受けることはない．どの大学も同格であり，わが国のように入試の偏差値によって「難しい順に大学がランキングされる」ということはない．ドイツでは，前述のアビトゥアの試験に合格すればどの大学（すべて公立）でも無試験で入学できるからである（ただし，実はこれも最近少しずつ変わりつつあるが）．だから，大卒の資格はどの大学で取得しても平等に扱われ，就職すると（わが国と違って卒業の時期は任意であり，したがって就職の時期も任意）彼らは皆同じスタートラインに立つことになる．そして，その後の実績によって初めて評価が始まるのである．

ドイツは，マイスター制度に象徴される「資格社会」である．マイスターになると，たとえば工場で着る作業服の色も違い，給料にもかなりの差がついてくる．そしてこのことが即座に「管理者」としての役割を意味する．同様に，大学で経営学を専攻し，ディプロム・アルバイト（卒業論文）を完成して，卒業して得られる Diplom Kaufmann（ディプロム・カウフマン）という資格は，ドイツ人にとっては企業経営のスペシャリスト，いわゆるインテリの証とみな

されており，名刺を作るときには必ず自らの名前の前に，この称号（Dipl.-Kfm.）を書き込む．これを無理に日本語に訳せば「経営学士，あるいは商学士」ということになる．日本的な考え方からいえば，大学で経営学を勉強して，たとえば経営学士の称号をとったくらい大して意味のあるようにも思えないようだが，日本と違ってドイツの大学では常に経営実務との連携をとりながら経営学教育を行い，しかも大学進学率がわが国のように高くないということから，卒業生は自らを経営学・企業経営の専門知識の保有者と自負し，また周囲，とくに企業もそれを認めている．このこともあり，ドイツ人は前述の Diplom Kaufmann を学士ではなく，日本でいう修士であると主張することも多い．その是非は別として，わが国の大卒者の（大学での）勉強の程度とドイツでのそれとは，残念ながら比較にならないほどの差があり，ドイツ人が誇りに思うほどの勉強量に裏打ちされた，実質を伴った資格であることに疑いはない．

　このような大卒者をはじめとして，ドイツ企業ではわが国のような「ジョブ・ローテーション」の考え方に従って，従業員に異なった職務を順番に経験させるとか，職務の違う社員を入社年次や階層別に教育する，などという考え方を受け入れる土壌がない．事務，技術職とも協定で職務が明確に区分され，給与もそれに基づいて決まる．そこには「企業内教育」と称して集合教育や階層教育を実施しても意義づけが難しい，すなわち，職務ごとに能力判定はできるが，違う職務の社員を一緒に教育してもどのように効果を測定するのか難しい，というドイツ人の発想が見られる．とくに，配置転換，解雇，新規採用などにあたっては，事業所組織法により，各事業所ごとの事業所評議会（ベトリープスラート）の了解を取らねばならないため，わが国のように，ゼネラリスト養成をめざすなどと称してあちこち，会社の都合による自由な配置転換はできないのである．もしそれでもなお，たとえば，従業員を現在と全く職種の違う職場へ，会社の都合で移動させるならば，再教育（ウムシュールング）ということで追加的なコストと時間を会社が負担せねばならず，メリットは見つからないといえよう．

3　ドイツ企業での社内教育

　前述の，ドゥアール・システムによる若者へのドイツの職業教育は，わが国で使われる「企業内教育」，あるいは「社内教育」という用語の意味に対応するものではないことは，すでに述べた．一方，そのような，企業が関与するいわば義務的な職業教育とは別に，企業内で行われる，労働者が現に従事している仕事についての知識をさらに増進し，結果として生産性をさらに高めるために行われる研修も，ドイツ企業には存在する．ただしそれは日本企業での場合とは違って，集団で行われたり，大がかりに時間を切って進められるというものではない．あくまでも当該従業員個人の能力の増進をめざすものであって[6]，わが国で行われる社内教育とは全く異なったものであることを認識しておく必要がある．その証明として，このような教育に対応するドイツ語は"Personalentwicklung（ペルソナルエントヴィックルング）"といい，わが国では「人材開発」と訳されることが多いが，直訳すると「個人の発展」というものになり，日独の発想の違いを反映したものといえよう．

　さて，このドイツ企業における「人材開発（以下ではこの訳語を用いることにする）」は，次のように説明される．

　人材開発は，企業のためにそこでの従業員たちに課されている現在そして将来要求される業績を適正なものにするために，人事的業績達成の潜在的な力の維持，発展，向上を確保し，従業員の個人的な開発および昇進という目標を正しく評価するための手段である．一度配置された従業員は，場合によっては新しい人的資源投入計画に際して，すでにその要求に対処しうるものではないかもしれない．その場合，解雇や新たな人材との入れ替えではなく，教育手段を講じることによって，業績達成能力や要求可能な業績の水準を相互に調整することができるであろう．そこでは，教育，および企業内昇進計画（個々の経歴プラン）という手段によって，従業員の業績達成行動が促進される．またその

際には他の従業員の転出，昇格，配置換えなども起こりうる．このような企業内教育は，物質的な開発手段とともに人事的（すなわち，たとえば社会的な関係とも関連した）開発手段と関連したもので，職場内での方法（Training On the Job）および職場外での方法（Training Off the Job）によってもたらされる．

訓練の手段は3つの規準に従って選択される．すなわちそれらは，

① 不足要素やそのコンポーネントを最大限補うもの

② 従業員の訓練目標を訓練需要の構成要素として満たすもの

③ 訓練費用を会社が負担できること

不足要素や訓練目的が同じあるいは類似している人材については，可能であれば同じあるいは類似した訓練課程を修了することがすぐに頭に浮かぶ．訓練の方法については，いくつかの，相互に組み合わせ可能なカテゴリーによって分類されうる．

(1) 学習の目的別に定義された「学習領域」にしたがって，学習か，課題によって定義された「活動領域」にしたがった学習か

(2) 学習は能動的形式か，受動的形式か

(3) 人材開発は企業内でか，企業外でか

そしてこのなかでは，不足要素の埋め合わせや個々の訓練目標の達成のためには，企業内で行われる，課題によって定義された活動分野にしたがった，積極的な学習が高く評価される．しかしながらこれは，よほど首尾良く計画できる訓練需要の場合のみに限られる．企業における活動領域は現実的な状況を提供し，能動的な学習は新しいものの受容の他に，同時にその習得をも内容として含んでいる．事前に計画可能でない，革新的な訓練需要に際しては，むしろ企業外部における学習領域での受動的な学習を伴う訓練手段が問題となる．

具体的な訓練手段の選択は，次の4つに依存する．

① 補うべき不足要素の構造

② 学習目標，学習内容，学習方法，そして知識伝達の成果などに関する，利用可能な訓練手段の透明さ（わかりやすさ）

③ 訓練手段の時間的制約，コストならびに支出
④ 行われる訓練の担当者，およびその人の評判

可能な多数の訓練手段の態様は，7つのカテゴリーに分類されうる．

(1) もっとも単純な訓練手段としての職場での追加教育（職務代行を含む）
(2) ジョブ・エンリッチメントやジョブ・エンラージメントなどの雛形，半自主的あるいは部分的に重なり合うワークグループの雛形に従った特殊な形での職位形成や労働組織
(3) 訓練プログラム，職位のローテーション，なじみのない活動領域での短期的な協働，特別な課題の引き受け，いくつもの職位を経由した昇進経路，プロジェクトグループやタスクフォース並びに教育センターでの協働などは，企業内での活動領域での重要な手法である
(4) セミナー，講習会やビジネスゲームは企業内・企業外両方の学習領域での訓練手段である
(5) 階層構造あるいは継続的構造をもった連続講演は，学習領域および活動領域の両方において，適用されうるもので，企業内および企業外，あるいは双方を組み合わせて使われる
(6) 講習，上級学習および研修セミナーは，企業外での学習領域での非常に優れた訓練手段である
(7) 企業内訓練としての経営相談は，学習および活動領域での能動的学習と受動的学習の組み合わせである

手段あるいは手段カテゴリーの選択は，先にあげた3つの規準すなわち，「① 不足要素やそのコンポーネントを最大限補うもの」以下の3つに従って，手段の適性に関する確率の主観的な判断をもとに行われよう．補うべき不足要素の補塡に際しては，企業内で行われる訓練手段の方が，むしろ標準化された往々にして部分的にわかりにくい，企業外の担当者による手段よりも効果があるだろうという考えは正しい．企業内での訓練および内部担当者が，その手段のより高度のわかり易さや完成度という根拠からより好まれるならば，前述の

選択規準のうちの3つ目，すなわち負担可能性の原理は，最重要とは考えられないことになる．コスト，出費あるいは支出の規準は，人材育成の個々の手段の判断には，限定的にあてにできるということになる．そこで，個々の手段の判断は，企業の訓練および教育を受け入れる能力（たとえば，専任の人員を備えた経営教育センターという形で存在するように）の判断によって置き換えられる．ここでもまた，資本価値の形成のための適切な一連の支払い，あるいはコストと利益の関係の形成のための資金が十分でないことから，負担可能性原理があてはまることになる．

以上は，ドイツで考えられている標準的な「人材開発」に関する叙述である．もともとこのような活動が，大卒者以外の従業員を念頭に置いて考えられていることから，わが国での社内教育に関する概念とはどうしても違いがあるといえよう．

4　ドイツ企業の経営者——真のエリート集団

前述のとおり，ドイツの大学での経営学教育は，卒業してすぐに使える，しかも高度の知識の取得をめざして行われる．こうして会社に入った者は，すでに社内での将来の幹部候補生となるが，ドイツではさらにその上，すなわち「経営者教育」にあたるものが挙げられる．すなわち，ドイツ企業の経営者たちの肩書きを見ると，Dr.,つまり博士がかなり多いのである．これもまた，ドイツ独特の教育システムに基づいたものである．すなわち，わが国やアメリカとは違ってドイツには「大学院」というものが存在しない．このため，学部での勉強を終えてさらに深い知識を修得したい者は，大半が助手（アシスタントあるいはヴィッセンシャフトリッヒャー・ミットアルバイターと呼ばれる）として大学に残り，指導教授の授業の一部を担当しながら勉強を続ける．ただし，その場合，学部を終えるときの成績，とくに前述のディプロム・アルバイト（卒業論文）の出来が重要であって，これが良くないのにさらに助手となる

ことを希望しても，指導教授から受け入れられないのが普通である．また，それが多少悪くても何とか，ということで仮に助手となっても，給料に反映されることがある．助手の給料はそれでなくても安いから，これは大変なことである．ドイツのこのようなルールは実にさまざまな分野で適用されており，たとえば弁護士の分野でも，その試験に合格したときの成績によって，後の報酬のレベルが決まってくる，という次第である．ドイツでは兵役の影響もあって，大学を卒業する時にはすでに20代半ばになっていることが多く，さらに大学に助手として残って博士論文を書き，学位を得る頃には30歳を越えていることが多い．もちろん，学部を卒業してから会社に入り，仕事をしながらそのかたわら勉強を続けて博士論文を書く者もいるが，当然のことながらこれは大変な仕事で，会社に入らずに助手となって論文を書くよりもずっと長い期間を要してしまうことが多い．また，一度会社へ入って働き，しばらくしてから再び大学に戻って助手になるケースも少なくない．もちろんその目的は，博士学位の取得である．

図表10－1は，吉森（1995）に掲載された，クルック（Kruk, M.）の調査によるドイツ企業の最高経営者の学歴の分布である．

これを見ると，ドイツ企業のトップマネジメントのうちのほぼ4分の3は大学卒以上の人物によって占められていることがわかる．また，平均して63％，

図表10－1　ドイツ大企業経営者の学歴

(％)

	非大卒	大　　卒			博士学位所持者
		法学	経済	理工	
監督役会役員	25	33	23	16	65.4
執行役会会長	24	22	28	24	58.4
執行役会役員	27	22	22	28	61.0
平　　　均	26	24	23	25	63.1
製　造　業	24	14	22	38	
銀行・金融	23	36	36	1	

すなわちトップマネジメントのほぼ3分の2が博士学位の所持者であることは，それが企業でトップマネジメントとなるために重要な条件のひとつであることを如実に物語っているといえよう．さらに，博士の学位を取得するためには，その前に必ず大学を卒業しておかなくてはならないわけで，このため，この図表10－1の博士学位所持者はもちろん大学卒業者であるから，平均的に見てドイツ企業のトップマネジメントのうちの4人に3人が大学卒業者であり，さらにそのうちのほぼ9割までが博士の学位を取得しているということがわかる．すなわち，ドイツ企業のトップマネジメントはほとんどが最高レベルの教育を受けた人びとであり，この意味でも真のエリート集団であるということがはっきりとわかるのである．

また，ペンスゲン（Poensgen, O.）(1982)によると，ドイツにおける大企業以外も含む企業の経営者3,581人に対して行った調査では，博士学位所持者は全体の32.4％を占めている．さらに，大企業ではそれは52.1％まで達している．前掲のクルック(1972)による表と併せて見ても明らかなとおり，博士学位は昇進の重要な要因であることがわかる．ペンスゲンの結論では，博士学位取得者は大学卒業だけで就職した者に比べて，執行役会役員になるチャンスは7倍大きいとしている．そして，前述のようなドイツの大学の事情，すなわち大学間でのランキングが存在しないということから，その学位がどこの大学で取得されたものかは，全く関係ないのである．

これに対し，新しい傾向も現れつつある．すなわち，従来ドイツでは存在しなかった，いわゆる「ビジネス・スクール（ドイツ）」がドイツにも設立されつつある．ドイツの大学は本来すべて国立（厳密には州立）であるが，ここ数年で3つの私立大学が設立され，アメリカ流のビジネススクールとして教育活動を繰り広げつつある．それは次の3つである．

　コブレンツ経営管理大学（オットーバイスハイム・ビジネススクール）
　ヴィッテン・ヘルデッケ大学
　ヨーロッパ・ビジネス・スクール・エストリッヒ―ヴィンケル

これらはすべて，現在のドイツでは唯一の私立大学であり，伝統的なドイツの大学での経営学教育のフレームワークにとらわれず，ケース・スタディを中心とした実務教育に徹して，静かなブームを引き起こしつつある．これらのビジネス・スクールは，当然，将来の経営者の育成を目的としてその教育の基本計画を設定している．いずれもまだ比較的新しい大学であるため，卒業生が出てから日が浅く，その具体的な成果あるいは評価についてはまだ断片的にしか存在しない．ただ，ビジネス誌としてはドイツでもっとも広く読まれている"Manager Magazin"の1995年1月号に掲載された，ドイツの経営者に対して行われた，大学の評価に関するアンケートでは，この3校とも，企業にとって有為な人材を輩出する大学として人気が高いことは，注目すべきであろう．とくに，対象となった120校のうち，コブレンツ経営管理大学（オットーバイスハイム・ビジネススクール）は3位，ヴィッテン・ヘルデッケ大学は4位，ヨーロッパ・ビジネス・スクール・エストリッヒ―ヴィンケルは7位という大変な上位に名を連ねているのである．そこでの評価に際して経営者たちが判断要因としてあげている要素の上位5つは次のようなものである．

① 教育の，実務との関連
② 教育活動における教授たちの質
③ 大学の，企業とのコミュニケーション
④ 理論を教える際の質
⑤ 研究プロジェクトにおける協働

これらはすでに従来からのドイツの大学でもかなり実行，確立されているものであろうと考えられるのだが，ここでとくにこれらの要因が列挙され，さらに前述の3つの新しいビジネス・スクールが高く評価されていることを併せて考えると，ドイツの企業における経営教育も，ひとつの新しい傾向が現れていると考えられ，注目してゆく価値があるようである．

(小山明宏)

注

1) このような，国ごとの企業経営スタイルの違いについては，ホフステッド (Hofstede, G.)（1991）が包括的かつ基本的な研究である．
2) このような教育改革は，1990年10月の東西統一以後のさまざまな改革の一環として大がかりに行われたものである．ただし，ドイツの場合は日本と違って中央集権的な政治が行われないため，州ごとにかなり独立の教育制度を確立している．このため，州によって学校の名前や形態が若干異なることになる．
3) これは，経営学を専攻するドイツ人大学生に尋ねると，必ず返ってくる答えである．バイロイト大学経営学第Ⅳ部門での筆者のゼミナールに在籍した学生たちも，まさしく全員がこの返答であった．
4) ドイツの大学ではゼメスター（半年単位の学期）ごとに履修要覧と講義要項の合冊本が発行される．これはトリアー大学の"*Personal- und Studienverzeichnis 95*"による．
5) Praxis Bezogene Studien Form（実務に関連した学習形態）の頭文字をとったものである．
6) このような意味に対応するドイツ語はWeiterbildungであり，直訳すれば「一層の教育」ということになる．

参考文献

『ドイツの実情 1985』ベルテルスマン・レキシコテーク出版 1985年
『ドイツの現状 1993』ソシエテーツ出版 1993年
Drumm, H. J., *Personalwirtschaft*, Springer Verlag, 1989.
Hofstede, G., *Cultures and Organizations—Software of the mind*, McGraw-Hill, 1991.（岩井紀子・岩井八郎訳『多文化世界』有斐閣 1995年）
Koyama, A., *Eigenarten des japanischen Managements*. In: Schmalenbachs Zeitschrift für betriebwirtschaftliche Forschung 43,3 1991, pp. 276-285.
織田正雄・金森俊治『ドイツ・ビジネスガイド』有斐閣 1996年
Poensgen, O., *Der Weg in den Vorstand*, Die Betriebswirtschaft, 1982, pp. 3-25.
Rieker, J. & Risch, S., *Äpfel und Birnen, & Novizen aus der Provinz*, Manager Magazin 1/1995, pp. 126-146.
Universität Trier, *Personal- und Studienverzeichnis 95,* 1995.4
吉森賢『ＥＣ企業の研究――その発想と行動』日本経済新聞社 1993年
吉森賢「ドイツの経営者」高橋俊夫編『コーポレート・ガバナンス』中央経済社 1995年

本研究に関する現状と動向

　わが国では，ドイツの経営教育に関しては，前述のマイスター制度を取り巻く職業教育に関する研究がほとんどで，経営者育成や管理者育成という意味では，たとえば大学での経営学教育，そして大学卒業者への企業内教育に関する研究はほとんどないといって良い．そして，その理由が，本論で述べたとおり，日本とドイツでの「経営教育」に対する考え方の根本的な違いに起因するものであることは，容易に想像がつく．むしろドイツでは，大卒者へさらに企業内教育を行うというわが国の実態に，非常に注目してわざわざ紹介する，という，逆の強い傾向が見られる．すなわち企業内教育は，ドイツ人にとってはまぎれもなく日本的経営の重要な構成要素に映っているのである．したがって，ドイツの経営教育という分野でのわが国研究者による取組みも，おおむねせいぜい単なる紹介に終わることが多い．このことは，その背後にある発想として，ドイツでの「社内教育」から日本が新たに学ぶものは多くはない，という意見があるのではないかと思われる．

　ただし，管理者教育，経営者教育については，吉森（1995）に一部見られるような研究が少しずつ見られるようになってきている．いずれにしてもこのテーマは，国ごとの企業制度（トップマネジメント組織など）に大きく依存するものとなり，さらにそれは国の歴史や文化に左右されるものであるから，その部分だけ取り出して考察しようとしても，なかなか難しいものであることは事実である．

第11章　国際経営学修士教育の実際

国際経営

クロス・ボーダー・バリア

意思決定パターン　　語学教育　　地域研究

国際経営学修士（MIB）　　経営学修士（MBA）

異文化コミュニケーション

グローバル・トレード

世界市場

経営学を習得するには，大学院におけるMBA（Master of Business Administration：経営学修士）の学位を取得することが必須であるかのようにいわれるようになってから久しい．ハーバード大学大学院のMBAコースに代表されるような，ケース・スタディを中心とした教育を施すことによって，将来の管理者，経営者としての即戦力を養成することを目的としていることを想起することができる．

経営大学院（ビジネス・スクール）を出て，MBAの学位を取得することは，企業経営の実践の場における，将来有望かつ優秀な若手の登竜門として認知されてきたことは否めないであろう．わが国からも多くの学生が，あたかも出世の資格認定を受けるかのように，MBAの取得を目的にアメリカに留学した．無味乾燥な理論講義ばかりではなく，より実践的に，企業と市場のあり方，競争戦略の正否等について，ケースで学びシミュレートすることによって，短期間の内に現実に即応した経営理論（技術）を習得することがめざされた．それはまた，実業界から大学への要請でもあったといえる．人的資源開発のための時間とコストを削減することによって，いわゆる幹部候補生として，MBA学位保持者を受け入れてきたのである．しかしながら，すでに，MBAを取得すること自体が目的と化してしまい，成績だけは優秀であっても，実際の経営能力に欠ける例が散見される，という弊害がみられるようになってきていることもまた事実であろう．そうした時代の流れを背景として，各大学では，MBAプログラムの見直しが行われている．

以下においては，グローバルに展開する企業の経営戦略策定に適応するように，MBAのカリキュラムをさらに改善した試みの例を考察する．具体的には，アメリカのカリフォルニア州立サン・ディエゴ・ステート大学（San Diego State University：SDSU）のMIB（国際経営学修士：Master of International Business）コースの概要を考察対象としている．

ただし，何をもって国際経営というのか，という点については，国際経営にかかわる関心が高まれば高まるほど，諸説分かれるところとなった．ここでは，

SDSU におけるカリキュラムの構成をみることによって，国際経営教育のひとつのあり方を検証する．

1 IB (International Business：国際経営) 教育の必要性

1980 年代からグローバル・トレードの比率がますます高まっており，証券，通貨等の金融取引に代表されるような，国境を意識しないビジネスの市場が，好むと好まざるとにかかわらず，急成長している事実を無視することはできない．単に貿易取引に留まらず，地球規模のロジスティックスを念頭に置いた経営戦略の策定が必要となっている．こうした状況を踏まえて，より現実的な，国際市場に対応できる専門家を育成することが社会のニーズに合致すると想定したものが，SDSU の MIB プログラムということができよう．すなわち，グローバルな市場における経営者，ないしはさらに広く経営という視座に立脚することを主眼としている．企業成長の要請にともなって，その実践のための専門経営者を育成することは，いずれの企業にとっても急務であり，国際経営 (IB) の専門家の必要性を招来しているということができよう．

SDSU では，こうした事情を，ウェスティング・ハウス社のダグラス・ダンフォース会長（1992 年当時）の次の言葉を引用することによって，表している．

「一つの学問しか修めていない人では，企業のトップに立つことはできない．」(It will be very difficult for a single-discipline individual to reach the top.) さらに，AACSB (The American Assembly of Collegiate Schools of Business) によれば，企業活動のグローバル化の達成に必要とされる経営技術 (management skills) について，次のようにいっている．

「明日を担う企業リーダーは，ますます複雑化する多文化，多言語，グローバルな環境の下で，効果的かつ安定的に管理することができる者でなければならない．」(The Business leaders of tomorrow should be able to operate effectively and comfortably in an increasingly complex multicultual, multilingual, global environment.)

こうしたコンセプトを基にして，SDSUでは，語学と経営学との履修を組み合わせることによって，国際経営（IB）の枠組みをつくっている．現地における外国語としての英語を使うのではなく，自らが現地の言葉を使い，そこに根付いている文化を知ることによって，グローバルに活躍できる人間を排出することを狙ったものである．

2　世界市場の変容への教育の対応

ますます拡大するグローバル化現象に伴って，経営学の研究対象も多岐にわたってきていることは周知であろう．そうした趨勢に呼応して，SDSUのMIBプログラムでは，北アメリカ大陸（The North America Free Trade Zone），環太平洋地域（The Pacific Rim），ヨーロッパ（The European Community）という3つの大きな地域分けをして，それぞれの重要言語と考えられる言語を選択して履修することを通じて，文化とか地域性といったこと（クロス・ボーダー・バリア）に配慮しながら，経営の実践を可能にすることを想定している．その上に経営学のコア（中核）科目を履修することになる．

MIBプログラムの根底にあるコンセプトは，次のような5つに集約される．
(1) マネジメントの基本概念について，国際的に適応する能力を養成し，国際経営の概念と市場の趨勢を理解する能力を養成する．
(2) 企業内外の国際的な環境や組織の国際的な活動のあり方を知り，競争市場における経営実践を理解する．
(3) 外国語（対象とする現地語）の素養を高める．
(4) 個人としての経営能力，交渉力，リーダーシップ等についての能力を養うと同時に，クロス・カルチャーについての感受性や理解力を養う．
(5) グローバルかつローカルな戦略策定を行い，それらを効果的に達成する

能力を養成する．

こうしたコンセプトを現実に移し，将来の国際的なリーダーを養成するために，MBAとは異なったカリキュラムが用意されている．必然的に，異文化コミュニケーションを念頭においた，多岐にわたる視点をもつ（multi-focused）カリキュラムの構成とならざるを得ないことはいうまでもない．

基本的な構成は，

  経営学の基本的なコア（中核）科目を履修し，

  地域研究／文化研究と

  選択した外国語（現地語）の履修を必須とすることになる．

たとえば，日本語を専攻する学生は，きわめて初歩的な日本語の学習から始まり，日本語でビジネスの場に耐えられるようになることを期待されることになる．経営学のレベルは十分にMBAレベルであり，たんに日本語の流暢なアメリカ人であってはならないことが要求される．基本的な経営学理論を習得し，日本企業，ないしは日本そのものについての意思決定パターン（企業文化）までを理解して，たまたま日本語が流暢なアメリカ人専門経営者という域に達することを期待されている．そこまでのカリキュラム（前述のAACSBが出している経営学専攻の基準に合致）を消化することによって，MIBとしての本領が発揮されると考えられている．したがって，ある意味ではMBAのプログラムよりも負担が大きい．ただし，どの程度を負担と考えるかは，学生の自主性によって異なるわけであって，一概にはいえないことはいうまでもない．

3　MIBを支えるCIBER

SDSUには，CIBER (Center for International Business Education and Research：国際経営教育研究センター（サイバー））が付置されており，MIBのプログラムは，CIBERの管轄下にある．CIBERは，連邦政府の機関であり，

SDSU（すなわちカリフォルニア州政府）と連邦政府からの予算で運営されている．

CIBER は，SDSU と同様のセンターを全国 23 カ所にもち，1989 年に設立された．アメリカ教育省（The U. S. Department of Education）からの助成を受け，各地域の大学がその運営に当たっている．SDSU の場合には，言語学部と経営学部とが管理運営責任を負っている．MIB は，この CIBER によって認定されるプログラムとなっている．CIBER の目的にしたがって，MIB の基本的な概念を知ることができる．

(1) 外国語の習得と会計，財務，情報システム，経営管理，マーケティング等における国際的なトレーニングとを結合した研究教育を推進することによって，ひいては企業経営の現場における外国語（現地語）での専門能力を提供し，国際的な研究能力を教授し，上級の学位を授与することを企図する．

(2) 勉学の意欲のある者に対して，広くその機会を提供するものであり，国際的に容認される経営技術（理論），知識等の経営能力を開発，習得し易くするために，夜間部や夏期休暇中科目設置などの集中的な語学プログラムをもつ．

(3) 大学の外部との協調を考慮し，現在ないしは将来の国際企業と考えられる企業と協働して研究活動を行うプログラムをもつ．

(4) 経営教育面における国際的な研究を推進し，目的に沿って特化したカリキュラムをもち，アメリカ企業の国際市場での競争優位を招来するように策定される研究プログラムを推進する．

上記の(1)，(2)については，学生に対する教育の問題であり，(3)，(4)については，産学協働を視野に入れた研究の問題であるということができる．こうした学際的な発想による研究・教育は，共通認識をもつ学部レベルでの連携を必要とするものであって，ここではそれが，言語学部と経営学部との連携による運営ということになる．国際経営についての両学部の認識が一致して，はじめて

第11章 国際経営学修士教育の実際

可能なわけである．

　IB (International Business) の学部，大学院としては存在しないが，言語学部，経営学部いずれの学生であっても，IB に合わせた科目履修が可能となっている．それを可能にするために，CIBER の組織は，コ・ディレクター制を採り，両学部長がこれに就き，プログラム・ディレクターも両学部から選出された教授によって構成されている．いうなれば，MBA のプログラムのなかで，IB に特化した履修を選択することによって，MIB を CIBER が認定することになる，といっても過言ではない．

　ちなみに，SDSU では，経営学に関わる3種類の修士号を認定する．第1には，伝統的な経営学修士（MS: Master of Science in Business Administration）である．日本流にいうならば，かつての商学修士（MA: Master of Art in Commerce）のような理論研究に重点を置いたものと考えて良い．第2には，経営学修士（MBA: Master of Business Administration: 昨今注目を集めてきたケース中心に現実をシミュレートしながら，意思決定能力を高めるようにプログラムされたものと思えば良い）である．そして，国際経営学修士（MIB: Master of International Business: CIBER によって認定される）ということになる．

　なお，アメリカでは，経営学とか会計学といったいわゆる経営関連科目は，人文科学（ART）ではなく，科学（Science）として認識される．数学やコンピュータをはじめとする何らかの科学的手段を使いこなし，効率的な意思決定を行うことについて研究・教育している，理路整然とした科学としての体系を前提としているために，MS（修士）の学位となる．ちなみに学士は，BS (Bachelar of Science in Business Administration: 経営学士）である．さらに，SDSU ではその他のコースとして，社会人向けの特定プログラムである，MBA for Executives という学位も認定している．開設されているカリキュラム自体は，MBA の正規プログラムと大きく変わるところはない．

4 基礎となる語学と地域研究

　西ヨーロッパに目を向けたフランス語，ドイツ語，イタリア語，アジアに目を向けた日本語，中国語，東ヨーロッパを視野に入れたロシア語，ラテン・アメリカを指向するスペイン語のなかから，将来の研究目的にしたがって，言語を選択（Foreign Language Option）する．ただし，現実的には履修の偏りが明確にあり，西ヨーロッパ指向のフランス語（17％），ドイツ語（14％），ラテン・アメリカ指向のスペイン語（45％），アジア指向の日本語（15％）を選択する学生が多い．ちなみに，開設されているその他の言語については，イタリア語（3％），ロシア語（2％）中国語（4％）という実績となっている．（数字は，1992年時点の履修学生の比率実績を示す）

　スペイン語が他を圧倒的に凌駕している理由については，いくつか考えられる．まず第1に，メキシコと国境を接し，ヒスパニック系住民も多いという事実がある．SDSUの立地条件（カリフォルニア州サン・ディエゴ市）を考慮するならば，スペイン語を選択し，ラテン・アメリカ研究を指向する学生が過半に迫ろうとする比率をもつことも納得できよう．第2には，上記の立地条件の下で，小学校からバイリンガルの授業を受けてきているという学生も多くおり，他の外国語よりもスペイン語を流暢に使いこなせる者が多い．第3には，将来の市場としての南米に対する大きな魅力を感じている．等々をあげることができる．

　したがって，言語の履修比率とあいまって，地域研究のコースも決まってくることになる．基本的には，次のような言語と地域研究分野がセットになる．

1. スペイン語（主として，隣国メキシコとの北アメリカ自由貿易地域（North America Free Trade Zone）を意識している）
2. フランス語，ドイツ語（いうまでもなく，ヨーロッパを意識している）
3. 日本語（アジアにおける盟主たる活躍を期待されている言語を習得し，

文化を理解することを意識している．中国語専攻の学生の比率が，徐々に高まりつつあることも事実）

これは，基本的には，言語学部の学科分けに起因している．しかしながら，経済圏，文化圏としての大きな枠組みとなっていることもまた確かである．

学生たちは，いうまでもなくアメリカ人が中心であり，母国語としての英語のほかに，場合によっては，出身国の言語に大いなる親しみをもっており，すでにバイリンガル，場合によってはトリリンガルという学生も珍しくはない，という背景を考慮した上でのカリキュラムということになる．学生たちは，自分自身がもっとも関心をもっている言語について選択し，後述の経営学コア（中核）科目について開設される，各国語による講義を履修することになる．

地域／文化研究の分野については，前述のごとく，主として，選択した言語を使用している地域研究を履修することになる．

アジア（19％）

中央ヨーロッパおよび東ヨーロッパ（2％）

ラテン・アメリカ（30％）

西ヨーロッパ（49％）

＊（　）内の数字は，1992年時点における履修学生の比率を示す

この分野は，現地における言語を直接使用して，その文化的背景を知り，スムーズに現地の組織や人に溶け込むことを可能にする理解力を養成することを目的としている．ただたんに言葉ができるだけではなく，企業が立地する国の文化，民族，歴史等についても広く知ることによって，クロス・ボーダー・バリアを少しでも回避して，協働する専門経営者として成功するための準備過程ということになる．わずかな期間での履修であり，完全を期待することはできない．しかしながら，知識としてだけでも手がかりを習得することによって，MIBの価値を高めようという狙いがある．

5 経営学コア(中核)科目の履修

　会計学(Accounting), 企業法学(Business Law), 経済学(Economics)情報意思決定システム論(Information & Decision Systems), 国際財務論(International Finance), 国際経営戦略論(International Management & Strategy), 国際マーケティング論(International Marketing), 生産管理論(Production & Operations Management), 数理統計学(Statistics)の各コア科目に対して, それぞれ数科目が設定されており, 必須条件を満足して, 単位数を取得すれば良いことになる. 詳細は, 後述する.

　基本的には, MSやMBAのプログラムに基盤をおいているので, MSとMBAの履修カリキュラムについて, 先にみていくことにする. まず, MS (Master of Science in Business Administration) の履修要件は, 以下のようになる.

　財務会計論基礎理論(3) (Financial Accounting Fundamentals)
　管理会計論基礎理論(3) (Managerial Accounting Fundamentals)
　経済学基礎理論1(3) (Principles of Economics)
　経済学基礎理論2(3) (同上)
　数理統計理論(3) (Statistical Methods)
　　ないしは, 経営数学基礎理論(3) (Elementary Statistics for Business)
　企業法学(3) (Legal Environment of Business)
　財務論基礎理論(3) (Fundamentals of Finance)
　情報システム原理(3) (Principles of Information Systems)
　生産管理序論(3) (Introduction to Production and Operations Management)
　組織行動管理論(3) (Management and Organizational Behavior)
　経営戦略論(3) (Business Strategy and Integration)
　マーケティング論(3) (Marketing)

経営分析(3)（Calculus for Business Analysis）

＊（　）内の数字は，要履修単位数を表す

上記科目につき，コード♯600番台と700番台の科目を組み合わせて，履修単位を満足しなければならない．詳細は，本章の目的ではないので，省略する．

MIBの経営学コア（中核）科目は，MBAのプログラムから転用されるので，以下においては，MBAのカリキュラムを提示する．MBAプログラムでは，次のカリキュラムを消化することを要する．

財務会計論(3)（Financial Accounting）

管理会計論(3)（Managerial Accounting）

経営法環境論(3)（Legal Environment for Executives）

財務管理論(3)（Financial Management）

経営統計分析(3)（Statistical Analysis for Business）

経営情報システム（MIS）論(3)（Management Information Systems）

生産管理論(3)（Production and Operations Management）

組織管理論(3)（Management of Organizations）

組織行動論および人的資源管理論(3)（Organizational Behavior and Human Resources Management）

マーケティング論(3)（Marketing）

＊（　）内は，要履修単位数を示す

上記のコア科目について，最低21単位以上を履修し，かつグレード・ポイント3.0（B）以上の成績を残さなければならない．

さらに，下記のゼミを最低12単位履修することが必要となる．

国際経営財務論ゼミ(3)（Seminar in International Business Finance）

比較産業論ゼミ(3)（Seminar in Comparative Industrial Relations）

　ないしは，国際経営環境論ゼミ(3)（Seminar in World Business Environment）

国際経営戦略論ゼミ(3)（Seminar in International Strategic Management）

国際マーケティング論(3)（Seminar in International Marketing）

そして，次の研究コースから合計9単位を履修しなければならない．

ラテン・アメリカ研究コース（2科目6単位設置）

経済学コース（1科目3単位設置）

地理コース（2科目6単位設置）

歴史コース（10科目30単位設置）

政策科学コース（6科目18単位設置）

法学コース（7科目21単位設置）

これらすべてについて，横断的に履修することを要求するために，学生個人の履修計画について，経営学部長を座長とする研究論文委員会（Thesis Committee）による，指導管理が行われる．学生の便を図るため，経営学部の国際経営にかかわる専任教員と，ラテン・アメリカ研究にかかわるプログラムを担当する専任教員が少なくとも一人は，このメンバーに入っている．入学生は，自分の目的にしたがって履修計画を作り，MBA取得に励むことになる．

ここで，MBAの履修科目との相違をみることによって，MIBの本質を検証してみる．MIBの場合には，経営学コア（中核）科目，地域／文化研究，語学のそれぞれの分野から必要単位を取得しなければならない．

◎経営学コア（中核）科目（Business Core）

会計学（Accounting）

企業法学（Business Law）

情報意思決定システム論（Information & Decision Systems）

国際財務論（International Finance）

国際経営戦略論（International Management & Strategy）

国際マーケティング論（International Marketing）

生産管理論（Production & Operations Management）

数理統計学（Statistics）

上記のコア（中核）科目については，この分野に設置されている43単位中，

21単位以上を履修することを必要とする．

◎地域／文化研究（Regional/Cultural Studies）

　　アジア地域研究（Asia）

　　中部・東ヨーロッパ地域研究（Central and Eastern Europe）

　　ラテン・アメリカ地域研究（Latin America）

　　西ヨーロッパ地域研究（Western Europe）

　この分野に設置されている29単位中，最低20単位以上を履修することが必要となる．

◎語学科目（Languages）

　語学については，前述にもあるように，次のようになる．

　　中国語

　　フランス語

　　ドイツ語

　　イタリア語

　　日本語

　　ロシア語

　　スペイン語

　この分野に設置されている18単位中最低12単位以上を履修しなければならない．

　なおかつ，専攻ごとに設定されているコースの内，最低16コースを履修し，14コース以上のコース・ワークをこなさなければならない．ただし，経営学コア（中核）科目については，MBAコースに設定されているものと相互乗り入れとなる．

　MIBについても，インターンシップによる実績が単位認定される．インターンシップ（Internship）については，国際経営インターンシップ（3単位）として，各学期ごとに30名ほどを選抜し，アメリカ内外の国際企業や機関に派遣する．期間は受け入れ側の予定によって異なるが，通常，6～8週間の期

シラバス（講義要項）の実例

SAN DIEGO STATE UNIVERSITY
International Business
The College of ART and LETTERS
and
The College of Business Administration
(Center for International Business Education and Reserch ; CIBER)

International Business # 498
JAPANESE MANAGEMENT
"INTRODUCTION TO DOING BUSINESS IN JAPAN"

Fall 1994

TSUNEO LEO ONOZAKI
(VISITING PROFESSOR, CIBER)

CLASS : Wednesday 4 : 00-5 : 30 pm
ROOM : SS-2660
OFFICE : SS-2424
PHONE : 594-5309
OFFICE HOURS : 2 : 00-4 : 00 pm (M-F)
by appointment

OVERVIEW :
 The object of this class is aimed at understanding basic business administration theory, practical business concepts and concrete ideas regarding typical Japanese corporations'global activities in the world. Students will study and recognize significant fundamental concepts in corporate growth theory. There areexcellent growth strategies adapted by Japanese corporations for their global activities. These strategies, which directly influence corporate performance,
were developed out after careful global market analysis. This class will focus on the tools and skills utilized by such global Japanese companies and apply them under varying circumstance.
 It is essential for students to learn as many active technical Japanese terms as possible. These terms will be presented as necessary, through class discussions and handoutys.
 It is not required for students to have previous knowledge in management, accounting, finance, etc... Those who are interested in Japanese corporations' global business activities and/or how Japanese culture influences Japanese business practices, are welcomed to the class.

COURSE CONTENS :
 The first half of the course will focus on the basic business administration theory. The latter of the course will

第11章　国際経営学修士教育の実際　221

concentrate on case studies. The case studies will help each of you to become familiar with and understand Japanese corporate behavior and practices.

The course schedule will basically follow what is outlined, but changes will be made according to the students' progress levels. I will also consider discussing relevant topics that students express an interest in discussing.

CLASS SCHEDULE:

	Class	Topic
1.	9／7	INTRODUCTION * Basic terminologies found in the KAISHA * KAISHA's global market position —theoretical background to business behavior —corporate growth strategies —influences of Japanese culture. * Trend of decentralization.
2.	9／14	ORGANIZATION & DECISION MAKING SYSTEM * Japanese organization (SOSHIKI) * Decision Making System (ISHIKETTEI) * Influences of Corporate Structure in ISHIKETTEI.
3.	9／21	STRATEGIES & TACTICS * Corporate policy and/or motto (SHAZE or SHAKUN). * Influences of Management strategies on Corporate Policy and/or Motto.
4.	9／28	FINANCE & ACCOUNTING * Example balance sheet (B/S: TAISHAKU-TAISHOHYO) * Future business projection based on financial statements analysis
5.	10／5	MERGERS & ACQUISITIONS * Level of Acceptance of Mergers (GAPPEI) & Acquisitions (KIGYO-BAISHU): Ethical Concerns * Alternative mean of Corporate Growth: Strategic alliances (TEIKEI)
6.	10／12	INTERNATIONAL FINANCE, INVESTMENT MANAGEMENT * Status of Japanese Corporations * Utilization of International Financial Techniques by Japanese business
7.	10／19	GLOBAL ACTIVITIES * Resolving partnership issues between Japanese companies and their local partners

		* Future trends in agreements, alliances, partnerships, and joint ventures
8.	10／26	CORPORATE CULTURE * Management Style and Culture Background * Chinese Market and Korean Market
9.	11／2	MID TERM EXAMINATION
10.	11／9	CASE STUDY #1 Global activity : HONDA
11.	11／6	CASE STUDY #2 Joint Venture : Fuji Xerox
12.	11／23	CASE STUDY #3 U. S. investor attacking Japanese KAISHA : KOITO/T. Boon Pickens
13.	11／30	CASE STUDY #4 Small business activity : YAOHAN
14.	12／7	QUESTIONS (CATCH UP DAY)
15.	12／14	FINAL EXAMINATION

GRADING:
This course will be based on two examinations, a mid term examination worth 100 points and a final examination worth 100 points. Course grade will be assigned to meet the average 60% of all the examinations to get a credit. I may allow a paper concerning topics presented in class as an alternatiive for the exams. I will make my decision concerning this possibility prior to the Mid-Term.

TEXTS:
No special text books are required. Some review materials will be assigned as the course progress.

NOTES:
I will consider inviting some Japanese quest speakers to the class who work for a Japanese corporation or a joint venture business here in San Diego, in place of some of the above case studies, if possible. Unfortunately, this is not a confirmed possibility.

Students are able to request to change the above mentionedschedule by a written proposal. A lot of issues on Japanese management will be prepared for students. A possibility remains that a students' request to the class will be considered significantly if it appears for the sake of almost all the student's advantage.

（原文のまま）

間が見込まれている．ちなみに，サン・ディエゴ市は横浜市と姉妹都市の関係にあり，毎年数社は，日本語専攻の学生をインターンとして受け入れている．

また，フランス語，日本語，スペイン語を専攻する学生については，当該外国語による専門科目も履修できるようになっている（1単位）．経営学コア（中核）科目の中の特殊研究に該当する（詳細は，後述のとおり）．

6 現地語による授業についての私見

上記のように，MIBのコースには，選択した語学による専門科目の履修の機会が与えられている．主として，履修者の多いフランス語，日本語，スペイン語専攻の学生に対して開設されている（本稿は1992年秋学期から1996年春学期までの実績）．予算と担当可能な人間とを考慮し，担当者の専門領域である経営学，経済学，文化論，政策論などについて，適任者が担当することになる．かなりの語学力を基礎的前提とした専門知識の理解が必要となるので，将来のMIBたる人材か否かを判定するとともに，学生の関心を広めることを目的として設置されている．

1単位であるにもかかわらず，学生たちの意欲は大きく，通常は10名程度の履修登録者を想定しているにもかかわらず，1クラス20名程度になることも珍しくない．しかしながら，学生の語学レベルは，大きくバラツキが出るのが実状であり，どの言語についても，期待通りの成果を上げているとはいいがたい．以下においては，日本語による経営学講義のひとつの試みについて紹介する．

科目名：Japanese Management（コース♯498，♯798）

単位：1単位（各学期ごと）

履修資格：IBコースの日本語専攻学生

週1回（90分）

使用言語：立て前として日本語（実態は英語）

内容：経営学の基礎理論から，いわゆる日本的経営といわれる意思決定システムに関わる企業文化の問題までを幅広くカバーする．
（詳細は，例示したシラバスを参照願いたい．）

参考のために，例示したシラバス実例の概要を示しておく．シラバスとは，履修要項（Graduate Bulletin）とは別に，個別の講義について，担当教員が授業の概要を提示し，学生の履修計画に便を図る講義要項を指していうものである．例示したものは，次のような内容になっている．

講義名：Japanese Management (IB#498)
担当者氏名：Tsuneo Leo Onozaki
授業時間：水曜日，午後4時から5時半
教室：
研究室：
研究室電話：
オフィス・アワー：月曜日から金曜日，午後2時から4時（要予約）
　　　　　　　　（学生の質問，宿題その他の相談に応ずるための時間）
授業の概要：経営学の基本を理解する．企業成長論に則して，日本企業の
　　　　　　経営の実例を参照しながら，経営戦略を学ぶ．日本語の専門
　　　　　　用語を理解する．
授業の内容：ケース・スタディを通して，日本企業のあり方を理解する．
授業スケジュール：毎回の授業内容を明記．（わが国の大学に散見される
　　　　　　　　　ような，突然の休講はまずあり得ない．）
合格判定基準：すべての試験で，60点以上でなければ，単位認定しない．
テキスト：指定しない．毎回配布資料を使用する．
その他事項：授業の進捗状況に応じて，ゲスト・スピーカーを招くことを
　　　　　　考慮する．

学生は，シラバスによって個別に担当教員をたずねたり，関連科目との比較をしたりすることによって，履修計画を作ることになる．ちなみに，これは一

第11章　国際経営学修士教育の実際　225

般的な形式によるものであるが，たんなる一例であって，すべてが同じわけではない．

　このようなシラバスを前提として，集まってくる学生たちの目的意識は，きわめて明確なものがあり，何らかの形で，将来は日本とのビジネス，ひいてはアジアとのビジネスに関係したいと望んでいる者が多い．そのために，日本語を専攻し，言葉の壁を乗り越えようとしている．さまざまな人種，民族の背景をもつ学生たちの唯一の共通項は，日本語，日本人，そして何よりも日本そのものを知りたいという点にある．　しかしながら，日本語のレベルとしては，必ずしも統一されているとは限らない．なかには，学部時代から日本語を学んでいる者もいるし，大学院ではじめて日本語の勉強を始めた者もいる．しかも，カリフォルニア州という特殊性から，日系アメリカ人として，幼いころから日本語に馴染んできた学生もいる（今日では，世代を経て日本語のまったくわからない日系人のほうが圧倒的に多いが……）．また，両親のどちらかが日本人，ないしは日本に住んでいた経験があるなどさまざまな要因をきっかけに，皆同じように，日本語の初歩的な授業科目を履修してきたとしても，一律に高度な専門知識の授業を行うには，はなはだ心もとない状況にあることは否めない．

　とにかくしゃべることは良くできるが，読めない．日本語の専門用語を知らないために，理解ができない，といった問題点が出てくる．わが国に留学している学生たちの多くにみられる状況と近似しているといえる．日本語に限らず，スペイン語やフランス語による専門科目のクラスについても，同じことが問題となる．ただし，一般的な人口比からいっても，地理的特性，隣国，出身国による影響などを考慮しても，日本語専攻の学生ほどのバラツキは出てこない．

　たとえば，

　　　『おはようございます』

　　　『地下鉄の駅はどこですか』

等の会話がやっとできるようになった学生に対して，日本の経営学を日本語で講義しても徒労に終わるわけであって，幼稚園生に大学の講義を聞かせるよう

なことになりかねない．なかには，日本の大学へ留学した経験をもち，達者な日本語と専門知識を持ち合わせている者もあり，全体のレベルをどこにそろえるかという，現実的な問題にさらされることになる．

したがって，まず，株式，企業，組織等といった専門用語について理解することから始めなければならない．場合によっては，経営学コア（中核）科目の履修消化が遅れているために，英語での概念規定もおぼつかない学生まで履修登録してくる．当然，日本語での授業は成立せず，英語での授業に切り換え，日本語の専門用語を織り込んで解説していくという手段に頼らざるを得なくなる．クラスを成立させるための妥協として，英語で授業を行い，日本語の専門用語について教育することに徹するしかなくなるわけである．

また一方では，優秀な学生に引っ張られて，授業時間枠を超えて，ディスカッションが延々と続くということも珍しくない．そういう場合は，経営学というよりも，日本的な習慣とか日本人の行動様式の精神的な背景についての疑問が中心的なテーマになってしまうことが多い．歴史とか文化といった側面が強く，経営学の担当者には手におえない局面が生まれる．そういう問題になると，学生たちの日本語のレベルを超えていることは明らかであり，通常のクラス同様に，すべて共通言語としての英語の授業とならざるを得ないことはいうまでもない．英語を母国語としない担当者としては，たんに日本人であるという理由だけで，すべてを教えてもらおうという態勢でディスカッションしている学生たちに対応しなければならない，という苦境に立たされることになる．極論するならば，担当者には，専門領域についての業績以上に，日本や日本文化についての幅広い教養と深い理解が必要であり，それを外国語たる英語でディスカッションするに足る語学能力が要求されてしまうことになる．

MIBのめざすところは，現地語による国際的な活躍を期待するものであるわけで，担当者としては，現地語としての英語でクラスを指導管理することは，ある意味で，学生たちが将来おかれるであろう立場に立たされていることになる．MIBの基本コンセプトを地でいく必要に迫られる，ということである

(少なくとも，1992年秋学期から1996年春学期までの実態は，そうであった)．

7　若干の結語

　MIBの特徴は，グローバルに展開する企業の実情に合わせて，語学の教育を必須条件として，経営教育を行うところに見出せる．従来のMBAでは，各論の中に埋没してしまっていた国際経営の側面を，言語とか文化といった切り口によって，基礎的なギャップを解消しようとする試みということができよう．

　経営学そのものは，体系をもった科学として成立しているものと考えてよいわけで，その意味では，確かに普遍的な理論ということができる．また一方で，実践の学，あるいは実学といったようにとらえられて発展してきたものであることも事実である．現実をベースに理論構成されているのであるから，それをどのように現実に生かしていくかということが大きな課題であろう．たとえば，経営財務論などは，まさに数学という国際言語（技術）の分野といっても過言ではないほどに，世界に共通なものとなっている．したがって，それを知り，使いこなす意思決定者の見識が大きくものをいうことになる．異国における意思決定パターンの相違は，悠久の年月を経たしがらみに基づいているものであり，互いを知り，認め合うことから始めなければ，何事も成就しない道理であろう．換言するならば，MBAで洗練された経営理論や経営技術は，MIBとして世界各地にもたらされ，知識が共有されていくことが望ましい．そうすることによってはじめて，グローバルな市場に対応できるのではあるまいか．

　本章においては，SDSUにおけるMIBの教育内容の概要を考察したわけであるが，なかなか盛り沢山のカリキュラムである．履修し，最初の単位取得となった時から7年以内に，すべての要件を満足しなければ，MIBの学位を取得することができないシステムになっているので，若干の猶予はあるにしても，

通常の2年間でMIB学位取得に辿り着くことには，多少の困難を伴うことを覚悟しなければならない．学部卒までの間に，相当な語学訓練ができていることが望まれる．理論展開は，世界に共通な英語であっても十分可能であるかもしれないが，組織行動を伴う企業活動では，現地の言葉で，あくまでも人との信頼関係の上に，経営を実践しなければならないわけであって，学部レベルでの語学訓練が低水準であれば，MIBの神髄に迫ることは難しいといわざるを得ない．

第6節の日本語による経営学の授業の例のように，まだまだ初歩の外国語の域を出ることができないレベルに留まっているケースが多々みられることも事実である．語学教育と経営学教育を連携させようという発想は，時代の趨勢に合ったものといえ，評価に値するであろう．しかし，短期間に卓越した語学力を示せるような語学訓練の教育システム自体，あるいはその教授法について，さらにますます改善されていく必要に迫られているといえるであろう．

わが国においては，MBAのプログラムを採る大学院すらまだ少ない．しかしながら，社会のニーズは，MBAプログラムをベースにしたMIBプログラムを生み出しているという実情を知り，グローバルな市場におけるグローバルな企業活動にとって，どのような人材を育成していくべきなのか，という課題について考察してみる必要があろう．

MIBは，若干の問題点を抱えながらも，相対的には効果を上げ，社会に認知されてきている．SDSUのMIBたちが，一人ひとりの努力の結果，国際的な関係の中で仕事に就き，夢に近づいていることは，その良い証左といえよう．

（小野崎恒夫）

注

筆者は，1992年4月から1996年3月末まで，アメリカCalifornia州立San Diego State University (SDSU)におけるCIBER (Center for International Business Education and Research)のVisiting Research Scholarとして滞在し，日米合弁企業の調査研究に携わった．1992年8月より，SDSU経営学部Visiting

Professor を兼務し，MIB（Master of International Business：国際経営学修士）の授業（Japanese Management）を担当する機会を得た．当時としては，MIB という語感さえ耳新しく，大変に興味をもったことを記憶している．

　本章は，主として当時（1992年秋学期から1996年春学期）の毎年の履修要項（Graduate Bulletin），教授回覧・配布資料，および大学新聞等の SDSU 学内の資料などを参考にしてまとめたものであることを付記する．したがって，とくに参考文献としての掲示は行わない．

　なお，資料が古い部分については，文中に（　）にて注釈しているので，ご確認願いたい．

本研究に関する現状と動向

　国際経営学（International Business）に関する研究自体，どのような視座に立脚すれば良いのか，といった基本的な概念規定が明確ではない．貿易論の延長でとらえるもの，海外直接投資としてとらえる経済理論，多国籍企業の経営戦略としてとらえるもの，異文化コミュニケーションとしてとらえるもの，等々のさまざまなアプローチがある．いずれにしても，自国と進出現地との関係をいかにしてより良い関係にするかを，模索しているものであることはいうまでもなかろう．

　国際経営学修士（MIB）教育は，グローバルに展開する企業活動の現実に対応するようなカリキュラムを，構築する過程から生まれたものということができる．ケース・スタディを中心とした経営学修士（MBA）教育をより現実に近づけるために，語学教育と地域研究のもとに，経営学の基礎理論の習得を目指している．基本的には，現地の言語を使いこなすことによって，文化的な背景まで理解することに勤め，クロス・ボーダー・バリア（国境障壁）を少しでも低減することによって，企業経営の実際に寄与する人材を排出することを目指したものである．

　国際経営の場における教育カリキュラム自体が，未だ確立しているものとはいいがたい．しかしながら，語学（現地における言語の習得）をベースに置くことによって，完全回避とまではいかないにしても，進出現地に発生するであろうレジスタンス（抵抗感）を和らげることができるとの発想に基づいている．結果的には，互いを認め，補完する状況になることによって，国際的に容認される経営理論（技術）を駆使して，企業業績を上げることができると想定されている．

　たんなる経営学修士（MBA）教育ではなく，国際経営に特化したこうした試みは，グローバルに展開を続ける企業の人的資源開発の要請に合致したものであり，つねに現実を見失わずに，教育プログラムが見直されていく必要がある．語学をたんなるコミュニケーション技術として習得することは，比較的難しくない．時間と努力によって解決するものということができよう．しかしながら，自らを認めさせるためには，相手方を認めなければならない．そうでなければ，どちらがリーダーシップを取るにせよ，複雑な交渉など成立しない可能性が高くなる．クロス・ボーダー・バリアといわれるもののなかでも，法律や行政制度に基づくものは，解決方法が比較的容易に見つかる可能性が高いが，文化とか民族性に根差した課題などは，解決が難しい．

　本章における国際経営学修士（MIB）教育は，上記のような要件に適応することを考えているわけで，需要の拡大にともなって，教育システムの改善がますます進んでいくことが期待されている．あくまでも経営学教育のなかに語学教育を取り込んでいくという姿勢が必要であり，学際的な教育システムの構築が必要となることはいうまでもなかろう．

第12章　ビジネスゲームの経営教育

集中

創意工夫　全景鳥瞰能力

経営戦略構想法

タイムリーな意思決定　先制優位

実践

1 ビジネスゲームは経営実験

　ビジネスゲームは，企業モデル（模型）をつかって経営実験しながら，経営の学術・技術・芸術をみがく学習方式である．経営学のなかでもオペレーションズ・リサーチの学者とコンピュータのシステムエンジニアがチームをつくって開発した．当時はマネジメント・デシジョン・シミュレーションと呼び，仮説実証的なアプローチをする実験方式なので，経営科学（Management science）という学問の分野である．ゲームのように大変面白いことから，開発当初の1957年，マスコミが「遊びながら学ぶ経営の勉強法」とセンセーショナルに囃立て，その名がいつのまにか定着した．当時のアメリカでも，シミュレーションという用語は珍しかった．その後，まじめな教育に，お遊びは不謹慎という人びとも多く，余計な説得に時間がかかりすぎている．誤解のないように，日本語訳には「経営実験」「経営模型実験演習」が適訳である．ケースメソッドやロールプレイングなどと同じ経営の教育技法である．モデルをつかうところに特色があるが，ほとんどのモデルが大型コンピュータをつかうため普及しなかった．これからはパソコンの機能も充実し，インターネットのお陰で，さらに発展するであろう．

　参加者の過激な熱中には指導講師陣を慌てさせる．呼べども食事に来ない，夢中になって徹夜する，激論のあまりケンカになり仲裁に入る．学生の場合は，次の授業をすっぽかし，先生たちから白い目の反感がくる．またその反対に，大変照れくさい思いをさせられる．感動した叫び声，目から鱗が落ちた，などの絶賛の拍手がおくられる．残念なことであるが拍手は名講義をしたからではない．学習の参加者が自分勝手に反省し，学習する楽しさを表現しているのである．実験の成功に感激したり，失敗に悔しがったりして，学習に酔っているのである．熱中したり感激したりする学習は，他には見られない特色があるので，心理学者や教育学者と学際的な解明の必要性がある．

2 経営戦略の構想法

経営戦略を組み立て，考えをまとめる方法を構想法とし，その能力を構想力と呼ぶ．この方法と能力を教育するには，ビジネスゲームがもっとも効果的である．

① 経営環境の全景鳥瞰ができるようになる．とくに市場変化とライバルの動きを適度なサイズで観察でき，変化の方向をライフサイクルから，ほぼ予測できるようになる．また，決算書からライバルの資源上の制約を読みとり，ライバルの打つ手もほぼ推測できるようになる．

② 何度も好況・不況の波を経験し，ライバルの苦境逆境をもみて，ピンチやチャンスがわかるようになる．また，その前に，打っておかねばならない経営の定石やタイムリーな決定の能力を磨くことができるようになる．

③ 何期にもわたり，自他社のバランスシートおよび損益計算書を比較考料させられるから，はやく精通するようになる．

以上が主な能力開発であるが，これらを一度に訓練できるのはビジネスゲームしかない．ケーススタディでは理解は深まるが，対応できるところまでの訓練ではない．

(1) 戦略目標への一貫性

経営戦略を組み立てるには，戦略目標への一貫性（consistency）を重視する．目標への一貫性をつかって，全部門統合の役割を果たさせる．たとえば，成長目標をかかげているのに，減産されては品不足になり，売上げが伸びず，成長できない．また，利益目標をかかげているのに，拡販の値下げをされては，粗利が低下する．こんなチグハグな失敗をされては，早くも倒産の危機である．

(2) 経営の戦略目標は2つに絞る

経営戦略の目標は，究極的に絞り込むと，成長戦略目標と利益戦略目標の2つになる．バランスシートから見ると，成長目標は「企業規模の拡大」（設備

投資による総資産の成長）をめざすものである．しかし，売上げを拡大しなければ設備投資も無駄になるから，ポイントはマーケットシェアの拡大になる．よって売上高の拡大でもある．一方，利益目標は自己資本比率の向上，すなわち財務内容の実質的充実をめざすものである．よって経常利益がポイントになる．前者は一般には積極経営と呼ばれ，後者は堅実経営といわれる．

　なお，目標の比較設定基準は，日本にかぎらず欧米でも，昨年実績と比較して決めるのが一般的だが，世は大競争になってきたので，ライバル他社との比較で，以下の説明をする．

2－1．成長戦略（積極的・攻撃的・革新的・量的拡大などの性質を含む）
　　　　――積極経営

　成長（シェア拡大）目標とは，一時的に，利益を減らしても，ライバルよりマーケットシェアの拡大をめざす．収益性を犠牲にしても生産を増強し，値下げや拡販してライバルよりシェアを拡大し，売上げの増大を計り，増資や借金してでも資金調達を行うなど「経営規模の拡大成長」をめざす積極経営のことである．

　　＊増設・増産・増販・増資・増員を一貫して行う経営戦略のこと．先行投資のため，一時期は減益になるが，シェア拡大に成功すれば，大きな増益となる．

2－2．利益戦略（堅実的・守備的・保守的・質的充実などの性質を含む）
　　　　――堅実経営

　利益向上目標とは，一時的にシェアを落としても，ライバルよりも利益の向上を計り，自己資本の充実をめざす．シェアの低下を犠牲にしても，投資回収を計り合理化し，コストダウンをねらい，高価格を維持しながら経費も節約して，利益の向上を図る．配当を減配しても自己資本を充実し，「健全な財務内容」をめざす堅実経営のことである．

　　＊減速・減量・減産・減収・減配・減資を一貫して行う経営戦略のこと．投資回収に成功すれば，無借金経営となる．長期にシェアを落としつづ

けると回復がむずかしい．

3　経営戦略のタイムリーな意思決定

　これらの戦略構想はスタッフが事前に準備しておき，発動はトップの専断事項である．

　軍隊では，択一的な決定から量的な決定へ，最後がタイムリーな決定へとつらなる順序である．平たくいうと，「あれかこれか，どのくらいか，いつか」である．大変便利につかえる名言である．成長戦略か利益戦略か，どのくらいの投資額か，今か，早いかということになる．もっと簡略化すると「すすめ！と，止まれ！」(『呉子』治兵篇)である．これを当時では進止軌制といって，いまの経営学用語では意思決定のことである．古代日本で，この能力がもっとも優れていたのは，推古女帝であると『日本書紀』に載っている．聖徳太子の戦略構想が優れていたので，決断しやすかったのではあるまいか．参謀に人を得なければならないゆえんであろう．

　経営戦略のタイムリーな決定をライフサイクル戦略別に並べると下記のようになる．

3－1．成長戦略のタイムリーな発動

- 導入期の終り頃，新規需要の開拓のために発動する（成長期に入る前）
- 新製品開発および新市場開発のタイミングにあわせて発動
- 量産投資のタイミングにあわせて発動
- 成熟期に入る前，買替え市場に入る頃，シェア拡大作戦にあわせて発動
- 成熟期の中頃，他社が撤退作戦を決めるころにあわせて発動（寡占化戦略を展開）
- 不況期に準備し，回復期の中頃，好況対策として発動
- ライバルが増資をねらい始めた時（ライバルは利益戦略を展開する）
- ライバルの設備完成前，参入阻止戦略を展開する時

3－2．利益戦略のタイムリーな発動

- 好況期の絶頂の頃，不況対策として準備しておき，入ると同時に発動
- 増資による設備資金をまかなう時期，配当を増配する時期
- 投資の回収をする時期
- 撤収を決意した時期，撤退作戦を展開する前

結局，先手先手を打つことであるから，経営戦略とは環境変化の先取りを構想しておくことである．

4　パピルス航空機モデル

(1) 起業ロマンと自立心と創意工夫

パピルスは古代エジプトの草紙だが，ゲームにつかう小道具が，古い葉書の再利用であること，すでに開発したピラミッドモデル（新入社員用）の姉妹編であることから命名した．このモデルは，経営学を初めて学ぶ大学生のために，学問としての興味を深めさせたいとの意図と，将来，社長になりたいとのロマンをかきたてる意図を忍ばせておいた．大学生とはいえ，子どもっぽいところも残しているので，おとなへの自立心をあおり，義務感・責任感（遅刻欠席抑止）をつよく印象づけている．そのために，はじめのうちは，1人1社のゼロスタート起業にした．途中からは合併させて，グループの連帯とチームワークの重要性をも勉強してもらうことにした．

この授業の指導理念は，受身的な理解・学習よりも，積極的に状況判断し，その時々に必要な，知恵の働かせ方と創意工夫を体得させることに主眼をおいている．創意工夫の成果は，財務諸表のどこかに反映しているから，決算終了後，他社と比較しながら成功の秘密を発言させ，デミング賞やグッドデザイン賞で表彰し，強調することにしている．

(2) 道具だてを極力排除

お金のかかる実験装置や道具だて，時間がかかる前提条件やルール説明，間

違いやすい繁雑な計算などを極力排除した．審判や集計作業にアシスタントとパソコンが欲しいと思うこともあったが，30名以下ならいらない．1回90分授業で12回構成にした．

(3) パピルスモデルの学習目的

① 経営理念（社会的責任論）を理解・考案・実践する．

② つねに創意工夫の努力をする．その結果生みだされた「正当な利益」を計算する．

③ 財務諸表（バランスシート・損益計算書）の理解と計算をする．

④ 企業はヒト・モノ・カネ・情報を資源市場から調達し，創意工夫・努力を重ねて生産し，販売市場に売り出す．また需給市場競争全体構造の中に存在していることを鳥瞰図的に把握する．市場は刻々と変化していることをキャッチし，適応しなければ生きていけないことを実体験する．

⑤ 計画化・組織化・統制化のマネジメントサイクルと，生産・販売・財務活動のプロセスをマトリックスにしたフレームワークを理解・実践する．

⑥ 授業中に多用する経営学用語は以下のとおりである．

　＊組織図，本社，子会社，株主，代表取締役社長，専務，常務，取締役

　＊経営戦略，生産戦略，販売戦略，組織戦略，コストダウン戦略，価格戦略

　＊良品，不良品，品質管理，大量生産，量産効果，在庫，総資産

　＊マーケットシェア，広告宣伝，購買動機

　＊経常利益，売上総利益，営業利益，台当り利益，繰越利益，赤字，棚卸高

　＊損益分岐点分析，価格弾力性分析，問題発見，原因究明プロセス

第1週 授業計画表

週	学 習 目 的	備 考
	パピルス航空機モデル	
		ビジネス・シミュレーション前期授業
第1週	シミュレーション教育概論 パピルス航空機モデルの学習目的	授業計画表
第2週	経営理念 ● 経営の社会的責任論 ● 経営委託と誓約書の提出	収益性社会責任と公平な分配機能（仁義智礼信） 約束厳守
第3週	パピルス航空機の製造実験 ● 研究開発・試作指令 ● 飛行テスト	最優秀機表彰 全機飛行テスト
第4週	経営の成果（利益）と損益計算書 ● 損益計算書のしくみと決算演習1	業界ニュース1 損益計算書1
第5週	コストダウン戦略 ● 量産効果をねらう創意工夫 ● 決算演習2	半数製造・半数テスト 損益計算書2返却
第6週	品質管理（良品安定量産） ● 価格半値● コスト半減のカラクリ ● 創意工夫の利益	デミング賞表彰 業界ニュース2
第7週	企業合併（規模の効果）● 組織化戦略 ● 経営理念の旗の下に結集	社名・理念・組織図提出
第8週	販売戦略(1)広告宣伝 ● ポスターの制作(1)	ターゲットは女子高生 グッドデザイン賞表彰
第9週	バランスシートのしくみ（P／L表も変更差替え） ● 在庫棚卸資産の計上・決算演習3	業界ニュース3 バランスシート1～3
第10週	価格戦略と価格理論（販売予算・利益計画） ● 価格要因の追加 ● ポスター制作(2)	損益分岐点 価格弾力性
第11週	財務戦略と配当決定（財務健全性と自己資本比率） ● 決算演習4および財務諸表の整理	実験終了宣言
第12週	経営の業績評価（経営の社会的責任論からの評価） ● 学業成績の発表（レポート提出者加点・社長推薦者加点）	各社の業績比較表 原因究明プロセス アンケート用紙

第2週　経営理念

- 学習のねらい　経営理念　経営の社会的責任論　　　　　　所要時間30分
- 誓約書の説明と提出（同文の控えを学生に残す）

　会社に入社した時には，就業規則などもっと厳しい書類にサインさせられる．今回は100％子会社の下請け委託契約みたいなものにした．契約相手のパトリオは資本金150億の親会社で，後期授業のモデルだが，成績の悪い学生は，後期をご遠慮いただくという意味である．倒産とは資本金と現金を食い潰した時をいうが，2回欠席するとギリギリになる．多少の赤字はご愛嬌ともいえるが，松下幸之助は極悪人扱いをする．株主・国家・社会・従業員ほか多くの人を不幸にするからだという．悪意をもって倒産させたりしたら，社会反逆罪として，広東省やベトナムでは公開銃殺されるとのテレビ報道があった．収益性を高めた優秀な成績のチームは全員とも優をもらえるが，本当は失敗してレポートを書いた方が，学習効果は高い．なお，優劣を煽り立てるより，真面目にこつこつと努力している姿を世間はけっこう評価する．継続は力なりである．無遅刻無欠勤はすごい能力なのである．

　　　　　　　　　　　　　誓　約　書　　　　　　　　　提出用

㈱パトリオ・インダストリー・コーポレーション
　代表取締役会長（国士舘大学政経学部ビジネスシミュレーション担当）
　仲本英雄　殿

　　私＿＿＿＿＿は，御社の子会社パピルス社と資本金100万円を預かり，社長として粉骨砕身努力し，輝く会社にすることを誓います．さらに，下記の経営理念および目標と条件を実現する経営に努力し，万一業績を悪化させ，倒産するようなことがあった場合は必ず「原因究明の分析レポート」を提出し，その教訓を将来に役立てることを誓います．
　　1　利益を上げて，所有者の株主に，適正な配当をします．
　　2　利益を上げて，税金を納め，国家・地方自治体に，貢献します．
　　3　利益を上げて，従業員にはボーナスをあげます．
　　4　銀行には元本・利子を，原料納入者には代金を，とどこおることなく支

　　　　払います．
　5　約束した納期は絶対に守り，信頼を失うことはいたしません．（時間厳守）
　6　無断欠勤はいたしません．欠席して納品できない場合は違約金30万円を払います．
　7　公害廃棄物などを散らかすことなく，地域環境の美化につとめます．
　8　つねに創意工夫を重ね，よりよいパピルス航空機の製造事業を通じて，人類文化の発展に寄与することを誓います．

＊次週の持参品：使用済みハガキ2枚（または約 15 cm×10 cm の古紙2枚）
　　　　　　　　忘れた場合には賃借料がかかる．
＊カッターナイフの使用は禁止するが，はさみ・定規・セロテープの使用は自由．

第3週　パピルス機製造実験

学習目的　研究開発・良機納品（時間厳守）

　　　　　　　　　　　　　　　　　　パトリオ・インダストリー購買部長
　　　　　　　　　　パピルス機の研究開発・試作指令
　1　パピルス航空機を研究開発し，2機試作製造して，飛行テストを受けよ．合格機は1機20万円で買取る．研究開発・試作製造の所要時間は各10分間（＊2機のスタイル・デザインは違っていてもよい．）
　2　機の全長は8 cm以上とする．3 m以上の安定飛行をしないものは不合格とする．
　3　材料は使用済みハガキ（同等大の古紙）とセロテープのみ．
　4　テスト機の翼に，製造者の氏名と学生ナンバーを記入しておくこと．無記名の時は納品したことにはならない．よって売上げにもならない．
　6　早期納品（飛行テスト）特別優遇制度
　　　締切り間際の駆け込の納品は，混雑による損傷事故が予想されるので，注意のこと．
　7　テスト飛行の検査室は2〜3室あり，混雑してないところを選ぶこと．
　8　廊下・階段でのテスト飛行の訓練を禁止する．また，ほかの授業に迷惑をかけたり，違法投棄をした場合，即刻機材を没収し製造契約を取消す．悪質な時は社長の地位を剥奪する．（運輸省航空局・通産省産業局の通達）
　9　テスト飛行は，検査官の指示に従うこと．

10 テストは1機1回かぎりとし,2機ともテストを受けること.不合格機を手直しして再テストはできない.失敗原因究明のために持ち帰りたい時は検査官の認可が必要.許可なくしてその機に触れることはできない.
11 検査官から「検査済み証」と「損益計算書」(提・控2枚)を受取り,教室に戻ること.
12 設計に誤りはないか? 製造にミスはないか? 反省のメモをしておくこと.
13 周囲の人達とも情報交換をしながら,次回の計画をたてること.
14 試作にかかった費用の計算をし,決算「損益計算書」をつくって提出すること.
   ＊材料費・労務費・販売費一般管理費は,各々10万円とする.
15 最優秀研究開発試作賞 1人,佳作入賞者2〜3人を表彰するから,開発の苦心談を考えておくこと.
16 講義コメントを聞き終えたら,質問をして,次回へのヒントをつかんでおること.

第4週 経営の成果(利益)と損益計算書

学習目的　飛行テストの公表(業界ニュース1)　　　　　　　　30分
　　　　　損益計算書のしくみと決算演習1　　　　　　　　　　40分

パピルス業界ニュース(第1号)

1 飛行テストの成功率は59%(181機中107機)
   航空当局の発表によれば,検査をうけた試作機は181機,そのうち安定飛行に成功したのは107機(59%)で,失敗は74機(41%)であった.
2 デザインタイプ別に見ると2機種で「折り紙タイプ」が172機と圧倒的に多く,「模型タイプ」は9機(5%)と少なかった.さぞや斬新なスタイルが登場するものと期待した航空関係者を落胆させた.さらに悲劇的だったのは,そのほとんどが墜落し,1機のみしか合格しなかったのである.

	成功機 (%)	失敗機 (%)	
折り紙タイプ	106機 (62)	66機 (38)	計172機
模型タイプ	1 (11)	8 (89)	9
	107 (59)	74 (41)	181

3 業界のコンサルタントによれば,コストも安く,製造法も慣れている「折り紙タイプ」が主流になるだろう.利益競争がつづくうちはしかたがない.

いずれ成長期も終わるから，その後新機種開発合戦になって，そのときは「模型タイプ」も売れる時代になるだろう．
4　最優秀パピルス機　表彰　中山　雅之君　　　　　　　　　賞金30万円
　　　　　　　　　　　佳作　伊沢　貴仁君　　宇佐美誉子君　同10万円

第5週　コストダウン戦略

学習目的　量産効果をねらう創意工夫　　　　　　　　　　　20分
　　　　　損益計算書（第2回目の決算）　　　　　　　　　　20分
　　　　　　　　　　　　　　　　　　　　　　（飛行テスト20分）

コストダウン指令

今週のスローガン
　　よりよいものを，より正確に，より安く，
　　（性能・美）　　（良品）　　（コスト）
　　より多く，より早く，より安全に，より美しく
　　（大衆）　　（能率）　　（危険防止）　（環境美化）

1　パピルス機のフルコストを創意工夫して半減せよ．（1枚から何機製造できるか）
2　パピルス機の買上げ価格は，良品1機につき前週の半分10万円とする．
　　良品とは全長8 cm以上・3 m以上直方向へ安定飛行したもの．
3　材料は古ハガキ2枚10万円，労務費10万円，販管費10万円．
4　損益分岐点は何機か？　損益がトントンになる売上高と機数は？
5　飛行テストは製造数の半分で検査する．よって製造も半分にする．1枚の板から何機製造できたか実物を，残り1枚は未加工のままの製図を検査する．検査室には製造機と製図を持参のこと．なお，売上には良品の2倍を計上できることとする．（製造時間と検査時間の節約のためのルール）
6　デミング賞（良質量産した会社の表彰）を設ける．（不良率最小・コストミニマム）

＃飛行テスト　即刻開始します．（すでに製造してきた人のために）　　20分
＃決算作業　　第2週目の損益計算書を必ず提出のこと（出席カード代わり）
　　　　　　　　　　　　　　　　　　　　　　　　　　　　　　20分

第6週　品質管理（良品安定量産）

学習目的　価格半値・コスト半減の要因（世界一の工業化に成功した秘密）
10分

創意工夫の利益（全社比較）　30分

社長の立候補および推薦（発表は来週），業界再編成の準備 20分

パピルス業界ニュース（第2号）

1　業界は大増産（前週より233％）．187機→432機
2　良品成功率は前週より4ポイント好転．（成功率59％→63％）
　　＊良質量産を奨励したデミング賞（品質管理向上運動）の効果があった．（不良率減少した）
3　コストダウン戦略はほぼ成功した．（量産効果大成功）
　　フルコスト（材料＋労務＋販管費）の30万円は前回と同じなのに生産数が2.33倍になったので，15万円／台から6.4万円／台となり，半減以上できた．（量産効果）

飛行テスト検査報告資料

生産計画 〔1人が2枚の板で〕	テスト数（　）内は業界比	良品成功率	失敗率
4機製造（40人）	80機（37.0％）	61機（76％）	19機（24％）
5機　〃　（2人）	6機（2.8％）	5機（83％）	1機（17％）
6機　〃　（20人）	59機（27.3％）	30機（51％）	29機（49％）
7機　〃　（0人）	0機（0％）	0機（0％）	0機（0％）
8機　〃　（18人）	71機（32.9％）	41機（58％）	30機（42％）
合計（80人）	216機（100％）	137機（63％）	79機（37％）
全生産機数は2倍した432機とみなす（テスト半数）			
（前　回　成　績）		59％	41％

4　業界各社の経常利益は少し好転したもよう．しかし利益格差は開いた．
経常利益別事業数
● 大赤字事業者数　　（△90万～△70万）　　6人 ⎫
● 中　〃　〃　　　　（△60万～△40万）　　20人 ⎬　46人（47％）
● 少　〃　〃　　　　（△40万～△20万）　　20人 ⎭

- 少黒字 〃　　　　　　　（0万〜20万）　41人 ⎫
- 中　〃　〃　　　　　　（30万〜50万）　 8人 ⎬　53人（53％）
- 大　〃　〃　　　　　　（60万〜70万）　 4人 ⎭
　　　　　　　　　　　　　　　　　　　　98人　　（登録99名）
　　　　　　　　　　　（行方不明者）　　 1名
5　デミング賞　　中村功一君

第7週　企業合併と組織化戦略

学習目的　規模の効果と単純化・標準化・専門化の3S　　　　　　　10分
　　　　　わが経営理念の旗の下に集まれ（社長候補の発表）　　　　20分
　　　　　合併交渉（バランスシート提出および役職希望交渉）　　　20分
　　　　　組織編成（組織図の提出）　　　　　　　　　　　　　　　30分

　　　　　　　　　　　　　組　織　編　成　　　（組織図を提出のこと）
1　次週から役割業務を分担して，同時に別々な作業を行う．（協業させる責任
　　は社長）
2　社長は人事担当に命じて採用，配置を行う．（10名〜11名ぐらい）
3　役割分担する職務内容

- 生産担当：パピルス航空機の製造（生産機数は当日の出席数に比例）
- 研究開発兼パイロット：飛行テスト及び次期機種の設計デザイン
- 販売担当：販売企画・訪問セールス・広告宣伝の業務を行う
- 財務担当：資金調達，決算（損益計算書・貸借対照表の作成），原価計算
　　　　　　（1台当たりの利益及び損益分岐点）
- 人事担当：採用，昇進，昇格，配置転換，給与ボーナスの資料づくり
　　　　　　（決定は社長）
- 企画調査：社長が必要とする情報の収集．長期計画づくり（今回は社長
　　　　　　からの特命事項，経営理念の清書，採用の手伝いなど）

第8週　販売・製造実験　宣伝ポスターの制作

学習目的　創意工夫してポスターを制作し,販売促進活動の実践を学ぶ 30 分
　　　　　役割分担のチームワークが必要．統合するのがリーダーシップ
　　　　　　　● グッドデザイン賞最優秀ポスターと順位決定人気投票　30 分
　　　　　　　● 飛行テストによる減点（公開販売量判定）　　　　　　20 分

販売戦略 (1)　広告宣伝

　今日の授業は「広告宣伝キャンペーン」を展開する．したがって,販売担当になった人達が主力になるが,他の役割を担当する人達も,同時並行して下記の仕事をすすめ,我が社のパピルスを一機でも多く売るために協力すること．全員を一致協力させることが社長の仕事である．

1. 企画調査担当：社長はじめ全役員が必要とする情報を,収集・分析し,提供するサービスを行う．
2. 研究開発担当：テストパイロット：全長 8 cm, 5 m 以上安定飛行するパピルス機を設計し,テストパイロットを務める．
3. 人事担当：本日の出勤者数を確認し,さらに生産可能数を確定し,これを社長・本社・製造・財務へ報告する．
4. 財務担当：材料費（生産機数×2.5 万円）,労務費（在籍数×10 万円）,販売費一般管理費 80 万円（固定費）を計算し,予算を立てる．（予想売上高・利益を算出）
　　　　　　販売台数の確定後は,決算を行う．（損益計算書・貸借対照表を計算）
　　＊　決算は勉強のため全員が行うが,正式文書の保管と株主総会報告を行う．
5. 生産担当：テスト飛行をするパピルス機を 2～4 機製造する．（生産数の 10 分の 1, 小数点一位を四捨五入,24 機なら 2 機,36 機なら 4 機）
6. 販売担当：我が社のパピルス機を,より多く売るためのポスターを制作せよ．
　　　　　● キャッチフレーズ・デザイン・色彩から判定する．
　　　　　● 今回のターゲットは女子高校生とする．
　　＊判定は人気投票とする．第一位は 100％完売,最下位は生産数の 60％を販売できたことにする．ただし,この後で飛行テストを行い,不合格 1 機につき 5％ずつ上記から販売数を減らす．不合格機はオシャカにして

原価に計上し、損金となる。在庫にはならない。なお、良品で売れ残ったものは在庫としバランスシートにのせ、翌月に売ることができる。
＊すべての判定が終わったところで、全員で損益計算書とバランスシートを計算する。

第9週　バランスシートのしくみ

学習目的　バランスシートと在庫棚卸高
　　　　　損益計算書も在庫計算の入ったものに差替え
　　　　　業界ニュース3は新社名・経営理念・合併秘話など（省略）

前週ルールにより、売れ残った在庫は棚卸資産としてバランスシートにのせることになった。よって、損益計算書の製造原価は売上原価にかわり、期首棚卸高と期末棚卸高が追加される。バランスシートの推移は下記のようになる。

①スタート時のバランスシート（1人1社）

資産の部	負債資本の部
現金 100	資本金 100万円
計　100	計 100

②合併時のバランスシート（11社合併）

資産の部	資本の部
現金 1350	資本金　1100万円 繰越利益 250
計　1350	計 1350

③在庫発生時のバランスシート

資産の部	負債資本の部
現金　　ＸＸ （＝前期現金 　－材料費 　－労務費 　－販管費 　＋売上高） 棚卸高ＸＸＸ	資本金ＸＸＸＸ 繰越利益　ＸＸ 経常利益　ＸＸ
計　ＸＸＸＸ	計　ＸＸＸＸ

なかには赤字会社ばかり6社しか集まらず、しかも赤字合計は270万円、現金230万円からスタートした合併会社もあった。

＊決算演習3　　　　　損 益 計 算 書
(単位万円)

		A	B	C	D
売上高	良機販売台数（機）	（　）	（　）	（　）	（　）
売上原価	期首棚卸高				
	材　料　費				
	労　務　費				
	（期末台数・機会損失）期末棚卸高	（機）	（品切）	（品切）	（　）
	当期売上原価				
売 上 総 利 益					
販売費・一般管理費					
営 業 利 益					
営 業 外 損 益					
経 常 利 益					

1機当り製造原価（円）

第10週　価格戦略と価格理論

学習目的　価格戦略と価格弾力性　　　　　　　　　　　　　　　15分
　　　　　販売予算・利益計画・ポスター制作・価格決定（製造なし）　60分
　　　　　ポスター1に対して価格3倍のウエイトで販売量公開判定　15分

―――――――――――――――――――――――――――――――――
　　　　　　　　　　　販売戦略（2）　価格戦略
　どんな製品でも，お客さまに買ってもらってはじめて売上高に計上し，結果として利益になる．売れない限り企業は存続できない．よって，お客さまは神様という金言が，もてはやされる．価格理論は経済学にもマーケティングの学問にも基本的な理論として登場してくるから，学生にはとくに重要なものであ

る。また、マルクス主義・共産主義が崩壊したのも、価格メカニズムを否定したからであることは、市場経済への移行をみても明らかである。価格はあらゆるところに関係し、考えのおよびもつかない人の命まで換算してしまう。

適正価格、不当価格、競争価格など沢山の用語が氾濫し、今日では価格破壊なども叫ばれ、国際価格が極めて身近な問題となっている。とくに企業とお客が直結する問題として5つ上げておきたい。また、経営の成果を社会還元するとき、安売りという手段で、お客に優先して分配してしまう問題としてとらえる。

1　適正価格　フルコストに利益・税金・配当まですべてのせた価格（企業からの適正）
2　競争価格　ライバルとの競争上有利となる価格（目玉商品の価格設定）
3　換金価格　在庫処分セールや資金繰りの必要から投げ売りする価格
4　需給価格　需給均衡価格、とくに価格と需要との数理関係を把握する価格
　　　　　　　　　　　　　　　　　　　　　　　　　（価格弾力性分析）
5　経営理念実現価格　経営者の哲学理想を実現しようと創意工夫する価格
　　　　　　　　　　　　　　　　　　　　　（例として松下電器・ダイエー）

学習の進め方　皆んな同時並行して進めること
価格弾力性分析
　第1週から2週にかけて、価格を半値にしたところ、需要（販売量）は233％も増えた事実をとらえて、価格弾力性を計算すること。

$$\frac{需要の変化率}{価格の変化率}=\frac{432-187機／187機}{10万-20万円／20万円}=\frac{233\%}{50\%}=4.66$$

　弾力性が4.66以上あることの意味を理解せよ。今週からはじまる価格要因追加にどのように活用するか？

　ポスターに価格を入れ忘れたチームには、30％〜50％のお客が当社の安売りを知らないで、他社のものを買ってしまうことがありうる。

　ポスターのターゲットは「オバさま族」とする。

　価格決定する前に、売上予想、利益計画、損益分岐点を必ず計算させること。

第11週　財務戦略と配当決定

学習目的　財務健全性と自己資本比率の意味		10分
決算演習4		20分
配当の決定		20分

グループ討議「わが社の長所と短所それぞれの原因」　40分
- 予告　株主総会用の答弁書を作っておくこと

第12週　経営の業績評価

学習目的　経営理念と社会的責任

具体的な評価項目は下表のとおり

＊環境美化については，監督官庁から産業廃棄物不法投棄の勧告書をもらっていたら×印をつける．なければ一応○．
＊1位◎，2〜3位◎，4〜6位○，7〜8位△，最下位×
＊財務諸表から数字を拾っておくと順位をつけやすい．

総合性は単純に○の合計から△は－1，×は－3として総計する．そうしてから，6位までは上と同じに○をつけるが，7位以下はよく頑張った，勝負は時の運ともいえるし，将来性を買って○とつけることが肝要である．間違っても×印はやめたほうがよい．

♯最後が学業成績の評価であるが，上位が優，中位が良，下位が可となる．

経営の成績評価（前期）

	チーム	A	B	C	D	E	F	G	H	I
経営性	成長性（売上高）万円	◎	○	○	◎	◎	△	○	×	△
	健全性（経常利益）	◎	○	△	○	◎	×	○	△	△
	組織性（出勤率）	○	◎	○	○	△	×	◎	△	◎
	経営理念（目的）	×	○	○	○	○	○	○	○	○
経営株主	配当	◎	○	△	○	○	×	◎	○	×
	総資産	◎	◎	○	◎	×	◎	△	△	

の社会性〈貢献〉	従業員	給　　　　与	○	◎	◎	◎	◎	○	○	△	△
		生産性（製原/機）	◎	○	○	○	○	×	○	×	◎
	政府自治体（税金）		◎	○	△	○	○	×	○	△	△
	お客様	廉　　　　価	×	◎	◎	○	×	◎	○	◎	◎
		マーケットシェア	△	◎	◎	○	○	△	○	×	△
	関係会社（材料）		○	◎	○	○	○	△	○	△	○
	環境美化への配慮		○	×	×	○	○	×	△	×	○
経　営　の　総　合　性			◎	◎	○	◎	○	○	◎	○	○
学　習　効　果　性			(B)	(A)	(B)	(A)	(B)	(C)	(A)	(C)	(C)

＊総合成績3位以下のチームで，社長を除き，学業成績のランクアップを目指したい人はレポート提出．（提出〆切は7月1日まで）

＊人事部長を務めた人は社長に対して「会社に貢献した人の考課表」を提出のこと．社長はパトリオ本社へ提出のこと．

(仲本英雄)

参考文献

Kibbee, J. M. Craft, C. and B. Nanus, *Management Games*, Reinhold 1961.（植木繁・磯貝憲一共訳『マネジメント・ゲーム』日本能率協会　1962年）

藤田忠・仲本英雄・柴田総一・塚越寿男『経営シミュレーション』中央経済社　1970年

Alfred D. Chandler, Jr, *Strategy and Structure,* MITpress, 1962.（三菱経済研究所訳『経営戦略と組織』実業之日本社　1967年）

リデル・ハート著（森沢亀鶴訳）『戦略論（上・下）』原書房　1971年

宮川公男『意思決定の経済学ⅠⅡ』丸善　1968年

アンゾフ, H. I. 著（広田寿亮訳）『企業戦略論』産能大　1969年

大河内暁男『経営構想力』東京大学出版会　1979年

コトラー, P. 著（村田昭治監修）『マーケティングマネジメント』プレジデント社　1983年

河野重栄編著『マネジメント要論』八千代出版　1994年

小林薫編著『海外企業の社是社訓』日本生産性本部　1991年

ポーター, M. E. 著（土岐坤他共訳）『競争優位の戦略』ダイヤモンド社　1985年

百海正一『ビジネスゲーム(1)』神奈川大学商経論叢　第32巻第2号　1996年9月

本研究に関する現状と動向

　ビジネスゲームが大学および企業研修で使われて以来,長い年月が経過した.ビジネスゲームは企業モデルを使った経営実験にある.経営教育の基本は経営実践にあるところから,このビジネスゲームによる経営教育の方法はアメリカではもちろんのこと日本でも利用されている.

　今日,パソコン機能の充実およびインターネットの進展により,ビジネスゲームの飛躍的展開があると期待される.ただし,ビジネスゲームは,経営実践の代役を果たす役割をもっていると考えると,実際のインストラクターを含めた経営教育の現場での討論は重要となる.これらの模擬である経営実践の場が重要であると考えている.

　本章では,著者は経営戦略を組み立て,その能力開発として構想力の開発を考えた.ここでは,この経営能力の開発のためのビジネスゲームの重要性と効果を重視しているのである.

　ビジネスゲームによる経営教育の将来としては,ますます盛んになると予想されるが,そこで教材として使われるビジネスモデルの開発には新たな経営環境(対ステークホルダー)問題を取り込んだものが要求されよう.

索　引

あ　行

ROI（投資収益率） ……………47
ISD モデル ………………………51
ITS ………………………………56
アメリカ経営学 ……………………2
アメリカの会計教育 ……………123
異業種交流 ………………………17
意思決定能力 ……………………10
意思決定パターン ………………211
一般現業社員 ……………………177
イノベーション …………………5
イベント・スタディ ……………34
インテリジェント・チュータリング・
　　システム（ITS） ……………56
インフォーマルな組織構造 ………4
インベストメント・バンキング …188
営業管理者 …………………134, 150
営業管理職能 ……………………137-8
営業スタッフ部門 ………………138
ATI ………………………………55
SD …………………………………97
MIB ………………………………208
MBA ………………………………208
MBO →目標管理 …………………30
OJT ………………52, 93, 97, 144, 191
Off-JT ……………………………97, 144

か　行

会計事務所 ………………………123
会計職業 …………………………124
会計担当者 ………………………117
概念的スキル ……………………26
学習効果 …………………………52
学校教育 …………………………88
カプラン …………………………116
観光事業 …………………………170
監査役会 …………………………189
監督者 ……………………………32
監督役会 …………………………189
管理会計システム ………………116
管理技法 …………………………25
管理者教育 ……………………25, 33
管理者像 …………………………32
企業会計原則 ……………………111
企業家 ……………………………64
企業家活動 ………………………64
企業家機能 ………………………67
企業家的な経営機能 ……………67
企業家的な経営者 ………………70
企業家的な社会的能力 …………77
企業家的な生活様式の能力 ……77
企業家的な組織的能力 …………77
企業価値創造 ……………………11
企業価値創造経営 ………………34
企業内教育 ………………135, 191
企業文化 …………………………28
技術的スキル ……………………26
季節労働者 ………………………42
ギブソン（Gibson, C.） …………159
教育訓練 …………………………49
教育訓練計画 ……………54, 56, 59
教育訓練計画書 …………………52
教育訓練ニーズ分析 …………55, 57
教育訓練評価 ……………………60
教育計画 …………………………52
教育システム・デザイン・モデル　51
教育ニーズ分析 …………………51
教育評価 …………………………56
業績結果 …………………………6

業績目標 ……………………………6
協調関係 ……………………………76
共同決定法 …………………………189
キーン（Keen, P.）…………………158
グローバル経営者 …………………8
クーンツ（Koontz, H.）……………2
KAE の原理 …………………………2
経営学修士 …………………………213
経営教育 ……………………………3
経営原理 ……………………………3,13
経営行動基準 ………………………24
経営参加 ……………………………190
経営資源の管理 ……………………182
経営実験 ……………………………232
経営実践学 …………………………3
経営者 ………………………………7
経営者教育 …………………………33
経営スタイル ………………………71
経営戦略 ……………………………233
経営創造 ……………………………10
経営体の維持機能 …………………34
経営道 ………………………………3
経営能力育成 ………………………9
経営のグローバル化 ………………12
経営美 ………………………………3
経営力 ………………………………24
計画化 ………………………………3
契約社員 ……………………………42
経理担当者 …………………………117
ケース・スタディ …………………208
堅実経営 ……………………………234
構想力 ………………………………233
国際 HRM プロセス …………………45
国際会計基準 ………………………120
国際経営学修士 ……………………213
国際言語 ……………………………227
国際マーケティング ………………140

ゴシャール（Ghoshal, S.）…………46
個人分析 ……………………………51
個別的経営教育 ……………………14
コーポレート・カルチャー ………28
コマーシャル・バンキング ………188
コミュニケーション ………………5
コンサルティング・バンキング …188
コンピュータ支援による教育（CAI）
　……………………………………56
コンピュータリテラシー …………156
コンベンション ……………………113

さ　行

最高意思決定機能 …………………35
座学形式 ……………………………52
産出量標準 …………………………6
サン・ディエゴ・ステート大学 …208
CAI …………………………………56
GM ……………………………………181
CDP …………………………………98
GDSS ………………………………120
資格社会 ……………………………195
時価主義 ……………………………115
事業の再構築 ………………………2
自己啓発 ……………………………9
市場理論 ……………………………12
実践経営学 …………………………2
指導化 ………………………………5
資本コスト …………………………11
シャイン（Schein, E. H.）…………28
社員像 ………………………………93
社会教育 ……………………………88
社長 …………………………………33
社内教育推進委員会 ………………93
社内教育 ……………………………135
社内の企業家活動 …………………65
シャーマーホーン
　（Schermerhorn, J. R.）……………3

集権適応型 ……………………47-8
生涯学習 ………………………89
生涯教育 ………………………88
上級管理職選択の自由 …………43
状況適応型 ……………………47
情報公開 ………………………24
情報リテラシー ………………156
処遇管理 ………………………141
職業学校 …………………192-3
職業教育 ………………………88
職種別教育 ……………………142
職場外研修→Off-JT ………144
職場内研修→OJT …………144
事例研究 ………………………34
新規事業 ………………………68
人材開発 …………………86, 197
人材開発委員会 ………………93
人材開発システム ……………92
人材開発システム評価 ………99
人材開発のビジョン …………94
人材像 …………………………86
人材目標 ………………………86
人事評価 ………………………102
人的資源開発管理 ……………89
人的資源管理（HRM） ………42
人的スキル ……………………26
新入社員教育 …………………176
ステークホルダー ……7, 11, 29
スペシャリスト ………………13
製品差別化 ……………………47
積極経営 ………………………234
セールス・エンジニア ………150
セルト（Certo, S. C.） ………28
専門経営者 ……………………8
戦略性 …………………………91
戦略的マーケティング ………145
戦略目標 ………………………233

組織管理 ………………………141
組織化 …………………………4
組織分析 ………………………51
組成機能 ………………………35

た 行

対境関係 ………………………7
対境理論 ………………………29
ダイバーシティ ………………42
ダイバーシティ管理 …………47
多文化主義 ……………………58
男女雇用機会均等法 …………43
チーム・タスク分析 …………54
チーム・プレーヤー …………5
ツボフ（Zuboff, S.） …………166
DSS ……………………………120
ディスクロージャー …………189
TTU（トータル・トレーニング・ユーティリティ） ……………164
適応 ……………………………58
適性技能別訓練（ATI） ………55
伝統的な経営機能
　（traditional management） ……69
同化 ……………………………58
統合適応型 ……………………47-8
統制化 …………………………5
トップニーズ …………………95
徒弟制度 ………………………191
ドラッカー（Drucker, P. F.） …22, 30
ドーリンガー（Dollinger, M. L.） …22

な 行

21世紀企業像 …………………8
日本型経営教育論 ……………27
日本の経営学 …………………226
入社前教育 ……………………176
能力管理 ………………………141
ノーリア（Nohria, N.） ………46

は 行

バイリッヒ …………………………2
派遣労働 …………………………42
パートタイマー …………………42
ハーバード大学大学院 …………208
ハマーとチャンピー
　(Hammer, M. & Champy, J.) 157
比較経営 ……………………………7
ビジネスゲーム …………………15
ビジネス・スクール ……………202
ビジネス・プロセス・リエンジニアリング …………………………160
フィールドニーズ ………………96
フェアウェザー (Fayerweather, J.)
　…………………………………140
フォーマルな組織構造……………4
プロセス・スクール………………2
プロフェッショナル………………2
分権適応型 ……………………47-8
ベドフォード
　(Bedford, Norton M.) ………124
ベドフォード委員会 ……………125
変化対応性 ………………………91
ペンスゲン (Poensgen, O.)……202
ベンチャー ……………………64,74
ベンチャー型経営教育 …………65
ベンチャー企業経営者 …………34
ベンチャービジネス …………65,71
ベンチャーマネジメント …66,74,79
保守主義 …………………………111

POSデータ ………………………157
ホスピタリティー ………171,176,181
ホスピタリティー産業 …………171
ホテルマネジャー ………………182
ホテル・旅館業 …………………183
ボーモル (Baumol, W. J.) ………22

ま 行

マイスター試験 …………………192
マーケティング …………………134
マーケティング・プログラム …137
マーケティング・マネジメント戦略
　…………………………………139
マス教育 …………………………53
マネジメント ……………………2,7
マネジメント原理 …………………3
マネジメント・サイクル …………3
マネジメント教育 ………………25
目標管理 (MBO)………………30,182
目標管理戦略 ……………………31
問題解決的志向の教育法 ………56

や 行

山城章 ………………………………2
ユニバーサル・バンク・システム 188

ら 行

ラインニーズ ……………………96
ラッド (Ladd, Dwight R.) ……113
リーダーシップ ………5,25,30,182
連結会計制度 ……………………120

編著者紹介

小椋康宏(おぐら　やすひろ)

1945年　岐阜県に生れる
1969年　一橋大学大学院商学研究科修士課程修了
1970年　東洋大学経営学部専任助手，専任講師，助教授を経て，
　　　　現在，東洋大学経営学部教授
専　門　経営学・経営財務論
主要著書　『経営財務（増補版）』同友館　1984年
　　　　　『日本的経営財務論』中央経済社　1984年
　　　　　『経営学原理』（編著）学文社　1996年
　　　　　『企業論』（編著）学文社　1998年
　　　　　『経営環境論』（編著）学文社　1998年

日本経営学基礎シリーズ5
経　営　教　育　論

2000年4月1日　第一版第一刷発行
2005年4月30日　第一版第二刷発行

編著者　小　椋　康　宏
発行所　㈱学　文　社
代表者　田　中　千　津　子
　　東京都目黒区下目黒3-6-1 〒153-0064
　　電話03（3715）1501　振替00130-9-98842
落丁，乱丁本は，本社にてお取替え致します。
定価は売上カード，カバーに表示してあります。

ISBN4-7620-0957-1　印刷／亨有堂印刷㈱